长征路上景观揽胜

封喜泰 著

天津出版传媒集团
天津人民出版社

图书在版编目(CIP)数据

长征路上景观揽胜 / 封喜泰著. -- 天津：天津人民出版社，2020.12
ISBN 978-7-201-16959-0

Ⅰ.①长… Ⅱ.①封… Ⅲ.①自然景观—介绍—中国 ②人文景观—介绍—中国 Ⅳ.①K928.7

中国版本图书馆 CIP 数据核字(2020)第 251925 号

长征路上景观揽胜
CHANGZHENG LUSHANG JINGGUAN LAN SHENG

出　　版	天津人民出版社
出 版 人	刘　庆
地　　址	天津市和平区西康路 35 号康岳大厦
邮政编码	300051
邮购电话	(022)23332469
电子信箱	reader@tjrmcbs.com

责任编辑	章　赪
特约编辑	刘锦泉
封面设计	卢炀炀

印　　制	天津新华印务有限公司
经　　销	新华书店
开　　本	710 毫米×1000 毫米　1/16
印　　张	18.25
字　　数	227 千字
版次印次	2020 年 12 月第 1 版　2020 年 12 月第 1 次印刷
定　　价	58.00 元

版权所有　侵权必究
图书如出现印装质量问题，请致电联系调换(022-23332469)

前 言

简要介绍中国工农红军(简称红军)的长征历程,是编写《长征路上景观揽胜》一书所必需的。书中要记述的人文景观包括众多红军长征遗迹和纪念碑、纪念塔、纪念馆等红色建筑物。不了解长征的历程,就难以领略这些人文景观的红色内涵,也难以将这些景观与周围其他人文景观、自然胜景以"红色"为媒介而联系起来。

红军长征是1934年9月30日经共产国际正式复电批准的,当日红九军团就奉命启程,自闽西长汀前往于都集结,迈出了长征第一步。1934年10月10日,中共中央、中革军委机关人员从瑞金云石山出发前往雩都(今于都),16日之前中央红军各部在于都集结完毕,16~18日南渡贡水,踏上了漫漫的长征路。

红军从中央苏区开始长征,经历了由被动变主动的过程。在那个历史年代,国民党反动派反革命矛头直逼共产党及其领导下的红军,自1930年底开始,对红军根据地发动了一次又一次的"围剿"。恰在这时,日本帝国主义发动了"九一八"事变,武装侵占我国东北,并对华北虎视眈眈。内忧外患,山河破碎,中华民族到了最危险的时候。这时,战斗在南方几个苏区的红军,为保存自己,为拯救中华民族,开始了战略转移。这几支红军是:中央苏区的红一方面军,鄂豫皖苏区的红二十五军,湘鄂川黔苏区的红二、红六军团,川陕苏区的红四方面军。

红一方面军的长征最具代表性,从启程到抵达陕北,在敌人围追堵截的严峻形势下,由被动变主动,历尽千难万险,"屈指行程二万",终于实现了与陕北红军(包括先期到达的红二十五军)的胜利会师,之后又与红四、红二方面军胜利会师,揭开了中国革命战争崭新的一页。

1934年10月,红一方面军开始被动地向湘西转移。这是因为,当时的中共中央领导人博古和军事顾问李德,极力推行"左"倾冒险主义军事路线,致使持续了一年之久的第五次反"围剿"作战节节失利,红军若不转移有被歼灭的危险。这支队伍包括中共中央、中革军委机关人员以及红一、红三、红五、红八、红九军团共8.6万余人。红军自闽西长汀、宁化和赣南东瑞金、石城、会昌等地出发,在于都集结后,向南进至王母渡、新田地区,从信丰左右西渡桃江,而后经大庾岭北端,从粤北城口(今仁化)、湘东南汝城之间进入了湘南。至此,中革军委才正式宣布红军转移是为了到湘西建立新根据地。在湘南全军沿五岭北麓西进,经郴州南地区进入永州地区,通过永安关和雷口关进至桂东北,在兴安、全州河段强渡湘江。湘江战役十分惨烈,渡江后的部队有的翻越越城岭老山界,有的则是绕过,而后分别经桂东北龙胜、资源地区进入湘西南通道一带。这时的红一方面军,通过敌三道封锁线减员2.2万余人,湘江战役伤亡损失3万余人,全军将士对博古、李德的"左"倾错误已忍无可忍!于是,在通道召开的非常会议上,毛泽东提出了必须放弃北进湘西的计划,建议西进敌兵力薄弱的贵州地区。周恩来、张闻天、王稼祥同意毛泽东的主张。"通道转兵"揭开了红一方面军长征的新篇章。

1934年12月15日,红一方面军西进黔东南黎平等地;18日在黎平政治局会议上决定,按毛泽东的意见转向川黔边建立新苏区。会后,红军攻镇远,占施秉,夺余庆;在瓮安县猴场附近再次召开政治局会议,为北渡乌江、占领遵义做好了准备。之后,红军强渡乌江天险,巧夺遵义名城,突破娄山关,进军桐梓城,占领了以遵义为中心的大半黔北地区,为遵义会议召开争取了时间和空间。1935年1月15日至17日,在遵义召开的中共中央政治局扩大会议,全面总结了五次反"围剿"以来红军失败的教训,集中纠正了"左"倾教条主义在军事上的错误,取消了由博古、李德、周恩来组成的最高决策机构"三人团",选举毛泽东为中共中央政治局常委,决定朱德、周恩来为军事首长指挥军事行动,委托周恩来为党内对指挥军事行动下最后决心的负责者,从此开始逐渐形成了以毛泽东为核心的党中央第一代领导集体。遵义会议后,原本计划从黔北入川,北渡长江,但因转战过程中敌情有变,北进受阻,于是就有了由毛泽东指挥的"四渡赤水"著名战役。一渡,由东岸到西岸,进至赤水河上游的扎西(今威信)地区;二渡,从西岸到东岸,返回黔北,自北南进,二入遵义城;三渡、四渡,声东击西,声西击东,再返黔北后长驱南进,直逼贵阳。这时,蒋介石急调包括滇军在内的重兵驰援贵阳,红军则掉头向西挺进,直奔黔滇边界,进入昆明东北部的曲靖、东川地区后,便直奔金沙江南岸的皎平渡、龙街、洪门等渡口。先头部队5月3日到达皎平渡,即刻北渡;主力于4日全面展开抢渡,至9日便全部渡江到达了北岸的会理地区。这样,红军转战黔川滇,牵着蒋军鼻子走,终于跳出了数十万敌人的围追堵截,实现了北上的战略方针,取得了长征途中的主动权。

  1935年5月12日,中共中央政治局在会理城附近的老街铁厂召开会议,批评了林彪提出的"要毛泽东、朱德、周恩来随军主持大计,由彭德怀任前敌指挥"的错误意见,统一了对作战方针和原则的认识,维护了毛泽东、朱德在军事指挥上的权威,确定了红一方面军入川后的进军方向和路线。自15日开始,围攻会理城的部队撤出战斗,主力迅速北进,通过德昌、西昌和冕宁西北部彝民区,翻越大凉山,从安顺场、泸定桥抢渡大渡河,而后翻过了白雪弥漫的夹金山,于6月17日到达了雪山北麓的懋功和达维,实现了与红四方面军的会师。

红四方面军原在鄂豫皖苏区,1932年6月至9月因张国焘在战略方针上的接连失误,反"围剿"屡遭挫折,不得不撤离原苏区。10月西进越过了平汉路,之后转战秦巴山区,于12月由陕南抵达川北通江、南江、巴中地区,与川东游击队合为一起,创建了川陕根据地。1935年3月28日,由入川后的1.4万人发展到8万余人的红四方面军,为策应红一方面军的战略转移开始西征,这是红四方面军长征的开端。部队从苍溪、阆中之间西渡嘉陵江、大战剑门关,之后沿北川河谷西进,占领了岷江流域包括松潘(今理县)、汶川等地在内的川西北大片地区,做好了迎接红一方面军、共建川甘陕苏区的准备。但两个方面军会师后,在北上还是南下问题上,中共中央派驻红四方面军工作的张国焘与党中央有分歧,直至发展到了他拉帮结派、分裂红军。为挽救张国焘、实现共同北上,党中央和红一方面军滞留在雪山与草地间百余天,召开了多次党中央政治局会议,张国焘出尔反尔,结果在分为左、右两个纵队过草地期间,又公然反对北上。他先是停留在阿坝按兵不动,后又在进至葛曲河时再次变卦,于9月3日致电在右路纵队的红四方面军领导人徐向前、陈昌浩,并呈党中央"决定于明晨分三天全部赶回阿坝"。党中央致电其率左路纵队北上,但他一意孤行,又于9日致电陈昌浩,令其率右路纵队南下。鉴于此,党中央断然决定,率红一、红三军团和军委纵队北上。10日凌晨,张闻天、毛泽东、周恩来、王稼祥率队从巴西、阿西出发,并通知已到达俄界的红一军团原地待命。北进的部队齐集甘南俄界后,于12日召开党中央政治局扩大会议,决定在陕甘创建根据地,并将红一、红三军团和军委纵队改编为红军陕甘支队；会后，陕甘支队继续北上，夺腊子口，翻越岷山，占领哈达铺(今属宕昌县)，通过六盘山后，长驱东进，于1935年10月19日到达了陕北吴起镇(今吴旗镇)。至此，党中央和红一方面军的长征胜利结束。

红二十五军是最先到达陕北的长征队伍。这支队伍是1932年10月红四方面军撤离鄂豫皖苏区时，留下的部队在湖北黄安集中起来重新组建的。1934年11月16日，在军长程子华、政委吴焕先、副军长徐海东率领下，这支队伍以"中国工农红军北上抗日第二先遣队"的名称，由河南罗山县何家冲出发，先入桐柏山区，转而北上豫西伏牛山，沿着一条"七十二道水峪河，二十五里脚不干"的深山峡谷前进，绕过卢氏县城直奔豫陕交界的铁锁关(箭杆岭)，在这里翻越莽岭后到达了陕南雒县的庾家河。在这个秦岭山区峡谷中的小镇，军首长决定创建鄂豫陕根据地。之后，全军纵横驰骋，回旋往返，在五个多月内建立了包括雒县、郧西、洵阳(今旬阳)、山阳、蓝田等多个县在内的根据地，发展地方武装2000余人，部队也发展到了3700余人。红二十五军的胜利，震动了蒋介石，他急调西北军、东北军进行"围剿"。反"围剿"从1935年4月20日开始，部队先是南下郧西，转而北上商县，再转而向东奔袭河南荆紫关，转了一个大圈子回到了根据地边沿的商县黑山街，摆脱了敌人的追堵。部队到达黑山街后，在桃园岭袁家沟口打了一场伏击战，获得胜利后为继续掌握对付敌人的主动权，便再次转到外线作战。7月13日，部队北出终南山(秦岭)，占领了蓝田、长安县的焦岱、子午镇、引驾回等地，直接威逼西安。这次外线作战，意外收获是在引驾回区公所从一份《大公报》上获悉，红一、红四方面军已经会师，并在继续北上；同时，一位前来寻找部队的老交通员也证实了这一消息的可靠性。之前因无电台而与党中央长期失去联系的吴焕先、徐海东等，获得这一重要信息后，当即召开鄂豫陕省委紧急会议,决定红二十五军西征策应红一、红四方面军而后北进与西北红军会合。7月16日,全军自长安县沣裕口启程,踏上了西征北进的征途,27日到达留坝县江口镇,转而向西占领了双石铺(今凤县县城),从这里进入甘肃境内,攻打两当县城,翻越麦积山后直逼天水,再后从新海县北渡渭水,攻打隆德县城,大战王母宫塬,翻越六盘山后在平凉以东渡过泾河,继续北进到达了陕甘交界豹子川(今属华池),入陕后于1935年9月15日到达延川永坪镇,16日实现了与陕北红军会师。

红二、红六军团是长征启程最晚的一支队伍。但其历程近似红一方面军。其中的红六军团是作为中央红军的先遣队,于1934年8月7日从湘赣苏区出发,两个多月后到达川东酉阳县南腰界与红三军会合的。红三军原称红二军团,两军会师后即奉命恢复了原军团番号。会合在一起的这支队伍,将周逸群、贺龙领导创建的湘鄂根据地继续拓展,建立了包括武陵山区的永顺、大庸(今张家界永定区)、桑植、慈利等县在内的湘鄂川黔苏区。1935年11月19日,红二、红六军团在贺龙、任弼时率领下,从桑植刘家坪、瑞塔铺启程,在大庸与慈利交界地区渡过澧水,而后急行百余公里渡过沅江,经湘中地区辰溪、溆浦等地,进至湘南的高沙、洞口一带,转而向西,经绥宁与洪江之间进至会同地区,而后北上直奔芷江西冷水铺,摆脱了尾追的湘军。从冷水铺入黔后,在江口、石阡地区略做休整,即向黔西转移。在贵州境内转战近百天,特别是经历了乌蒙山千里转战回旋,于3月30日到达了黔西南的盘县、亦资孔地区,然后分两路入滇,穿越寻甸、崇明、富民等县,威逼昆明,转而西渡普渡河向滇西北挺进。两路军在昆明北部和西部分分合合,于宜川会合后前往鹤庆,4月25日到达了丽江县城和石鼓镇;同日抢渡金沙江开始,在四天之内,1.8万余人及数百匹骡马,便自石鼓、巨甸地段的五个渡口,全部抵达金沙江的彼岸;渡江后迅速北进,于5月1日至4日先后到达了中甸(今香格里拉)。自中甸启程,红二、红六军团分两路前往川西北的甘孜。左路红二军团,经德荣、巴安、白玉,于6月30日到达了甘孜以西的绒坝。右路红六军团,经定乡、稻城,一路翻越海拔4000多米的雪山两座和3000多米的雪山一座,于6月30到达了理化以南的甲洼。两路军7月1日齐集甘孜与红四方面军胜利会师。会师后这两个军团与红三十二军奉命合编为红二方面军。

这时的红四方面军,自1935年9月与红一方面军分道扬镳后,经南下西进,八万余人已经减员大半,再加上朱德、刘伯承的斗争,极大地削弱了张国焘的影响。所以在红二、红六军团到达甘孜前,张国焘向中央表示,6月底将率领红四方面军北上。

红二、红四方面军北上,开始时分左、中、右三个纵队,左路由朱德、张国焘率领,中路由徐向前率领,右路由董振堂率领。自1936年7月2日开始,三路纵队先后从甘孜地区、炉霍地区及绥靖、崇化地区出发,过草地向包座前进,之后入甘南,过腊子口到达了岷县(古岷州),经过月余的"岷洮西战役",占领了甘南的大片地区,为北上与红一方面军会师创造了有利条件。但之后,张国焘又拒绝执行8月12日党中央提出的三军会师甘北、合力夺取宁夏的战略计划,坚持红四方面军西进;只是由于这时的黄河以西已大雪封山,西渡黄河难以实现,他才同意红四方面军继续北上,并于10月9日在会宁城与红一方面军会师。红二方面军坚决执行党中央的部署,9月1日到达哈达铺后,先是攻打礼县,继而从荔川镇、宕昌等地出发,先后攻占了成县、徽县、略阳等县城,抵达甘谷、武山一带。之后,全军渡渭水,于1936年10月22日到达六盘山西麓将台堡(今属宁夏西吉县),实现了与红一方面军会师。至此,伟大的、艰苦卓绝的红军长征全部结束。

红一、红二、红四方面军和红二十五军的长征,历时两个年头,纵横当时的14个省,行程二万五千里,不仅历经"千山万水",而且所经之地多为苗、瑶、彝、藏、羌、纳西、土家等少数民族聚居区。80多年前,为使包括这些少数民族在内的中华民族免遭内外敌人的蹂躏,也为使包括长征路沿途"万水千山"在内的中华大地免遭内外敌人的践踏,中国共产党领导的红军以不屈不挠、勇往直前的英雄气概,完成了史无前例的战略大转移。

1935年9月底,红一方面军到达甘肃通渭县时,中共中央政治局常委会议在榜罗镇召开,正式确定了红军长征的落脚点。毛泽东在县城文庙街小学举行的晚会上,朗诵了他的著名诗篇《七律·长征》。诗曰:

红军不怕远征难,万水千山只等闲。
五岭逶迤腾细浪,乌蒙磅礴走泥丸。
金沙水拍云崖暖,大渡桥横铁索寒。
更喜岷山千里雪,三军过后尽开颜。

中国工农红军的长征精神光耀中华大地,以当年的红军发展壮大起来的人民军队,不仅在抗日战场上建立了不朽的功勋,而且在解放战争中打败了国民党的反动军队,建立了人民当家做主的新中国。当年红军长征路沿途,如今已发展成为长征文化与多种文化元素融合的人文景观,形成了以独特的人文景观与自然景观相得益彰的若干胜景,并有众多区域或地点已开辟为旅游景区或景点。

目　录

红星高照赣南东 …………………………………… 001
  红都瑞金 ………………………………………… 002
  要塞石城 ………………………………………… 007
  多彩会昌 ………………………………………… 011
  古城于都 ………………………………………… 016

雄伟多彩武夷山 …………………………………… 023
  西部崇山区 ……………………………………… 024
  东部丹霞区 ……………………………………… 026

名胜云集赣南西 …………………………………… 037
  信丰，古迹多彩 ………………………………… 038
  大余，梅关牵魂 ………………………………… 042
  崇义，名洞夺魁 ………………………………… 050

仁化丹霞郴州洞 ……………………………… 056
　　仁化丹霞山 ……………………………… 056
　　郴州万华岩 ……………………………… 061

舜陵瑶乡永州南 ……………………………… 066
　　九嶷山圣迹 ……………………………… 067
　　两岭间瑶乡 ……………………………… 069

武陵山脉武陵源 ……………………………… 075
　　锁魂金鞭溪 ……………………………… 076
　　挺拔天门山 ……………………………… 078
　　精彩杨家界 ……………………………… 080
　　神奇天子山 ……………………………… 081

名胜齐天桂东北 ……………………………… 085
　　兴安，久负盛名 ………………………… 086
　　资源，山水精彩 ………………………… 093
　　龙胜，梯田折桂 ………………………… 096

苗侗宝地黔东南 ……………………………… 101
　　神奇的大山 ……………………………… 102
　　迷人的侗寨 ……………………………… 109
　　多彩的黎平 ……………………………… 114

灿若朝阳遵义城 ……………………………… 119
　　山水胜景遵义 …………………………… 119

历史古城遵义 ··· 123
　　红色名城遵义 ··· 126

赤水丹霞绿博园 ··· 130
　　红色赤水河 ··· 130
　　丹霞瀑布群 ··· 134
　　侏罗纪公园 ··· 137
　　绿海楠竹林 ··· 140

乌蒙磅礴走泥丸 ··· 143
　　溶洞多神奇 ··· 144
　　典型喀斯特 ··· 148
　　毕节古意浓 ··· 151
　　天成生态美 ··· 154

金沙水拍云崖暖 ··· 158
　　多元的会理 ··· 160
　　高原泸沽湖 ··· 163
　　玉龙插云寒 ··· 167
　　金川虎跳峡 ··· 171
　　纳西族古城 ··· 172

香格里拉生态美 ··· 175
　　县城建塘镇 ··· 176
　　普达措公园 ··· 180

红山众彩飞 182
　　哈巴大雪山 184
　　景点特色浓 186

西昌冕宁多传奇 190
　　西昌古而奇 190
　　佳境螺髻山 193
　　冕宁亦传奇 195

大渡桥横铁索寒 199
　　抢渡安顺场 200
　　泸定铁索寒 202
　　卓天贡嘎山 205

川西北旅游王国 210
　　熊猫保护区 211
　　松潘黄龙沟 213
　　岷山九寨沟 217
　　州境红漫天 222

蜀道天险剑门关 228
　　高峻剑门山 228
　　逶迤蜀道难 229
　　雄伟剑门关 230
　　热血谱新篇 232

甘南境藏族净土 ············ 235
- 红色旧址纪实 ············ 236
- 佛教寺塔风貌 ············ 239
- 山水天然美景 ············ 242

天水境石窟佛龛 ············ 247
- 甘谷县大佛像 ············ 248
- 武山一洞两寺 ············ 249
- 麦积千龛万佛 ············ 252

六盘山红旗漫卷 ············ 256
- 六盘峰谷绿水 ············ 257
- 六盘须弥石窟 ············ 260
- 六盘古往今来 ············ 263
- 六盘红色光芒 ············ 266

参考文献 ············ 270

编后语 ············ 273

红星高照赣南东

赣南东的瑞金、石城、会昌和雩都(今于都)等地,是中央苏区的重要组成部分,同时也是红一方面军长征启程的主要地带。这里背依闽赣交界的武夷山脉最高峰、海拔 2158 米的黄岗山,以及海拔高度均在 1800 米以上的过风大坳、诸母岗、先锋岭等。受其影响,区域内冬夏季风盛行,春夏降水集中,具有四季分明,雨量充沛,酷暑和严寒时间短,无霜期时间长等特征,属中亚热带丘陵山地湿润季风气候类型。年均气温 18℃~19℃,年均降水量 1400~1800 毫米。

险峻的武夷山脉,是当年红军开展游击战争的依托。自 1929 年 1 月开始,毛泽东、朱德、陈毅率领红四军离开井冈山,进军的主要目标就是以武夷山为依托的赣南和闽西地区,4 月就在于都建立了赣南的第一个县级红色政权,到 1931 年 9 月底中共苏区中央局就从兴国、永丰、龙岗迁移到了瑞金叶坪村,直至 1933 年 1 月中共临时中央局由上海迁移到瑞金沙洲坝元太屋。在此期间,苏维埃根据地虽遭到国民党反动军队的几次"围剿",但却越围面积越大,于是瑞金、石城、会昌、雩都(今于都)等县,就成了中华苏维埃共和国的重要组成部分,瑞金就成了中央的直属县。

当年,红军在这里转战,红星高照,红旗漫卷,留下了众多红色旧址和红色纪念建筑;如今,在这里红色文化与历史古迹相糅并济,红土地上的山丘披绿,贡水及其支流环绕,已成为江西省以红色文化为特征、旅游资源丰富多彩的游览胜地之一。

红都瑞金

瑞金县东南武夷山脉绵亘,境内山丘纵横,河流环绕。据2014年江西人民出版社出版的《江西山水志》所载,域内有陈石山、仰华山、瑞云山、铜钵山、九龙山、云龙山、云石山等18座,河流有梅江、绵水、黄沙水、九堡水等贡水支流。瑞金于1994年设市撤县,东北西三面高峻,渐向中、西南方向降低,构成了以象湖为中心的赤色盆地,在旧石器时代晚期即有人类活动。西汉初赣南东首置雩都县,东汉建安七年(202年),象湖设镇隶属雩都县管辖。唐天佑元年(904年)以象湖镇淘金场置监,始称瑞金。南唐保大十一年(953年)升瑞金监为瑞金县。20世纪30年代,中国第一个红色政权——中华苏维埃共和国临时中央政府在瑞金诞生,置瑞金为中央直属县。

从红军进入瑞金到1934年10月红军主力从瑞金踏上长征路,在五年左右的时间里瑞金有5万多英雄儿女参加了红军,3万多人为红色政权的建立献出了宝贵的生命,使瑞金赢得了"红色故里"的美誉。在这片红色的青山绿水间,红色旧址与红色纪念建筑众多,其中有全国重点文物保护单位15处,还有以文物古迹为依托,居山傍水,迭经历代开发形成的名胜"绵江八景""双狮岩""罗汉岩"等。

红色旧址：红军、中共中央、中革军委、苏维埃共和国等旧址，分布在红都瑞金郊区的叶坪、沙洲坝和城区内，大部分保护完好。

叶坪位于瑞金城东北郊，从1931年至1933年4月，这里一直是中央苏区和中华苏维埃共和国的中心、最高领导机关的所在地。中共苏区中央局旧址是一栋典型的江南两厅一井民宅，建于1924年，占地200平方米；中华苏维埃共和国临时中央政府旧址是谢氏宗祠，已有几百年历史，占地523平方米；与谢氏宗祠毗邻的有临时中央政府广场和位于广场中央的红军检阅台。此外，在叶坪洋溪村还有中央革命军事委员会旧址。

1933年4月，原在叶坪的中华苏维埃政府机构，迁移到了位于西郊的沙洲坝。这里的红色旧址有占地219平方米的中华苏维埃共和国中央执行委员会元太屋，有与元太屋在一个院内占地223平方米的中央人民委员会；有位于沙洲坝下肖村占地1128平方米半厅祠式民宅的中共中央；有位于沙洲坝乌石垅占地328平方米的民宅厅中革军委总参谋部；有位于沙洲坝白屋子村占地1131平方米杨氏宗祠的中国工农红军总政治部。总而言之，在那个年代，沙洲坝就是中华苏维埃共和国的心脏，所有机构旧址现今保护完好。但最具代表性的是1933年11月落成的中央大礼堂。这座建筑坐落于沙洲坝老茶亭北侧，占地1530平方米，土木结构，整体呈八角形，状若红军八角帽。大厅内立48根木柱，四周有17道门，楼上楼下座位可容2000余人。东门首题额为黄亚光楷书"中华苏维埃共和国临时中央政府"。礼堂北侧10余米处，同时修筑着一个回字形可容纳千人的防空洞。1934年1月21日至2月1日，第二次全国苏维埃代表大会在此隆重召开，遍布中华大地的革命者齐集一堂，共商星火燎原之大计。这里红色灿烂，红旗漫卷，书写了中国革命史上光辉的一页。

红色纪念建筑：红都瑞金可谓中华大地红色纪念建筑最多、最集中的地区之一，革命烈士墓、纪念碑、纪念亭、纪念塔、纪念馆等众多，以红五星装饰，光照千秋。

在叶坪有红军烈士纪念塔、红军烈士纪念亭、公略亭、博生堡等。红军烈士纪念塔坐落在临时中央政府广场北端，1933年7月11日经中央人民委员会45次会议决定兴建。高13米的炮弹形塔身矗立在红五星形基座上，基座四周分别镶有毛泽东、朱德、周恩来、博古、项英、洛甫、王稼祥、凯丰、邓发等领导人的题词和建筑标志，共10块碑刻。烈士纪念亭坐落在中央政府广场南端，呈五棱柱体，名五角亭，亭内设五角形石桌及鼓形石凳。公略亭是为纪念红三军军长黄公略所建，坐落在中央政府广场北角，呈等边三角形，三脊攒尖顶，亭中立三棱状石碑，正面刻"公略亭"三字，两面刻《黄公略同志传记》。博生堡坐落在中央政府广场东角，外观为碉堡形，内墙嵌有临时中央政府为宁都起义领导人之一、红五军团参谋长兼第十四军军长赵博生烈士立的碑，门首是朱德书写的题额"博生堡"。矗立在中央政府广场周围的这一组红色纪念建筑群，均建于中华苏维埃共和国时期，虽然不甚雄伟，但特色鲜明，庄重大方，红色的革命精神、红五星的灿烂光辉永照千秋万代。

在城区及近郊的红色纪念建筑主要有，中央革命根据地纪念馆、瑞金革命烈士纪念馆、革命烈士纪念塔等。

中央革命根据地纪念馆，原称瑞金革命纪念馆，位于城区八一路北端，东濒绵江，20世纪50年代始建，70年代末扩建。纪念馆占地万余平方米，主体建筑是一个书院式的陈列大厅，面积1882平方米。该馆以收藏、陈列毛泽东、朱德等在第二次国内革命时期创建中央革命根据地的文物和资料，保护管理中央领导机关在瑞金的红色旧址和纪念建筑物，宣传与研究中央革命根据地的历史为职责。

革命烈士纪念塔，位于城区人民广场北端，20世纪50年代初建，塔身高10米，砖木水泥结构，塔体尖顶，顶端塑红五角星，与宽阔的人民广场及周围的现代建筑构成了一组闹市区的红色人文大景。

瑞金革命烈士纪念馆，20世纪50年代始建，70年代末移建于城西赤珠岭（塔下寺），馆址濒绵江，占地2670平方米，展厅面积1320平方米。馆内陈列内容以第二次国内革命战争中牺牲的本籍烈士生平事迹及遗物为主。展厅前矗立着以汉白玉为基座的毛泽覃铜像。纪念馆展厅南20余米处是瑞金标志性古建筑龙珠塔。古塔始建于明代，后曾重修，高30米，九级六面，塔内有砖砌台阶盘旋通塔顶。高塔、革命烈士纪念馆、毛泽覃铜像与赤珠岭、绵江水构成了一组诗画般的美景。红色建筑与古塔交相辉映，其寓意耐人寻味。

陈石山奇观：陈石山海拔500余米，位于市区北部壬田乡境内，山体由丹霞岩构成，绵江支流壬田河从山麓蜿蜒流过。山上奇观异景众多，有"江西小庐山"之称。相传，南朝陈武帝（陈霸先）早年为高要（今属广东）太守，起兵赴建康（今南京）讨伐北朝东魏将领侯景时，曾在此地驻军，故而此山得名"陈石山"。山上有罗汉岩、狮子山、剪云台、马尾水、撒珠泉、八音涧、锁云桥、钵盂山、试剑石、蜡烛峰、千丈崖、卧龙潭等奇景，此外还有大寨、六和精舍遗址等。其中尤以南翼的罗汉岩最为奇特，久而久之罗汉岩就成了陈石山的代名词，有人则称陈石山为"罗汉岩"

陈石山有一可容千人的山洞，开发于唐宋时期，传说当初僧人在此筑舍，掘地时得十八罗汉，人们便将此山岩称为"罗汉岩"。陈石山山顶或说是罗汉岩顶，有两股山泉水，一如马尾飘拂，一如珠玑撒落，未及落地早有清涧承接，发出犹如金石丝竹之声，故此景称为马尾水、撒珠泉、八音涧。试剑石即百米高巨石，缝隙如刀削斧劈，古有"不知何代神将军，长剑劈崖胜工斫"诗句。蜡烛峰即一独立石峰形似蜡烛,顶端一丛草木形同烛心,形象逼真。大寨是一座依石洞修筑的古寨,置剑门,仅容单人出入,寨内有九曲洞、三层台、石鼓、石窗、石梯等,传说此处是清代当地农民领袖许胜可"率众倡乱"的大本营。

又名罗汉岩的陈石山,不乏绝壁巉崖、奇峰怪石、邃谷深涧、飞瀑流泉,又有古木修竹、芳草鲜花、雾岚烟霞、山寺古寨。20世纪中期山下相继建成日东、陈石两大水库,湖光潋滟,奇观异景倒映湖中,以山清水秀形容倒也恰如其分。陈石山得天独厚的山水风光,曾经吸引过无数名人登临题咏。明代状元、理学家、地舆学家吉水人罗洪先写有《登陈石山》诗一首:

竹杖芒鞋恣浪游,寒风吹急数声秋。
松摇碧嶂青虬动,瀑泻高岩白练流。
洞口烟霞常自起,山间花鸟为人留。
偶题陈石云生笔,迥觉当年素愿酬。

长征第一山:陈石山是瑞金境内18座山岭中以奇岩秀水、诗情画意著称的一座,而如今驰名的却是位于西郊被列入党史、红军长征史的云石山。此山是一座突兀在石灰岩上的小山,与沃野绿水相依,与一座座农舍相望,整座山都长满了樟、松及各种树木,郁郁葱葱的森林掩映着千姿百态的奇石及古寺、农舍。从山脚沿着逶迤的石阶而上,穿过一道关口,是一座占地306平方米的庙宇。庙宇由五间房子构成,匾额上写着"云山古寺",两侧对联为"云山日永常如画,古寺林深不老春"。1934年7月,党中央执行委员会、中央人民委员会由沙洲坝迁至该寺,中央党政军各部门则迁至属云石山的高围梅坑。毛泽东、张闻天等及中央机关、红军总部,是1934年10月10日从这里出发,前往于都集结后开始长征的,所

以云石山被称为"长征第一山"列入了史册。

要塞石城

石城地处武夷山脉桐木关大峡谷出口地带,位于瑞金东北方向。桐木关大峡谷是由地质构造上名为"崇安—石城"的大断裂形成,起自武夷山脉最高峰黄岗山侧,伸展数十公里,是古代贯通闽赣两省的交通要道,在交界处古人就着垭口构筑关垣,名"桐木雄关",大峡谷也就因此得名。

石城扼闽赣通道,四周山岭环绕,隋开皇年间(581~601年)置石城场,因其地山岭多石,耸峙如城,故名"石城"。南唐保大十一年(953年)升场为县,南宋时在县治所建土城墙,明代改为砖砌城墙。现尚存东门、北门及濒临琴江的600米古城墙。石城自古为军事要塞,苏维埃时期与其北部的广昌均是护卫红都瑞金的大门,城内城外古迹及红色旧址众多。但石城与瑞金不同,这里的人文古迹中以山水为依托的山寨居多,也最负盛名。

红色旧址:在苏维埃时期,毛泽东、朱德等率领红四军转战在石城一带,留下的红色旧址主要集中在县城以南,其中有毛泽东、朱德旧居和红四军军部旧址、红十三军旧址等。

毛泽东、朱德旧居位于城西南观下古樟村,原为民宅,坐北朝南,砖木结构,一直两进,左右厢房,翼连槽屋。1929年3月7日,红四军征战至石城,毛泽东、朱德在此居住,现称谓"观下旧居"。

红四军军部旧址,位于城南横江秋溪村红家垄,土木结构,背东南,面西北,一直两进。1931年10月至1932年1月,红四军军部就驻此,毛泽东、朱德、周恩来等曾在此召开军事会议。

红十三军军部旧址,位于城南秋溪村虎尾坑。红十三军原为国民党第二十六军,1931年12月14日在赵博生、董振堂率领下举行宁都起义,改编后由军长董振堂率领到此驻扎,现屋宇保存完好。除以上红色旧址外,20世纪50年代,石城县人民政府在城区南建设了一座坐北朝南,砖木结构,宫厅式的石城县革命烈士纪念馆。这座红色纪念建筑,正厅前塑立红军战士与持刀农民像,厅内居中置纪念碑。大厅左右,各有两间陈列室,陈列着烈士名册和革命文物等。

城区古迹: 石城自宋代建城,经元、明、清积淀,文物古迹留存甚多。诸如位于城区兴隆街北端的宋代建筑镇武楼(元帝阁),以及其东与之相连的后稷庙(配天庙)、其西所靠的琴阁寺。但最为驰名的还是被列为省级文物保护单位的宝福塔、桂花屋。

宝福塔坐落于城区东南宝福院后,建于宋代,是石城的标志性建筑。此塔高50米,七级六面,竹节钢鞭形,底层对边直径10米。每级设六门,三开三闭,各层有楼槛,上覆飞檐,雕刻绘画,壮观华丽。檐角悬挂铜铃,风吹铃动,声播四方。

桂花屋坐落于城区桂花巷,清代建,为规整的庭院式建筑,深三进,两大门,高墙深院,因院内原有金桂、银桂而得名,又因曾是太平天国幼天王被囚禁处而闻名。以推翻清王朝为目的的农民军领袖洪秀全在天京(今南京)建立太平天国,因1856年的天京变乱(内部分裂)而走向衰落。1864年天京失守后,幼天王洪贵福退至石城,被捕后即囚禁于桂花屋花厅内。花厅是幼天王供讯写自述之所,与花厅有门相通的侧室为幼天王卧室。在这里囚禁10余天之后,幼天王被押解南昌,遭杀害。

石城的多数文物古迹在城区四周,而且又多数与山水景观、山寨古迹浑然相映。

城郊山寨: 石城自古为军事要地,城周围依山傍水建有若干山寨,如石马寨、河石寨、通天寨、陈坊寨、红石寨、堰塘岩寨。其中通天赛、红石寨、堰塘岩寨具有代表性。

通天寨，位于城东南5公里处的大畲村、前江村境内，说是寨实为岩，是兵家驻守之地。其寨高耸，峰峦崔嵬，山水奇特，是典型的丹霞地貌景观。寨上多红岩，仰望如红霞横空，有通天岩、净土岩、船舷岩、试剑石、万人坑、仙人犁田等奇景。通田岩外如两指相钳，内若二掌半合，仰视穹窿通天，可见曦月，故名"通天岩"，而通天寨则因通天岩而得名。船舷崖下临绝壁，绝壁下石笋冲天而立，与崖相距仅百米，可望而不可即。仙人犁田，倾斜石壁数十平方米，如犁耕地，沟垄块垒形状毕肖。净土岩内部宽阔，障似窗棂，数道悬泉水飞流而下，人在其间有出尘入画之感。其他山岩亦各呈特异，争奇斗险。寨上泉水丰富，水味清甜。满寨郁郁葱葱，有参天古松和婆娑翠竹，日间凉风习习，夜间松涛阵阵。寨区产茶叶，名通天茶，若冲以寨上泉水，尤觉其味醇正。据旧志载：元代至正末年（1341~1368年），南方红巾军首领陈友谅所部到此，至今民间尚有"将军桥斩将"等传说。元末战乱，刘元杰曾将石城图书档案藏于通天寨净土岩内，得以保全。自宋代至近代，在此发生过多次战斗，至今残墙废垒处处可见。猴子城、万人坑、主簿寨等，都留有当年的战场遗迹。寨上古碑、石刻甚多，如"通天岩"题刻、诗刻等，大增古韵风雅。寨东北有玉盂寺，坐东向西，两进一殿，土木结构，门额"玉盂禅林"。寺东寨门外双林寺，为通天寨脚寺，现为开放寺院。

红石寨又名鸿石寨、洪石寨，位于城西南屏山红石背与松山背之间，明代始建后，屡遭战祸。其寨状如伏狮，有大小两寨，因山石红色而得名。大寨平豁，顶端有观音岩，岩下建有葱云寺，寺侧涌出清泉，足供千人饮用。山腰有狮子岩、梅子诸岩，另有上洪岩，直达寨门。寨内岩洞大小不一，多傍悬崖，虽形势险峻，但宜居。小寨依附于大寨，两寨之间寨墙高筑，互为犄角，天然石缝连通小路，可上下攀越大小两寨。

堰塘岩寨，位于红石寨不远处的大由滴水岩与大岭下之间。他寨多在山顶,而独此寨筑于山谷中,以陡壁、岩洞、水堰、寨墙而量形度势巧妙构成。山谷东西皆危崖,崖壁上洞穴长400余米,东南西三面皆危崖,崖壁上洞穴横开,大小10多处,诸洞可供居住,亦可积粮草、储弹药。洞口筑墙设垛口,洞与洞之间或凿石径,或架木桥以相通。坝西辟寨门,缓坡处高筑寨墙,谷口朝北,面向琴江,为进寨要道。据旧志载,当年清军驻守,太平军多次来攻,均无功而返。

城堡式土楼:在石城与山寨齐名的是客家人的城堡式土楼。石城是客家人开发较早的古县,这里的客家人土楼虽比不上龙南的栗园围、燕翼围、龙光围那样宏阔,那样集祠、家、堡于一体,但其防卫特征鲜明。其中具有代表性的是木兰土楼、田江土楼等。

木兰土楼位于城北木兰墟南侧,坐西向东,建于清代,土木结构,长19米,宽13米,墙高5米。正门朝东,两侧门各朝南北。土楼内建筑为口字形布局,天井中开,以天井四周之檐阶作走道,西建上厅,北构前廊,东西为厢房,共有24个房间。战乱年代曾为村民避兵祸处,现仍为民宅。

田江土楼位于木兰田江村,与木兰土楼一样建于清代,土木结构,由主楼、角楼、哨楼、围墙组成。整座土楼背靠小山,侧傍农舍,面对农田和溪流。主楼坐南朝北,长26.2米,宽20.6米,墙高5.6米,内墙厚0.4米,外墙厚度不等,楼板以下厚1.2米,以上厚0.5米。大门朝北,直通前廊,东西侧门通腋廊。大门、侧门均装两层双合木质厚板门。外墙无窗,却设八字形射击孔10个,正方形瞭望口4个。内部建筑口形布局,南建正厅,北构前廊,东西设厢房。正厅与厢房间为腋廊,共有房20间,从前廊上楼梯过走道,可进入每个房间。屋顶四檐出水,杉木梁角,上覆以瓦。距主楼西北角1米为同高角楼;距主楼东4米为哨楼,楼上前壁走道并设置栏杆供守望。土楼原筑有厚1.2米围墙,现仅存大门前一段。土楼平时为民居,战时藉以拒敌。清代时经历过多次战斗,苏维埃时期木兰区政府军事部驻此。

　　石城山奇石多,扼闽赣通道桐木关大峡谷,自古代至中华苏维埃时期,一直为军事要地。这里的城,这里的寨,这里的土楼,这里的山水,到处留有战火的遗迹。而如今,昔日的风云古城,由于红色文化添彩,人文景观与自然景观构成了耐人寻味的胜景。

多彩会昌

　　会昌,东北邻瑞金,东南接福建武平,县境内丘陵山峦面积占80%,地势自东南向西北倾斜,呈中部狭长掌状。县城坐落在邻近瑞金边界的位置,自瑞金方向流来的绵水与源于寻乌的湘江在城下湘江镇共同汇入贡水,然后北流于白鹅峡出县境,经于都西流与章水汇合为赣江。所以,会昌县城的确切位置是绵水、湘江与贡水的汇流之地。

　　会昌自汉代起为雩都县辖地,北宋太平兴国七年(982年)置县,时恰逢县治凿井时得砖有篆文"会昌"二字,遂取县名会昌。会昌古城建于南宋,古城墙现仍存环河东西北三面丈余高墙基,名为"临清"的北门稍有残损,但却依然显示着宋代古城的风采。城内外人文古迹、红色旧址和红色纪念建筑甚多,有的掩映在城外的山峦里,精彩纷呈。县境内著名山峦奇观有汉仙岩、萧帝岩、盘古山、会昌山等,其中汉仙岩为典型的丹霞地貌美景。

　　人文古迹:宋代至明清的古迹分布在城内及近郊的有孔圣殿(学宫)、文信国公祠(文山祠)、龙光宝塔、湘江书院、天后宫等。分布在县境内其他地区的有小田石门、筠门岭坝笃下朱屋、筠门岭朱屋石门楼等。

　　天后宫坐落在城区排山巷南端,建于清代,一进三栋殿宇,砖木结构,硬山顶,面宽19米,进深44米,高13.7米,面积836平方米。三殿即前殿、中殿、后殿，现中殿和后殿均保持原貌。中殿18根大柱，恢宏壮丽；后殿石柱、木雕及屋顶彩绘，仍鲜亮夺目。

龙光宝塔坐落于城西郊贡水西岸，始建于明代，清代竣工，砖石结构，八面九层，底层外对角宽12.7米，对面宽11.25米，墙厚3.85米，阶梯宽0.7米。塔基面积116平方米，塔身通高44.8米，葫芦形塔刹为生铁浇铸而成。塔南面第二层嵌"龙光宝塔"红石碑。

小田石门及照壁位于城南周田小田村，清代红石建造。门楼牌坊四柱两檐三门，宽5.9米，高6米，额题"序乐门"。门楼石雕图案虽略有损坏，但却风采依然。近处刘屋大厅左右廊及石雕照壁保护完整，均高4.8米，宽4.2米。四柱三栏，顶檐下镌刻福、禄、寿三篆字，并各刻有楹联、横额。大厅左右照壁共饰有24组戏文故事深浮雕，如"安安送米""雪夜污贤""精忠报国"等。石雕工艺精湛别致，人物形象栩栩如生。

筠门岭坝笃下朱屋和筠门岭朱屋石门楼是一组清代古建筑。坝笃下朱屋砖木结构，硬山顶，面宽20米，进深25米，高8.3米，十字大厅，中开天井，青砖地面。左边一排楼房20多间，天井、阶沿均用红麻条石砌成，前有院子、照壁和门楼。筠门岭朱屋石门楼，仿牌坊式两檐四柱，高7米，宽5米，门额镌刻"舍宏"二字。门楼石雕工艺精巧传神，内容丰富多彩，有"八仙过海""双凤朝阳""龙吐雨""鹿含芝"等多组图案。

红色旧址：会昌是中央苏区的重要县份，是红都瑞金的南大门、中央苏区防卫体系的一座城头堡。红色旧址有中共粤赣省委和苏维埃政府旧址、毛泽东旧居、邓小平旧居、粤赣省军区旧址、红二十二师旧址等。现择要介绍二三例。

粤赣省委旧址位于城东郊武坝邹屋，是清代所建民宅，砖木结构，硬山顶，一进两厅，共46间，围墙、门楼、院落齐整，1933年8月中共粤赣省委在此成立。位于省委旧址左侧的另一处砖木结构硬山顶楼房，就是粤赣省苏维埃政府旧址。此精致小楼面宽21米,进深11.5米,厅堂齐整,连同苏维埃时期的标语等,均保持着原貌。在省委旧址不远处,还有毛泽东旧居、省军区旧址,也都是清代建筑,砖木结构,都很高阔宽敞。

红二十二师旧址位于县城与筠门岭之间的站塘李官山村南山下,系土木结构歇山顶民宅,正屋宽敞。红二十二师是活动在苏区南线的红军主力部队,1933年9月开始的第五次反"围剿",该师于1934年4月初在筠门岭与敌军展开激战,死守不成则被迫撤退至湘江南岸的站塘,继续阻击敌军,直至1934年10月开始长征。

红色纪念建筑:红色纪念建筑有红军烈士纪念塔、永隆革命纪念塔、革命烈士墓、烈士纪念亭等。

红军革命烈士纪念塔和永隆革命烈士纪念塔是会昌两座著名的纪念性建筑物,分别坐落在城南郊南冠岭垴和城东南部永隆墟对面鸦形嶂上。前者20世纪50年代始建,60年代扩建,塔基正方形,外围栏杆,边长15米。塔身高9米,围16米,砖石混凝土结构,四面三檐平顶,每面饰直匾。永隆革命烈士纪念塔,20世纪30年代初原在此安葬红四军军长王良等革命烈士。70年代初建塔并冠以所在地名称。塔高9.5米,砖石混凝土结构,四面,尖顶,顶端饰红色五角星。塔身分两层,上层各面饰直匾,下层南北书联,东书建塔日期,西书烈士姓名。

革命烈士纪念墓及烈士纪念亭,位于县城北,东邻瑞金县边界,并且与长征第一山云石山相望。纪念墓的位置是西江墟西南坑子窝,20世纪50年代始建,60年代与80年代两次重修,分立五通石碑,刻记五位烈士生平。墓顶立8米塔式碑,下面与左右侧面刻字,顶端饰红五星。纪念亭坐落在西江墟南坑子窝嶂,20世纪80年代始建,砖木混凝土结构,为八角双檐两层亭阁,通高12米,底径13.5米,葫芦形尖顶。上层东西两面镌字,其余六面为窗棂花板,下层排列内外两层16根圆柱。

山峦奇观：会昌"山石之秀，峰峦之秀，实甲它邑"，汉仙岩、盘古山、萧帝岩、紫云山、狮子岩、会昌山等20座山峦，各具特色，奇观异景精彩纷呈。现仅介绍汉仙岩、萧帝岩和会昌山。

汉山岩坐落于筠门岭墟东南的营坊村，面临汉溪，原名汉溪岩，又称汉山。为典型丹霞地貌景观。相传，八仙汉钟离在此得道成仙，故得名"汉仙岩"。此岩四周绝壁，巍峨峻峭，仅一石罅可入岩间。进入山岩腹地，在6.25平方公里的面积内，幽壑奇岩，溶蚀异景，令人叹为观止。白莲池，池水清冽，终年不竭；僧帽石和罗汉石，一石形似僧帽并镌有"僧帽石"三字，另一石浑圆宛若罗汉打坐，两石并立，相映成趣；玉笋峰数峭岩拔地而起，似破土春笋，其后为天竺峰，北为龙头石，构成了极具美学价值的小石林景观；九曲登门道，这是进入岩内的唯一通道，曲径九折，右边有三旗石；石罅泉，泉水从石罅渗出，清澈如镜，味若甘醴；合掌门，山岩入口处两块巨石如掌相合，岩壁有"虔南第一山""汉仙岩"等石刻10多处；鞠躬门，入合掌门穿过长20米、宽1.2米、高2米石洞，有两石卧地，左镌"龟"字，右镌"狮"字，上横架一巨石，人过须低头躬腰；会仙台，过鞠躬门，沿钟鼓楼遗址至岩顶，其上平坦，古建亭阁，传说是汉钟离等八仙会聚处；壁立万仞，为古禅堂东侧的平整大石壁，镌有几十处明代石刻，中部"壁立万仞"四个字，每字高2.3米，宽1.3米，古朴遒劲；镇龙桥，过天河支机石、定中门，石阶之上有单拱石砌桥一座，桥正面石壁镌"天子万年"，近处还有"渐入佳境"等石刻10余处；过镇龙桥前行，乱石犬牙交错，相互嵌叠，形成一条曲折宕转的20米石洞，只能容一人匍匐而过，即"九倒洞"，而折身腾跃处则为"鹞子翻身"，又名"天开石"；经天开石继续前行，遇一巨石横卧，腹空平夷，状若飞梁，上镌"仙人弈乐"四字，下有横磐石，石前两座岩壁，左镌刻"月窟"，右镌刻"无根"，传说这里是仙人下棋处，又说是汉钟离得道处。总而言之，汉仙岩仙踪遍布，神意弥漫，奇异

景观比比皆是。除上述之外，还有"猴子望月""秦王读书台""石壁飞灵""玉龙升天""龙洞"等。汉仙岩自古以来就有"虔南第一山"和"江南小蓬莱"之誉，是镶嵌在赣、粤、闽三省边境的绿色明珠。

萧帝岩又名佛图岩，古称揭阳山，位于县南周田梅子村。据《南史》载，南朝齐武帝萧颐任赣令时曾避难于此，故名"萧帝岩"。临近此岩，一路山石奇绝，石窟众多，有蘑菇岩、鸡心岩、仙人脱鞋等奇景。沿山路前往萧帝岩，愈近岩口地势越险峻，巉岩叠嶂，怪石嶙峋，仅一条小径傍壁而入。峭壁左崖上有"湘江胜概""洞口壶天""剑门"等石刻。过剑门便见一巨岩横卧南向，绝壁凹入，石腹中空，状若雄狮伏而张口。岩下清溪自西而东回曲穿过，巨岩中部横列三石窟，名为大殿、中殿、上殿，三殿有石径相通。萧帝岩有始建于宋、重修于明的萧岩寺，以及依岩而建的殿、阁及设防建筑遗址等。

会昌山原名明山、南山，位于县城西北近郊贡水北岸，海拔400米，周围30余里。山上林木葱茏，常有雾岚笼罩，故又称岚山岭。会昌山自古就是游览胜地，自唐代起在山林中建有六祖寺、观音阁、砥澜阁、贯山堂等，现今尚存半山寺。会昌山由于"风景这边独好"，已被辟为森林面积近5500亩的省级森林公园。此山半山腰处南面有一缓坡腹地，环境幽雅宁静，遍布花果树木，芳香沁人肺腑，其南端高处建有毛泽东赋《清平乐·会昌》词的八角形纪念亭。在这里的林荫深处有三潮泉，泉水清冽甘美。临近三潮泉有建于清代的半山寺。该寺主体建筑砖木结构，硬山顶，上下两栋，下栋面宽21.2米，进深21米。1932年8月，红军医院由筠门岭迁移至该寺。自半山腰之上，山势逐渐陡峭，峰顶是数百平方米的平地。1927年8月，南昌起义部队进军至此，从山上发起进攻，一举攻克会昌城，现尚存当年战壕、防空洞等遗迹，以及将军墓。登临峰顶四顾，会昌古城风貌与郊野风光尽收眼底，远山连绵至天际，山下贡水奔流，山光水色楚楚动人。1934年夏天,毛泽东健步登上山顶,触景生情,写下了为第五次反"围剿"失利、正处于困境中的红军指路的《清平乐·会昌》辞章:

  东方欲晓,
  莫道君行早。
  踏破青山人未老,
  风景这边独好。

  会昌城外高峰,
  巅连直接东溟。
  战士指看南粤,
  更加郁郁葱葱。

古城于都

  于都县城地处赣南东部、贡水中游北岸,县境内以丘陵山地为主,占总面积的74%。于都原名雩都,西汉高祖六年(公元前201年)建县,因其县城北有海拔634.2米的雩山而得名。1957年3月改名于都。

  于都建县时辖区面积甚广,现今的瑞金、石城、会昌、安远、寻乌均包括在辖区之内。县城古城墙位于城区南贡水河畔,宋绍兴十五年(1145年)以砖砌筑,现残存590余米,厚3.7米,高4.5米,尚存风采依然的"南薰门"。于都由于古老,所以名胜古迹甚多,又由于在苏维埃时期是中央苏区的重要县份,所以红色旧址和纪念建筑遍布。古迹与红色纪念建筑物交相辉映,并与雩都河(贡水)两岸的远山近水融合共济,构成了如今于都境内独具特色的景色。

红色纪念地：古代的于都城曾为赣南政治、文化、经济、交通中心和军事要地。苏维埃时期，1929年4月朱德、毛泽东率红四军从井冈山首次来到这里，建立了赣南第一个县级红色政权——于都县工农兵革命委员会。之后，中共赣南省委、赣南省苏维埃政府均驻于都县城，直至1934年10月中旬中央红军在这里集结大转移，贡水成为万里长征第一渡。

于都城区有一条建国路，顾名思义这条路对中华苏维埃共和国建立有着直接的关系。在建国路上，门牌1号原系清代建宋氏祠堂，坐北朝南，砖木结构，二进三厅，面宽15.9米，进深38.1米，厅前有回廊小院，院前围墙有门楼，占地面积608平方米。1929年4月红四军进军于都时司令部驻此，1931年7月至1934年10月于都县苏维埃政府驻此。门牌12号因原宅主姓管故名管屋，宅院内主体建筑坐东向西，砖木结构，两层楼分上下两栋，上下栋之间设有回廊，面积286平方米。1929年4月8日红四军来到于都，军政治部驻此，毛泽东也居住在管屋。门牌27号原为清代建昭忠祠，坐北朝南，砖木结构，硬山顶，马头墙，两进厅，面积340平方米，1929年4月中旬红四军帮助建立的于都县工农兵革命委员会驻此。

赣南省苏维埃政府旧址暨毛泽东旧居，坐落在原城区北门外，原宅主姓何故名何屋。何屋坐北朝南，砖木结构，悬山顶，面积636平方米。1934年7月至11月，赣南省苏维埃政府驻此；1934年9月下旬至10月18日，毛泽东从云台山来到于都，组织指挥架桥为红军长征渡江做准备时驻此屋东厢房。

说到于都的红色旧址，县北山区的银坑需着重介绍。银坑炼银遗址，位于银坑墟东南柳木坑河边上。旧志记载："宋时有樵者逐鹿入穴，掘之银矿溢出，因置银矿，矿尽久废。"现在这里还可见到大量矿渣堆积和两座竖式炉坑。银坑墟因银矿而得名，现在还留有老街朱德旧居、平安寨背毛泽东旧居、牛角塘红一方面军总司令部旧址等。除此之外，在银坑年丰村有被载入《中华名胜辞典》的竹篙寨石洞。此洞属石灰岩溶洞，与狮石山对峙，因山石崛起如竹篙耸立，故石洞以竹篙命名。洞体宽大，可容千人。正洞底层大厅700多平方米，高度数十米不等。正洞有楼，前厅左侧设数级木梯，迂回折入，巷道四通。南、西、北三面出洞有口，唯北面洞口无出路，口在半崖。当年红军曾据北口以击敌，颇建奇功。洞外松竹挺拔，花草丛生，风光奇秀。此洞曾先后为于北特区革命委员会保管处、中央后方保管处。几十名赤卫队员据守，曾击退过国民党十九路军一个旅的进攻。

万里长征第一渡，说的就是1934年10月17日至19日傍晚，中央红军一、三、五、八、九军团和中央苏区、中央军委机关直属队等共计86000余人，从于都各渡口南渡贡水，从而踏上了漫漫长征路。贡水即贡江，源出福建长汀新乐山，西流经石城、瑞金、会昌，从白鹅峡入于都县境。东起黄麟朱田，横穿县境，环城而过，西至罗坳五屋入赣县彭屋，之后在赣县境内与章水汇流而成江西省的母亲河赣江，北流注入与长江相通的鄱阳湖。贡水在于都境内长66公里，县城东西共有10多个渡口。1934年10月中旬，中央红军从中央苏区各地先后来到于都集结，并于16日开始先后从梓山山峰坝、县城西门重光宝塔下、罗坳孟口、县城东门、罗坳石尾等处渡河。其中县城东门渡口是中共中央、中革军委机关渡口处。

红色纪念建筑：在于都城区及县境内，20世纪50年代之后建设的红色纪念建筑有，中央红军长征出发地纪念园、革命烈士纪念亭、革命烈士纪念塔等。

中央红军长征出发地纪念园，位于城东门渡口处。纪念园是在原纪念碑园基础上扩建的，2009年红军出发长征75周年之际落成。纪念园占地60亩，由游客服务中心、小广场与主题雕塑、集结广场、纪念广场、中央红军出发地纪念馆组成。其中纪念广场是核心部分，主要包括红军长征路线图、中央红军长征出发纪念塔。从广场中间铺设的纪念图中，可以了解到从1934年10月中央红军从于都出发至1936年10月红军三大主力在甘肃会宁、宁夏将台堡会师的长征历程。纪念广场矗立的中央红军长征出发纪念碑,高19.34米,底座边长10.18米,象征着中革军委、中央机关和中央领导于1934年10月18日在此渡河出发。碑身为双帆船造型,象征着中央红军从此扬帆出征。碑座上的三幅巨型浮雕,分别以"集结""出发""奉献"为主题,周围的栏杆上雕刻着中央红军各军团渡河出发的渡口。纪念碑围栏左侧镌刻有叶剑英诗一首,右侧镌刻陆定一同志在长征途中写就的《长征歌》里的第一首:

十月里来秋风凉,中央红军远征忙。
星夜渡过于都河,古陂新田打胜仗。

革命烈士纪念亭位于县城西北,建于20世纪50年代,坐西朝东,砖石结构,水泥抹面,八角形双檐樱尖顶。顶部饰葫芦正兽,两檐之间的8个竖正面,间隔装饰有4组山水画,分别是"革命烈士""永垂不朽""豪气长存""万古千秋"。在第一层亭檐的8个角上,饰泥塑花纹;第二层亭檐的8个角上,饰泥塑金龙,四边设等长台阶,由16根圆柱支撑瓦面。

革命烈士纪念塔与革命烈士纪念亭并排屹立,建于同年代。纪念塔为八边形,砖石结构,高10米,四面均有题词。塔顶呈三角形,顶端饰红五角星。

此外,在城区北部和东部梓山潭头墟、宽田上堡村,还建有烈士墓、纪念塔和纪念碑。其中城区北部的革命烈士纪念墓,坐西北朝东南,圆形,周长14.6米,高1.25米,三合土结构,水泥抹面封顶,其墓碑高2.7米,宽1.2米。梓山潭头墟革命烈士纪念塔,坐落在于(都)瑞(金)公路南侧的山冈上,高耸云端,十分醒目。

历史古迹: 于都是赣南东部历史文化底蕴十分厚重的地区,被誉为文明古县。其文化古迹涵盖自西汉建县之后各个朝代,最著名的是罗田岩以及固院城址、文峰塔、康石岩普通塔、迥澜塔、唐代东坑窑址、步蟾坊、岳飞寨、皇固庵、六秀塔、九板桥、万寿宫等。现仅介绍文峰塔,康石岩普通塔、迥澜塔及罗田岩。

文峰塔坐落于县城南偏东的禾丰水阁口脱背山上,坐北朝南,始建于清代,七级六面,楼阁式,高30米,各边长4.5米,土木结构。塔身由三合土夯筑而成,逐层收分,每层交接处用菱角牙子装饰出檐,第二层东南西嵌有"文峦耸秀"红石题额。塔心室为单壁空筒式,内横架多层杉木梁。从二层起,每层设有券门式窗户,并以一层真窗一层盲窗为间隔,所以窗户上下对缝。此塔虽已有残缺裂缝,但仍不失卓天风采。

康石岩普通塔,俗称花桥塔,坐落于城西南贡水南岸不远处的罗江小满村西部康石岩,清代建,为三级六边形舍利塔,高2.56米,由红麻石铆榫而成,塔顶及各级之间均以条石装饰出檐,塔形别致。第二层正面阳刻佛像,第三层正面竖刻塔名,并配有对联。与康石岩隔贡水相望的还有坐落于罗坳墟西南山顶上的迥澜塔。该塔同样建于清代,为七级六面阁楼式,各边长4.3米,高30米。塔身由三合土夯筑而成,塔层收分明显,每层交接处用叠涩和菱角牙子装饰出檐,塔刹亦用叠涩收顶。塔心室为单壁空筒式,底层西北面开小门,其他各层开有窗户。

于都境内古代名人留有题刻最多的地方是位于城南郊于(都)盘(古山)公路左侧的罗田岩。

罗田岩四面环山,悬崖屹立,始辟于南北朝,山中寺阁傍岩而设,以洞为室,玲珑别致,自成风趣,因而有寺岩之称。寺岩入口处一座石崖巍然矗立,上刻"雩阳一览"赫然大字,寺岩左边原建有"仁学山房"和"凝道轩",相传为昔日学士大夫谈道讲学的处所。寺岩后依石山,上刻"别一洞天"。石山正面依山傍岩建有寺庙，左为"古罗田岩"，右为"元帝殿"。寺内有泉水自崖巅石隙顺流而下，常年飞沫溅珠，凌空飘洒，名曰"飞泉"。岩右凌空悬壁有一小洞，上小下大状似漏斗倒挂，称"米岩"，相传为昔日流米供僧侣食用之处。出米岩右行，又是悬崖屏立，蜿蜒伸展，不可仰视。岩下有一小池塘，为悬崖常年流滴所积，涓涓细流，淅沥有声。崖壁前原建有濂溪书院，是为纪念宋代理学家周敦颐游览罗田岩而设。特别是在罗田岩四周约2.5平方公里的悬崖上，分布着唐宋以来历代名人题刻100多品，保护较好的有57品。其中有宋代周敦颐、岳飞、文天祥，元代王懋德，明代王守仁、罗洪先、黄宏纲、何廷仁，清代李元鼎、八大山人朱耷等名人题刻。寺东悬崖上能分辨的石刻有15品，宋代的居多，目前发现最早的宋皇祐三年（1051年）石刻，就在寺东悬崖上。悬崖上端最醒目的石刻是岳飞的"天子万年"。有些名人还写下了赞誉罗田岩的精彩诗篇。

岳飞于戎马倥偬之际登上罗田岩，挥笔写有：

　　　　崆峒杀气黑，洒血暗郊坰。
　　　　哀笳晓幽咽，石壁断空青。

清代大画家、八大山人之一朱耷在《罗田夜坐》诗中云：

　　　　为爱清秋夜，帘重五漏时。
　　　　山虚吞小月，云重压高枝。
　　　　露冷蛩吟急，风惊鹤睡迟。
　　　　旅魂无着处，惟有少陵诗。

于都的山，于都的水，二者的历史文化古迹和红色旧址、红色纪念建筑，连同瑞金、石城、会昌等地区的人文景观和自然景观，以及耸立于赣南东与闽西北的武夷山，向世人昭示并见证着，在中国共产党领导下红军和当地民众，用鲜血浇灌的这片红色沃土，是新生的中华苏维埃共和国的诞生地。这里的人民舍不得红军队伍离去，头戴红五星八角帽、高举红色战旗的红军指战员们，也舍不得离开这片红色而多彩的古老土地！

这里要特别说明的是，中央苏区暨中华苏维埃共和国，包括赣南、闽西两块根据地。巍峨的武夷山雄踞于两块根据地中间，其麓下与石城、瑞金毗邻的闽西宁化、长汀等地，不仅都是苏维埃时期红星高照的地方，而且靠近瑞金的长汀，还是红军长征最先启程之地。1934年9月30日，共产国际正式复电同意中央红军实施战略大转移，当时中央红九军团就奉命从长汀钟屋村（今中复村）观寿公祠出发前往于都集结，迈出了红军长征第一步，故而钟屋村被称为"红军长征第一村"。在宁化的红军则在县城广场南端集结，踏上了长征路。从闽西到瑞金的一段路程就是武夷山地，所以记述长征路上胜景带，必须把武夷山列入其内。

雄伟多彩武夷山

　　武夷山脉北端的武夷山，位于赣闽两省交界，即位于苏维埃时期包括赣南、闽西两块根据地在内的中央苏区之间。其主峰黄岗山海拔2158米，与其毗邻的过风大坳、诸母岗、先峰岭海拔高度也都在1800米之上。红军长征的几个出发地宁化、长汀、瑞金、石城、会昌等，都在其麓下，与武夷山有不解之缘。

　　武夷山原名荆南山，4000多年前彭祖"因慕闽地不死国"，带着两个儿子彭武、彭夷从原籍彭城迁来，开荒种植，定居繁衍。后人为纪念这位开山功臣，便从两个儿子的名字中各取一字为山名，荆南山便改名为"武夷山"，彭祖则被尊为"武夷君"，此山所在的山脉也被命名为武夷山脉。

　　武夷山脉介于江南山地丘陵与闽浙山地丘陵的结合部，处于北端的武夷山山体形成，西半部受江南山地形成过程影响较大，发育形成了典型的"格子状侵蚀中山地貌"，而东半部因受闽浙山地形成过程影响较大，地质构造为单斜断块山体，则发育形成了典型的"丹霞地貌"。于是，一山双貌，两种不同的景观，就成了武夷山的基本特征。

西部崇山区

西半部崇山区属中山地貌,面积566.27平方公里,矗立着海拔千米以上的高峰112座,长数十公里的大裂谷有数十条。崇山峻岭,在亚热带湿润季风气候条件下,发育形成了北半球同纬度最典型、最完整、面积最大的亚热带森林生态系统,1979年被国家批准列入了"国家自然保护区"。

西部自然保护区内,植物区系呈多样性。据不完全统计,区内有植物3718种,其中高等植物269科1040属2888种,低等植物830种。区内古老而珍稀的孑遗植物有银杏、鹅掌楸、伯乐树、香榧、南方红豆杉、南方铁杉、水杉等。高峰跃葱茏,谷壑滚绿浪,古木添异彩,有多处绿色景观带令人神往,如黄岗山植被垂直带谱、峡谷叠翠、腹地三港、竹篁海洋、鸟乡挂墩等。

黄岗带谱: 从赣南东石城进桐木关大峡谷,过桐木关隘口后沿盘山公路而上,便能领略黄岗山精彩的植被垂直带谱,体验东晋文学家、训诂家郭璞曾描述的"黄岗降势走飞龙,郁郁苍苍气象雄"的气派。这里自下而上有五个植被带谱,依次是海拔1100米以下的常绿阔叶林,1100~1500米的针阔混交林,1500~1800米的针叶林,1700~1900米的中山矮曲林,1900米以上的中山草甸。各个带区内,由于生物和非生物相互作用,形成了不同的亚热带植物群系,而且排列有序,层次分明,在不同季节里常绿与落叶、混交与纯林、完整与插花分布,呈现的是五彩缤纷的色彩,构成了保护区内独特的山林植被景观。尤其是山顶的草甸风光,野青茅、沼原草、萱草、薄毛豆藜、波绿红果树、幼龄黄山松等30多种植物混杂一片,一望无际,在劲风吹拂下,时而挺立,时而偃伏,翻波逐浪,表现出疾风知劲草的气魄。仲夏之际,草甸萱草花盛开,橙红一片,构成山花的海洋,绚丽艳美而又壮观。

峡谷叠翠:桐木溪大峡谷内的绿色生态景观,神奇精彩,被点赞为"峡谷叠翠"。桐木溪自然保护区腹地三港向东奔流,经幽深的大峡谷后入武夷山丹霞地貌风景区。从风景区逆流而上,峡谷内先是山抱水流,水随岩转,两岸悬崖峭壁,沿途怪石嶙峋的武夷山生态漂流段。至落差120米、宽40米的青龙大瀑布,周围及之上便是精彩纷呈的绿色生态景观。气势磅礴的三级阶梯状瀑布周围,原始森林内亚热带的植物应有尽有,峡谷游道两边挂牌的名贵花木就有100多种。这一段峡谷之侧不远处有桃源峪,原始森林茂密,已于1985年被划定为集山水景观与绿色生态景观于一体的森林公园。峡谷的另一奇观是"石乳青冈"。青冈是一种能在花岗岩上生长的落叶乔木,要直接缠绕在崖壁上,靠吸取岩髓生长。青冈成林的地方,上枝叶繁茂,下盘根错节,弯弯曲曲的树根像蛇一样缠绕在岩石上,煞是奇特。

腹地三港:这里是桐木溪峡谷上端的一块山间盆地,三条山溪汇流于此,周围峻岭环抱,千米以上的几座高峰被青松翠竹、奇花异草覆盖得严严实实。那浓浓的绿意,淡淡的花香,如琴如瑟、如歌如乐的潺潺溪流,纯净而无一丝污染、清爽而沁人肺腑的空气,令人感到这是一处天然的、静谧而温馨的佳境。无怪乎在这绿色盆地的溪畔,既坐落着山民居住的桐木村,又是自然保护区管理局、武夷山自然博物馆所在地。

竹篁海洋:在腹地三港之南部约10公里处,又有一块山间盆地,铺展着约2万公顷的竹林。林海内因有各类昆虫,所以这里被称为"昆虫的世界"。走进林海,仿佛踏进了梦幻般的世界,浓密的修篁把阳光筛成破碎的斑点,犹如万支金箭从空中射下。无数黄角怪(中华大蟾蜍)成双成对拥抱着,团簇在竹林内露草丛中,发出呱呱的叫声,与各类虫鸣、竹枝上的各类鸟语汇成天籁一片，合奏着竹篁世界的交响曲。微风吹拂时，竹海波澜壮阔，更现大自然的壮美。

鸟乡挂墩：位于腹地三港西侧的先峰岭下，是一处山间盆地，方圆约有5平方公里，海拔1830米。盆地内地势开阔，光照充足，气候较同高度其他地区温暖，在海拔1300米高处，散居着几户人家。春季到此，茶园青青，桃花吐艳，林木荫翠。在其西北岗上是中山矮曲林，聚集着无数的候鸟和留鸟，鸟语花香。虽然这里只是名为挂墩的一个小山村，但由于有着优越的天然生态环境，是鸟类的"天堂"，其名字却驰名于伦敦、巴黎、柏林、纽约等名城。据说，生物学界若不知挂墩者，则被人们传为笑柄。

崇山峻岭区内，优越的地理环境，丰富的植物种类，完整的森林生态系统，多种多样的生态小环境，为野生动物繁衍提供了理想的栖息地。这里是我国小区域单位面积内野生动物最丰富的区域之一，早就享有"鸟的乐园""昆虫世界""蛇的王国""研究亚洲两栖爬行动物的钥匙"等美誉。目前已知的动物种类有5110种，其中哺乳纲71种，鸟纲256种，鱼纲40种，爬行纲73种，昆虫已定名的4635种。这里不但动物种类繁多，而且其中有多种珍稀动物，如属于模式标本产地的红面猴、黄腹角雉、崇安髭蟾（角怪），我国特有而且是昆虫中仅有的两个国家一级保护昆虫之一的金斑喙凤蝶，以及黑熊、黑麂、白鹇等。这些生灵栖息在绿色植物王国里，不仅为保护区增添了妙趣，而且使这里形成了动植物相互依存的完好生态链。

东部丹霞区

东半部丹霞地貌区，面积79平方公里，属低山丘陵区，巧布着"三三秀水"和"六六奇峰"，九十九岩、六十六怪石、七十二奇洞和十八幽涧。其文明史起始于古之夏代,汉时期已蜚声华夏,《史记》有汉武帝遣使者在幔亭峰设坛祭祀武夷君的记载。其后便渐渐形成了我国东南部中华民族历史文化发展的主要载体,继彭祖文化之后,古闽越文化、道教文化、佛教文化、朱子理学等都在这里兴起,展现出了自然景观与人文景观相融、一卷五彩文化山的绚丽特色。

以丹霞地貌为特征的精彩景观遍布,因为奇景太多,所以只能选择介绍灵岩一线天、虎啸岩、天游峰、仙掌峰、大王峰、小藏峰、大藏峰、水帘洞等。

灵岩一线天:景区南部有一座灵岩,岩体高100余米,岩顶因受断裂构造影响而形成了长178米的裂隙。缝隙最宽处1米左右,最窄处仅半米,底部宽10余米,是目前发现的全国"一线天"之最。岩顶倾斜凸出,覆盖着三个毗邻岩洞,自左至右依次是伏羲洞、风洞、灵洞。从洞中仰视,岩顶仅露一线,如利斧劈开,古人称其为"鬼斧神工之奇作"。缝隙自下而上凿有石阶,上可登岩顶,右可进风洞。风洞为不规则洞穴,直径约6米。一线天横贯洞顶,由于岩顶裂开,并与下面岩洞沟通而成为气流通道。无孔不入的风从顶部进入,在洞内冷却后从洞口而出,习习袭人,盛暑时节也透入肌骨。再右侧是灵洞,洞口7米,长宽各10米,独成一洞,石罅中晶莹如玉的泉水滴入"圣水井"。古人对一线天奇观凭神话来解释,宋代蔡公亮作诗赞道:

    石室阴幽却朗然,仰窥长罅见清元。
    不知谁把如椽笔,画出光明一字天。

虎啸岩:位于一线天之北,名为岩实为一座断块(桌状)山峰,危岩凌空,奇拔崔嵬,有溪流迂回麓下。岩壁上镌刻有"虎溪灵洞"四字。这是因为,岩壁上有一洞,当风吹过洞口时能发出有如虎啸的响声,故而此岩称"虎啸岩",洞则称为"虎溪灵洞"。山峰上的奇景众多,康熙年间岩下天成禅院泉声和尚命名了虎啸八景,其中定命桥、宾曦洞、不浪舟,现仍被视为精彩奇景,而且增加了第九景集云关。集云关是虎啸岩唯一能从东西两面进入的一条崖壑,入口处险要,清代时有山民在此设寨,抵御清兵围剿。这处关隘四季云卷云舒,风景奇幻,故称"集云关"。过此再攀登600多级台阶,是一条宽不足3米,深不可测的裂罅,横架其间的板桥因其险要而被称为"定命桥"。过桥后再上行,有一巨石斜覆而成的天然洞天。此洞朝阳,太阳一出,洞口的丹霞岩壁上就红光熠熠,故此洞被称为"宾曦洞",意即洞天的主人(洞内设天成禅院三宝殿)把太阳视为宾客来接待。不浪舟是虎啸岩奇景中形象最逼真的奇石,这块巨石在悬崖处凌空卷起,上面平坦,底部两头微翘,如舟之形,云雾涌动宛若一叶扁舟行其上。虎啸岩集纳了"溪深可潜,径隘可守"的关隘险峻,其雄、其险、其秀浑然一体,与九曲溪六曲之北的天游峰并称为"武夷双璧"。

天游峰:位于九曲溪六曲之北,海拔408.8米,绝顶是一条由北向南延伸的岩脊,两旁松林叠翠,修竹堆青,茶园披绿。在其南端有"一览亭"及一株武夷山红豆杉和琳琅满目的石刻。此亭高居岗巅,濒临崖畔。在亭中凭栏眺望,可鸟瞰九曲溪全景,曾有人以"山耸千层青翡翠,溪流九曲碧琉璃"的佳句描述。徐霞客登临后慨然而叹曰:"其高不临溪而能尽九曲之胜,此峰因应第一也。"峰顶还有胡麻涧、振衣岗、岖崎丘、妙高台等自然景观,以及人文景观天游观,观内供奉着开山鼻祖武夷君及两个儿子彭武、彭夷的塑像。

仙掌峰:这是一座位于天游峰之旁的单斜断块山峰,名为峰但实为武夷山最大的、浑然完整的巨型岩石。岩脊与天游峰相连,高低错落,沿脊拾级而上即达天游峰顶,但这段蹬道有800余级。岩体南半壁似刀切斧劈，直上直下，阔大平坦，高 150 余米，长 600 余米，宛若一扇巨大的屏风挺立于天地间。由于长年流水冲刷，崖壁上布满了无数道直泻而下的流水雕刻的沟状痕迹。每当阳光照在岩壁上，那一条条一缕缕的痕迹就愈发分明，宛若仙人晒布，故名"晒布岩"。又因半壁上有几道深深的斑痕，如同红润的掌印，所以南宋杰出道教思想家、诗人白玉蟾有"如今世上留仙掌，十指青葱积绿苔"的诗句，晒布岩就被称为"仙掌峰"了。

大王峰：该峰海拔 526.8 米，是典型的断块山，雄踞九曲溪一曲北岸，是进入九曲溪景区的第一峰。山体因风化侵蚀，下部产生崩塌脱落，形成了上大下小、四壁陡峭的体态。峰顶形似古时纱帽，故又名"纱帽峰"。还因拔山立脚，攀云伸首，如擎天巨柱，雄伟威严，具王者之气，而被称为"魏王峰"。山体南壁有一条裂隙，宽仅容一身，中凿石梯 1700 余阶，设有护栏，虽危岩千尺，但攀登时有惊无险。另在南面半壁还有一崩塌岩洞，洞左边有块呈大蛤蟆蹲伏状的坠石，头在外身在里，昂首向洞外眺望，故名"金蟾石"。峰顶古木参天，树根裸露，盘根错节，构成奇特图案，不虚为"万丈危峰倚碧空，丹梯历尽境无穷"之奇景。南麓有唐代创建的天宝殿（现称武夷宫）。

大小藏峰：九曲溪三曲、四曲环绕着两座山峰，即小藏峰、大藏峰，两峰均因悬崖洞穴内架有船棺，记载着武夷山的葬俗文化而著称。小藏峰因其峭壁千仞的悬崖上架着两具船棺，故又名"仙船岩"。据考古专家测定，这两具船棺由楠木制成，距今已有 3800 余年。大藏峰横空崛起，千仞半壁有两个洞穴，上为"鸡窠岩"，穴内有一团千年不腐的稻草，至今仍是千古之谜；下为"金鸡洞"，内有虹桥板和三具船棺，其中一具仍完好。峰下是一碧深的卧龙潭，岩壁上有"流霞飞翠""金鸡洞"等摩崖石刻。大藏峰是武夷山最古老的洞天仙府，古人有诗描述曰：

半岩欲坠潭渚深,昼夜不到午阴阴。

洞箫一曲瑶笙断,万壑千峰云水沉。

水帘洞:位于景区北部莲花峰东南,又名"唐曜洞天"。此洞是武夷山所有以"洞"命名的最为独特的一处自然景观,似洞非洞,是一个由岩体崩塌而形成的进深20余米,高近百米,宽170余米的巨大凹洞。洞顶岩崖倾覆而出,向前倾斜,且由于岩性的差异经风化剥蚀形成了节理断裂痕迹明显的水道。岩顶上有地表泉水汇集,经断裂形成的两条水道从斜覆岩顶飞流而下,当通过凹洞有微风吹来时,便化成无数的"珍珠",倏东倏西,乍分乍合,闪耀着晶莹夺目的光彩,俨然是两幅天然灿烂的珠帘,不虚为"赤壁千寻晴疑雨,明珠万斛画垂帘"之奇迹。穿过雨帘进入洞内,舒爽敞亮。高大的拱形丹崖如一道飞檐,遮住半边天空,熠熠闪光的水帘垂在洞前,随风轻摇,"千丝不断摇珠箔,匹练长悬泻镜湖"(镜湖即浴龙池)。仙境般的水帘洞,是道家首选的"洞天仙府",为此洞内留下了"清微洞真观"遗址。在宋代时,于这里创建了纪念理学家朱熹等三人在这里授徒讲学的三贤祠(三教堂)。历代文人墨客仰慕水帘洞,在这里留有篆书"活源"和"赤壁明珠"等14方摩崖石刻。

武夷山风景名胜最精彩的区域是九曲溪两岸。这里山水相依,一溪九曲,两岸奇峰、巉岩、怪石、幽洞竞相媲美,60多处景点构成了恢宏壮丽的风景带。以上所选的大王峰、小藏峰、大藏峰、天游峰,都在九曲溪景观带之列。宋代朱熹写有歌咏九曲溪风光的经典之作《九曲棹歌》十首,分别镌刻在了一曲至九曲的溪畔岩壁上。郭沫若先生1962年游武夷山时,对九曲溪的风景及朱熹的《九曲棹歌》赞叹不已,写有《游武夷泛舟九曲》诗一首:

九曲清流绕武夷,棹歌首唱自朱熹。
幽兰生谷香生径,方竹满山绿满溪。
六六三三疑道语,崖崖壑壑竞仙姿。
凌波轻筏觞飞羽,不会题诗也会题。

卓绝的丹霞自然景观,清溪纵横的山水环境,孕育了丰富多彩的彭祖文化、闽越王城、道教文化、佛教文化、朱子理学。

彭祖文化:彭祖名彭铿,是一个亦人亦神的历史人物。相传,他是在殷朝末年为避世乱带着两个儿子到荆南山来的,在这里他治山治水、垦荒种植、导训夷岳,八百八十岁时寿终正寝。彭祖是否享寿八百难以考定,只是有人推断"这种长寿所表明的就是彭祖部落(氏族)存在和发展的历史过程",但彭祖长寿是无疑的。战国初期《列子·力命》有"彭祖之智,不出尧舜之上,而寿八百"的记载,其意就是,他的智慧不如尧舜,寿命却八百,超过尧舜。

由于彭祖是一个具有神话传说的人物,所以彭祖文化也就具有亦幻亦实的浓厚色彩。从武夷山与彭祖文化相关的遗存看,迷信成仙升天、崇拜蛟龙等就是彭祖文化虚幻的一面。而追求长寿,迷恋修身养性,讲求膳食养生,就是彭祖文化真实的一面。

武夷山民的船棺葬俗和以龙文身的习俗,兴起于彭祖导训夷岳的同时代,记录着彭祖文化虚幻的一面。距今1400年前的北周时期,萧子开在《建安记》中有"武夷山,其高五百仞,岩石悉红紫色,望之若朝霞。……半岩有悬棺数千"的记载。那时武夷山船棺上千,经长年风雨的侵袭及人为破坏,迄今尚保存数十具之多。武夷山民把船棺高悬崖上,在随葬品中有"龟形木盘",龟首高昂做引颈状,其意就是逝者希冀托身名山,在神龟的威灵负载导引下升天。他们以龙文身,最初的目的就是表示自己是蛟龙的子孙,龙伯的传人。

彭祖文化实的一面,是他的养生理念和膳食调理实践。他主张养生要以心性感悟为主,要精神支撑修身养性。《荀子·修身》对彭祖的养生理念有如下记述:"偏善之度—以气养生,则身后彭祖;以修身自强,则名配尧禹。"后来,彭祖的养生理念被重视自然生命的道家所用,在与道教文化融合过程中,彭祖被神化,称之为"武夷君"。在饮食调理养生方面,彭祖首创的"雉羹"写在了中华营养学的首页,因此他被推崇为厨行的祖师爷。据介绍,"雉羹"讲究的是原生态饮食。屈原在其《楚辞·天问》中对彭祖的时代和特长也有记述:"彭铿斟雉,帝何飨?受寿永多,夫何长?"

闽越王城:位于武夷山南麓,是一座汉代古城遗址,由于古闽越文化底蕴浓厚,已被列入世界文化遗产范畴。闽越王城建于西汉前期,坐落在枕山抱水的丘岗之上,西依山势挺拔的雄伟群峰,东北两侧岗阜山岳围护,自武夷山风景区流来的崇阳溪由北而南逶迤绕城。城池跨越三座连续小丘,西高东低,南北长860米,东西宽550米,平面呈不规则长方形,总面积48万平方米。城堡依周围山势水流,从有利于防卫考虑建有四座城门,南城墙中段一座,西城南段一座,东城南段和北段各一座。东城墙南段的城门与西城墙的城门对称,相通的城内街道用卵石铺筑路面,与其他几条主干道相连。

城内的主要建筑是位于中部高胡平上的宫殿群,主殿居宫殿中央,宽38米,进深25米,面积930平方米,坐北朝南。闽越族人的这座古城堡,2000多年前毁于烽火。1958年至1985年期间,经文物部门普查探索和组织大规模钻探,揭露城内外古遗址两万多平方米,出土文物上百万件,使人们对古城概貌有了一个清晰的图像,确定这是一座闽越王国的诸侯王都,是古代汉越文化交融的典范,是迄今在我国南方保存最完整的汉代古城。

现今，又修复了城内的汉阙、汉宫，还建了一座与城址历史价值相匹配的"闽越王城博物馆"。博物馆建筑布局严谨、规则，主次有序，展厅飞檐重叠，再现了汉代闽越宫苑建筑的风采。馆内陈列分为前后两厅，一展厅是闽越王国的历史概貌和古城址遗物出土时的情景；二展厅是文物厅，从展品中可以了解到上古闽越文化与中原汉文化交融的概貌。这座文物陈列与建筑艺术相辉映的博物馆，1999年4月2日受到了联合国"世遗"检查验收专家莫洛伊·莱斯利博士的称赞，评价说"是罕见和极富特色的遗址博物馆"。

道教文化：武夷山道教文化融合有彭祖文化的成分，在道教未正式创建前武夷君就被山民们奉若至尊的地方神祇。当初，汉武帝遣使到武夷山祭祀的就是武夷君。之后，便先后创建了天宝殿、止止庵、开源堂、升真庵、天游观、云窝道院等。在这些道观中，历史上影响最大、至今仍香火缭绕的有天宝殿、开源堂等。

天宝殿现称武夷宫，位于大王峰南麓，自唐天宝年间创建至今已有近1400年。五代十国时期，天宝殿增建改称"武夷宫"，主祭武夷君。之后，武夷山被属于十国的南唐占领，元宗李璟宣旨改武夷宫为"会仙观"。宋代真宗赐御书"冲佑"，"会仙观"又改名为"冲佑观"，并增扩建屋宇至300余间，冲佑观便成为武夷山道教的中心。那时，道观中设有提举一职，吕祖谦、辛弃疾、陆游、朱熹都曾在冲佑观担任过提举，促进了武夷山道教文化与儒家思想的融合。后冲佑观历经沧桑巨变，清末以后销声匿迹，1947年时虽修复了三清殿，但大部分宫观改为他用。如今，冲佑观已以武夷宫之名修葺一新，恢复了原来的宫观面貌，得以重现道教文化风采。

开源堂又名桃源观，位于九曲溪六曲北岸的桃源洞。桃源洞名为洞，实为群峦环绕、田畴平旷、阡陌纵横、屋舍俨然、桃花盛开时灿若云霞的谷地。桃源洞北边的两幢老屋舍就是开源堂。堂额大书"桃源洞天",堂前一对佶聱难辨的符箓楹联是"玉炉烧炼千年药,正道行修益寿丹",主题就是益寿延年。于是就在宫观对面的蟠桃石上镌刻了一个巨大的"寿"字,并且将一座自然峰岩雕琢成了一尊硕大的老子石像。道教始祖的雕像,开源堂的道观名字,以及符箓楹联和蟠桃石上的巨大"寿"字,组成了一幅纯真的道家仙境画面,彰显着桃源洞是武夷山道教的开源地。

佛教文化:佛教在武夷山的传播始于唐朝,武德元年(618年)僧人在九曲溪六曲岸边的接笋峰下创建石堂寺。广明元年(880年)名僧翁藻光在武夷山的吴屯乡创建瑞岩寺,并在此修行甚笃。翁藻光因常在冬天扣冰而浴,故人称"扣冰古佛",在闽浙甚至峨眉山等地都有影响。后唐天成三年(928年),闽国国王延钧聘请他到福州通泉寺坐禅讲经,并赐"妙觉通圣大师"称号。凭借扣冰古佛宏博的佛学影响,武夷山佛教发展至宋代进入了一个高潮期,禅院倍增,高僧迭出,见之于佛教典籍《五灯会元》的高僧多达十余人,每年农历二月二十一日在瑞京寺举行的迎古佛盛会已成为举邑之一的大民俗,而且隆重非凡。明清时期,佛教在武夷山的发展表现在禅院的改扩建,原有的某些道观也改成了禅院。明代改扩建的天心永乐禅寺和白云禅寺,在武夷山佛教文化的发展中最有典型性。

天心永乐禅寺位于武夷山的风景区中心,前身是山心永乐庵,明嘉靖七年(1528年)易名为天心庵并扩建构体,清康熙年间改名为天心永乐禅寺。寺院建筑面积10000平方米,依中轴线建有弥勒殿、天王殿、大雄宝殿、观音殿、法堂、库房、斋房、禅堂、客堂、香客楼、钟鼓楼和偏殿。整组建筑壮丽雄伟,至1947年该寺先后传了七堂大戒,曹洞钟鼓遍天下,被世人视为佛教的"华胄八小名山"之一。1992年8月,厦门南普陀方丈妙湛法师捐赠的缅甸汉白玉千手观音像开光;1994年10月,利用寺前天然岩石雕刻的高12米、身体最宽处13米的弥勒大佛开光剪彩;1998

年10月,寺内新建仿宋建筑、面积820平方米的大雄宝殿落成。所有这些更加增添了天心永乐禅寺的佛教文化光彩。

白云禅寺位于九曲溪九曲北岸的灵峰白云岩,原名白云庵,宋代学者吕祖谦在此结庐以学,后为道姑所据。明末清初,慈觉和尚至此,将白云庵改为寺院。该寺巧借山岩构筑,远望似灵峰腰间的一团白云。寺内有弥勒殿、三宝殿、观音殿、祖师坛等建筑。各殿的后一半藏于岩洞内,前一半则利用山势和杉木支架托着,宛若空中楼阁。寺内观音殿中的岩壁上有乾隆年间摩崖石刻"大观"。寺尽头通过一段奇险小道可进入一个岩洞,洞中有康熙三十八年(1699年)立的漳梁山洞玄师祖舍利塔。洞外绝壁山崖上有乾隆年间众居士赠送住持捧日大和尚的岩刻"极乐国"。白云寺借灵峰山岩之灵气构筑,白云缥缈,以景取名,1994年改白云寺为白云禅院。

武夷山的有名禅院还有,玉柱峰下的慧苑寺、虎啸岩壁下的天成禅院、莲花峰腰间的妙莲寺等,每一座寺院都有自己的特色,彰显着武夷山佛教文化的丰富多彩。

朱子理学:这是武夷山文化的重要组成部分,因为朱子理学自宋代形成体系,集孔子以下学术思想之大成,在元、明、清三代一直是处于统治地位的正宗思想理论,被誉为"中国传统文化的瑰宝"。

首开武夷山理学先河的是被誉为"程门立雪"的杨时、游酢,北宋绍圣年间(1094~1097年),他们二人学成南归,老师程颢送别他们时说:"吾道南矣!"他俩不负恩师重托,选择武夷山作为传播理学的宝地。之后是胡安国及其子侄胡宁、胡寅、胡宏、胡宪,还有刘子翚、刘勉之等。刘子翚、刘勉之是朱熹之父朱松的挚友,绍兴十三年(1143年)二月朱松病故时将儿子托付二人教养,于是14岁的朱熹随母移居武夷山麓五夫里,开始了他在武夷山研习、授徒、著述的生涯。

朱熹在刘子翚、刘勉之等庇护下，受到了正规全面的儒学教育。学成后朱熹先是官游在外，绍兴二十七年(1157年)他28岁时回到武夷山，任祠官和讲学著述长达20年，陆续编著了《论语要义》《资治通鉴纲目》《周易本义》等31部理论著作，集理学大成的《四书章句集注》也酝酿成熟。之后他又两次官游在外，并在第二次官游回到武夷山期间，在隐屏峰下创建了武夷精舍，四方学者纷至沓来，朱熹派的中坚人物几乎都来到了武夷山，武夷精舍就成了他们开展学术活动的主要场所。朱熹在此写成了《易学启蒙》《孝经刊误》《小学》等，并反复修改了《四书章句集注》。官游也好，在武夷精舍讲学授徒也罢，朱熹一直专心致志地著述和活动，从而形成了朱子理学的完整体系。在朱熹和武夷精舍教学实践活动的影响下，一大批理学家相继在武夷山创建书院，最多时有20余所。这些书院奉武夷精舍为"圭臬"，先后出现在武夷山各地，使朱子理学得以发扬光大，把武夷山推向了一个被誉为"闽邦邹鲁""道南理窟"的鼎盛时期。

朱熹是朱子理学的中坚人物，武夷精舍被奉为众书院的"圭臬"。武夷精舍已于2001年全面复建，院内包括精舍石门坞、仁智堂(讲学处)、观善斋(学者居住处)、寒栖馆(与道士羽流研易处)、隐求室(夜学处)、止宿寮(以延四方学子处)等。书院作为"武夷之巨观"、展示朱子理学的中心，十分令人注目。

自古至今，武夷山因一山双貌两重天，一卷五彩文化山，而备受国内外各界关注。1999年3月，世界自然保护联盟(IVN)专家组专家莱斯利·莫洛伊博士，率领专家组到武夷山进行实地考察评估时，形容武夷山是"中国的奈良"，并题词赞道："武夷山是中国人民永续利用自然资源的永久性象征。"

我们要说的是，灿烂生辉、雄伟多彩的武夷山，见证着中华苏维埃的成立，也见证着高举红旗的队伍，从其面前踏上了卓绝的长征路。

名胜云集赣南西

中央红军战略大转移是从赣南西部走出中央苏区,而后从广东仁化与湖南汝城之间进入湘南,沿五岭北麓开始西征的。赣南西部包括信丰西南部及大余(原大庾)县、崇义县,是敌军布设第二道封锁线的地段,也是红军长征后项英、陈毅留下来坚持游击战争的地域。

赣南西部以山地为主,并且是赣江主要支流章水的上游或发源地。大庾岭、诸广山、罗霄山脉南段支脉,绵延盘亘在区域内,千米以上高峰共有36座,其中信丰2座、大余4座、崇义30座,而且崇义境内的诸广山主峰齐云山的海拔高度达2061.3米。崇山峻岭,飞瀑流泉,清流环绕,湖光山色,且由于区域内属亚热带山地气候,故而植物种类繁多,原始森林茂密,使得山上山下、河畔湖滨到处郁郁葱葱。顶级的山水条件,优越的生态系统,赣、湘、粤三省交界的地理位置,再加上赣、粤界山大庾岭是古代岭南交通要道,所以自秦汉始即在梅岭设关,西汉时庾胜将军便奉汉武帝之命在岭下筑城、岭上建寨,唐开元四年(716年)又有张九龄奉诏辟庾岭、修驿道,从而带动了整个赣南西部的开发,使这里自古就是名胜古迹云集、文化底蕴丰厚的游览胜地。

历史推进到 20 世纪 30 年代,中国共产党领导下的中国工农红军在罗霄山脉中段的井冈山建立了革命根据地。由于这里临近井冈山,起先是毛泽东、朱德领导的红四军转战之地;1931 年 7 月中华苏维埃共和国建立之后,这里是红三军团的战斗区域,共和国的西南边陲;红军长征撤离中央苏区后,项英、陈毅领导的红军游击队在这里打游击;抗日战争时期,赣粤湘边游击队集中编为新四军,司令部就设在大余池江弓里村。故而,这里的红色旧址与红色纪念建筑很多,红色文化可与井冈山、赣南东部相提并论。

信丰,古迹多彩

信丰县地处赣南贡水支流桃江中游,但其西南部的油山属大庾岭山系,为信丰与大余的界山,故而县境西南部可列为赣南西部区域。县境内有山岭 21 座,多分布在县城南部和西南部。境内地势由南向北倾斜,重峦叠嶂,中部低平,有低丘冈阜,河谷平川。秦汉时为南壄、南野,唐永淳元年(682 年)置安南县,取"地接岭南,人安物阜"之意;天宝元年(742 年)又取"人信物丰"之意,改名信丰。县城古城区三面环水,一面邻山,地势西南高而东北低,"前耸南山,后峙石塔""碧桃之水绕其东,九日之风盘其西",是个历史悠久的古城,昔日被"呼之为小南京"。

信丰因地理位置与环境有其特殊性,历史悠久,故而多姿多彩的古迹甚多,古塔、佛寺、宗祠、牌坊、古桥等应有尽有。而且,苏维埃时期为中央苏区南缘,县境西南部的油山又是红军长征过此后项英、陈毅领导的游击队转战的地区,故而增添了多处红色旧址与红色纪念性建筑。

古塔、佛寺:在信丰的古迹中,大圣寺塔可谓标志性古建筑,而佛寺则因与山岩石窟珠联璧合独具特色。

大圣寺塔，矗立于古城北，宋代前期建，其高66.16米，列长江以南次席，仅次于大理崇圣寺三塔中高69.13米的大塔。塔身六面九级八层，为穿壁绕平座的楼阁式砖塔。底层外塔每面宽5.9米，厚3.65米，三面有门，余相其间则隐出假门，门上有平座及腰檐。底层檐背之上为第二层平座，平座用棱角牙子三层构成，各层正中为壶门。塔下有后来所建的博物馆展堂，翘檐飞栋，金碧辉煌，与卓天古塔交相辉映。

在县城西、县城东各有一处名岩，岩下皆有窟，并依岩借石窟之便皆建有佛寺。

城西的名为仙济岩，又名芙蓉岩，位于海拔547.8米的谷山南麓正平庙背村。岩下有窟，呈半月形，全长75米。明代成化年间邑令高风将整座石窟分别建造了大小不一的14间洞窟，布设为大雄宝殿、观世音堂、弥勒佛堂、仙娘坛等，融入了佛道两家的文化。洞窟右起第四室有漫漫下滴的乳泉，碑刻"乳泉"二字。岩顶有飞泻而下的泉水，清澈甘美，四季不断。岩窟左右两侧皆有小山向西南方向延伸，砖墙横亘其间，构成仙济岩（佛寺）前院，院墙东侧有牌坊式山门，上嵌"仙济岩"石匾。山门内建有门亭，绘有山水人物画。院内东侧有僧侣楼房，紧依岩窟右端。仙济岩依岩做成佛龛，围以院墙，结构精巧，浑然天成。这里古木虬藤，山峦映翠，泉水飞溅，环境清幽，为一方圣地。

城东的名狮子岩，位于坪石大坑村乐平山，因岩下有形似狮子口的石窟而得名。清康熙十一年(1672年)依岩建寺，西向，前栋有两厅，左为观音厅，右为副厅。右边厅石门匾上刻有笔力雄健的"狮子岩"三字，并有"佛弟子罗尊建立"和"康熙壬子冬"等字样。穿过前栋进入第二道山门，便是狮子岩石窟。岩窟是半圆形，南北直径29.7米，进深9.56米，高4.35米，右侧凿有石井，泉水汩汩，终年不涸。半圆形岩壁上凿有三级阶形佛龛,相传在此曾有石雕菩萨百余尊,现仅存两尊。岩前峰峦叠翠,茂林修竹。山下溪流回环,绿荫掩映,情景恍如世外桃源。

宗祠、牌坊:在赣南建宗祠、立牌坊是民间传统。信丰也不例外,留下来的古代宗祠、牌坊有多座,如温氏宗祠、云汉天章牌坊。

温氏宗祠,坐落在古城东北,建于清代,石柱、木梁构架,青瓦覆盖,占地665平方米。前栋四对梁柱(一对红石方柱、三对木柱)挺立其中,两侧建有楼房。中栋以红石砌成的长方形浅底天井与前栋相连,厅内立大柱五对(两对石柱、三对木柱),油漆彩绘木柱均雕饰龙凤、花鸟、仙佛、鱼虫等图案。后墙正中开一扇红石块镶边的满月形洞门,两侧为廊屋,有耳门通往后栋。由洞门北进拾级而入,中间以四根立柱支撑,飞檐翘角,为正八角形的两层楼式亭阁。背面外墙以青砖构筑,其余皆以镂花木屏作墙。亭阁底层藻井周饰木刻浮雕油漆彩绘,当中以花鸟图案镶嵌"福、禄、寿、禧"四个篆体字。亭内可搭台演戏。此为古城内仅存的古代宗祠。

云汉天章石牌坊,坐落在县城南小河土埂背,清代早期建,系用雕镂成字画图案的红方石砌成,高5.97米,宽4.75米,上下三层楼。中层楼正中有"福、禄、寿"三星造像,造像正中上边镶有三角形波浪纹浮雕,两端为叶脉浮雕,边端镶有直角形卷曲浮雕。顶层楼下中部为长方形三拱石框。中层楼为长方形,内嵌长1.54米、宽0.74米门额,门额上部刻"云汉天章"大楷字,字体结构严谨,笔法遒劲;下部为白色花卉麒麟浮雕,意为麒麟献瑞;两边竖栏条石上雕刻对联,字体端庄苍劲;两侧边栏各嵌正方形人物场景镂雕,形象逼真,情节生动,雕技精巧。下楼中为高2.35米、宽1.90米的正门,及次间高2.19米、宽0.82米的侧门。其上端横置石坊,内有戏剧人物故事场景的镂雕,人物颇多,形象生动。两端还有花草镂雕。石门边柱上有雕刻对联。整座建筑结构严谨,造型美观大方,雕刻技艺精湛,图案内容丰富,是难得的古建筑典范。

玉带古桥：在县境内保留下来的古迹中，除古塔、佛寺、宗祠、牌坊外，还有古桥多座，其中玉带桥闻名赣、粤。该桥位于县境西南部临近粤北边界的虎山河上，建于清代，因其弧形如玉带飞跨于崇山峻岭而得名。这是一座二墩三孔屋楼式拱桥，结构新颖，特色突出。两墩立于骤弯直下的激流，一墩紧靠河岩护住河堤，另一墩形似驳船高出水面 5.7 米，拱跨 14.3 米，由青条石砌筑而成。桥身弧长 81.45 米，弦长 74.44 米，弧弦最大距离为 10.84 米。桥面宽 3.8 米，由小乱石铺筑，上建高 3.2 米的廊屋。廊屋木石结构，分为 23 段（间），两端各建 4.2 米高的瓦房桥堡，当中建 4.6 米高的凉亭兼神庙。凉亭长 5.1 米，宽 3.8 米，内分前亭和后亭，分别供人憩息和祭祀。亭内及石柱分别书或刻有对联。桥面边沿还砌有高 1.2 米的矮墙，替代扶栏望柱。古代玉带桥是信丰通往广东兴宁、和平的咽喉，以结构奇特、气势雄伟闻名赣粤，现在仍可谓美学价值极高的桥梁建筑艺术精品。

红色旧址：信丰的红色旧址主要有毛泽东旧居、赣粤边特委交通站接头处旧址等。

毛泽东旧居在城东新屋里，1932 年南雄水口战役后，毛泽东曾在此居住。新屋里是一处前后院带厅堂式二层砖木结构的民宅，面积 700 平方米。后院山脚下有防空洞，山岭林木葱葱。现新屋里为赣粤边三年游击战争纪念馆。

赣粤边特委交通站旧址位于大庾岭下的油山上乐村，是由一座古塔改建的。古塔名上乐塔，建于明代，为六面五层砖塔。1935 年至 1937 年期间，即项英、陈毅领导的红色游击队坚持三年游击战争时期，油山一带是游击队活动地域，赣粤边特委在这里设秘密交通站，传递情报、印发文件。游击队转移时，将部分枪支弹药和油印器材等埋藏在了此处。现上乐塔已被列为江西省文物保护单位。

在油山的坑口村杉石下、坑口村酒壶垴，分别还有赣粤特委旧址、广东省委游击队干部训练班旧址。

红色建筑：信丰县境内建有崇仙革命烈士陵园、大阿革命烈士陵园和信丰革命烈士陵园。

崇仙烈士陵园坐落在县境南缘与龙南县交界的崇仙墟。20世纪50年代初这里建有革命烈士纪念碑，70年代初辟建为烈士陵园。走进陵园大门，40米处是高0.7米、直径3.5米的圆形烈士墓，并立有高2.5米、宽1.0米的"革命烈士墓"碑。两侧各建有一个凉亭。革命烈士纪念碑立于山顶上，高7米，宽5米，直径4.5米，由四级台阶衬托，呈卓天之势。

大阿烈士陵园坐落在县城西油山以东的大阿吊钟岭。陵园20世纪50年代初建，60年代末扩建，园内革命烈士纪念碑高9米，六角亭高5米。纪念碑后的山顶上，保留着当年红军瞭望哨，可观望周围数十个村庄及远近山野。

信丰烈士陵园坐落在县城西，20世纪50年代始建，70年代末就近迁扩建。园内革命烈士墓，高1.0米，长3.1米，宽3.5米。两通革命烈士纪念碑，一通高3.71米，宽5米，基座0.76米；一通高12米，宽2.4米，基座高2米。园内高处建有六角亭，登170级台阶才能到达。纪念碑、六角亭，掩映在松竹花草中，取万古长青之意。

历史赋予信丰的是浓重的文化底蕴，苏维埃时期留在信丰的是崇高的革命精神。红军长征时从信丰西渡桃江、突破了敌军第一道封锁线。如今，京九铁路从这里通过，连通南北，信丰已是赣南名胜旅游区之一。

大余，梅关牵魂

大余古称大庾，位于赣南西部章水上游，南邻粤北南雄，西接湘南汝城，隋开皇十六年（596年）设立大庾镇，唐神龙元年（705年）置大庾县。

1957年3月经国务院批准改名大余县。境内有山丘27座,其中海拔千米以上的有4座,南部的山丘主要属南岭(五岭)山系的大庾岭,西北部与罗霄山脉的聂都山交会,北部为诸广山余脉。地势北西南较高,中东部较低,形成了三面环山朝东敞开的丘陵盆地,即池江盆地。境内大庾岭为赣、粤天然屏障,古称塞山、台岭、东峤、连溪山,西汉庾胜将军率大军征战南越驻此,始称庾岭或大庾岭。秦初在岭上设关,名横浦,重兵戍守。唐开元四年(716年)张九龄主持凿岭开路。北宋嘉祐八年(1063年),江西提刑蔡挺及其弟广东转运使蔡抗,相约修路铺石,夹道植树,设置关隘。明成化十五年(1479年)南安知府张弼在扩修梅岭古道时,书其关门匾为"岭南第一关"。自此之后,大庾因处"险要之地""海上丝绸(瓷)之路"要冲,曾长期为赣南西部的政治、经济、军事、文化中心,古有梅关及古道、府衙牡丹亭、丫山灵岩寺、嘉祐寺塔等。这些名胜古迹与山水胜景相得益彰,又与红色旧址、红色建筑交相辉映,构成今日大余风景名胜区,吸引着众多国内外旅游爱好者。

梅关及古道:梅关关楼位于大庾岭中段海拔400余米的梅岭隘口,东有海拔417.7米的油山,西有雄伟山峰数座。关楼砖石结构,东西横卧,坐北朝南,居高临下,雄跨赣、粤两省,两侧石壁对峙。关楼上层建筑已损,尚存城阙部分,高5.5米,宽6米,门洞进深5.5米,关门高3.5米,内宽3米。关楼南面镶嵌"岭南第一关"匾额,北面镶嵌的匾额为"南粤雄关"。北门东侧有登关石梯,两侧竖赭红石碑,刻楷书"雄关"二字,每字约1米见方,苍劲雄浑。南门两侧有"梅止行人渴,关防暴客来"门联。梅关上下立有历代名人石碑30余块。

梅岭驿道的开通,唐朝一代名相张九龄功德无量。当年他奉诏在梅岭劈山开道,只用了两个多月就打通了一段长约20丈、宽3丈、高十余丈的山凹,并在之后两年时间内修筑了一条宽丈余、长30余华里的山间黄金道,连通了长江流域与珠江流域。古道开通后,经宋代及之后扩建修筑,形成了一条全由鹅卵石铺就的路面、长条青石固其边幅的驿道,沿途有驿站、茶亭、货站等。现鹅卵石梅关古驿道仍有 16 里之多。

梅岭因梅而得名,但很早之前并无梅,所以原名庾岭。相传,梅岭之名是因越王勾践后裔梅铜(公元前 224~ 公元前 196 年)曾迁居于此而得名。后有一妇人侍父任英州司寇过此,见岭上有寺而无梅,便植三十本于道,并题诗云:"英江今日掌刑回,上得梅岭不见梅。辍俸买得三十本,清香留与雪中开。"此后,寒梅在庾岭蕃息,梅岭才名副其实。梅岭因处亚热带,不仅梅花早发,而且繁衍迅速,故有"十月先开岭上梅"的谚语。又因梅岭南北气候差异,有"南枝先开,北枝后放"之奇。梅岭多梅,有漫山夹道之盛。寒梅开放的季节登岭,有"一路梅花一路诗"的雅景。抒情咏志,留下了不少传世之作。

南朝陆凯率兵南征过梅岭时,正值梅花怒放,他立马于梅花丛中,回首北望,想起了陇头好友范晔,又正好碰上北去的驿使,于是便出现了折梅赋诗赠友的一幕。他在《赠范晔》诗中写道:

折梅逢驿使,寄与陇头人。

江南无所有,聊赠一枝春。

南宁礼部侍郎张九成被谪南安军,写有《夜赋梅花》诗一首:

我来岭下已七年,梅花日日斗鲜妍。

诗才有限诗无尽,空把花枝叹晚烟。

颇怪此花岚瘴里,独抱高洁何娟娟。

南宋状元、丞相文天祥也写有：

> 梅花南北路,风雨湿征衣。
> 出岭谁同去,归乡如不归。

元代吏部侍郎聂古柏奉使南安时,在《题知事手卷》中留下诗句：

> 黄台席上客,大庾岭上春。
> 如是无诗句,梅花也笑人。

浙江天台的江湖派诗人载复古,大江南北的梅园盛景都看遍了,唯久慕梅岭的梅花与众不同,于是便前往梅岭赏梅。他的《题梅岭云峰四绝》中一绝云：

> 东海边来南海边,长亭三百路三千。
> 飘零至此成何事,结得梅花一笑缘。

国民党革命派杰出代表、现代画家何香凝女士,两度到梅岭赋诗,借对梅花的吟咏,抒发其高尚情怀。她的一首咏梅诗被刻在古驿道的石碑上。诗曰：

> 南国有高枝,先开岭上梅。
> 临风高挺立,不畏雪霜吹。

府城古迹：位于梅岭下的南安府城,即现今的大余县城,始建于宋代。元代章水暴涨,将土城郭破一为二,即老城与水城。老城明万历年间改为砖石城墙；水城亦名水南城，为元代大水破府城后隔河而建。中华人民共和国成立后城墙被拆除，老城城墙仅存东南角57米，西北角237米，水城城墙尚存西北角一段423米。电影《从奴隶到将军》滇军攻城的场面，就是利用水城的这段城墙拍摄的。南安府城古迹有嘉祐寺塔、金星塔，还有坐落在水城余雄路东侧的解元坊等。但在若干古迹中，最负盛名的是牡丹亭。

艳绝牡丹亭，原坐落在南安府衙内，为"府衙花园十景"之最。园内古木参天，流水淙淙，建筑高雅，是江南著名园林之一。江西临川人，被誉为"东方莎士比亚"的明代大戏剧家汤显祖羁留大庾（余）期间，以南安府衙花园为背景，以流传着的太守女儿杜丽娘与儒雅书生柳梦梅的爱情故事为题材，创作了震世名作《牡丹亭》，又名《还魂记》。从此，牡丹亭名扬四海，历代海内外知名人士慕名前来游览与凭吊牡丹亭，并有不少题词和楹联留存。牡丹亭始建年代难以确定，可以肯定的是在明代之前。1995年牡丹亭自原址移至山水宜人、风景秀丽的东山公园，公园也就改名为牡丹亭公园。移建的牡丹亭1997年元月完工，明代建筑风格，保持了原来的结构风采，只是亭高比原来高出了11.93米。现在的牡丹亭仍为砖木二重飞檐结构，平面呈八角形，面积20平方米，高18.6米（原亭6.67米）。上层有"亞"字形花格窗棂，底层内外各八柱，东西南北四面皆门。外八柱四面有卍字纹栏杆。内外柱之间有格扇，格扇上半部有"亞"字形花格窗，内上皆漆以黄色。四向内外门柱皆有楹联。亭内有画梁，柱为红色。亭盖绿色琉璃瓦，葫芦瓶顶。正面亭眉挂曹禺书写的"牡丹亭"题匾，正北面亭眉悬挂沙孟海"牡丹亭"题匾，内外柱有钱塘许庚身题写的"光照临川笔，春分庾岭梅"。新牡丹亭落成后，巴金、叶圣陶、关山月等也有题词或诗句。公园内除牡丹亭外，还有芍药栏、绿荫亭、舒啸阁、蕉龙亭、梳妆台、玉池、玉池精舍、梅花观、丽娘冢，再现了古南安府后花园的原有景观。

嘉祐寺塔，宋嘉祐元年（1056年）建，坐落在城区东狮岭下，砖砌，五级六面，高19米，每面边长2.1米。塔内梁枋斗拱，与南昌滕王阁的王勃《滕王阁对客挥毫图》中所绘相近，为江西省重点保护文物。

金星塔，明代建，坐落在东狮岭山巅，下濒章水。塔身三层，基座呈六角形，高7米。金星塔与嘉祐寺塔，一座岭巅，一座岭下，古塔、峻岭与滔滔章水组成一景，光彩夺目，如诗如画。

解元坊位于水城余雄路东侧，明代解元孙希夔建，清代重修，赭石砌筑，坐北朝南，尚存二柱一门。石坊高4.03米，柱高2.97米，门洞高2.6米，宽2.83米。坊上层檐下为"解元第"石匾额，背面刻楷书"衍庆"二字。坊下层枋梁正面刻"双龙戏珠"，背面为浮雕图案。枋梁上面又有正面背面楷书石刻，正面已损，背面石刻"承前启后"仍醒目照人。

丫山灵岩寺： 大余县城东约10公里的黄龙镇境内有座山，因两峰陡石峭立，类似马耳，故取名丫山，又名双秀峰。南唐时在山腹建有丫山灵岩寺，后几度扩建便成为"江南有数赣南为盛"的佛教圣地。寺院坐北朝南，依山势呈台阶式布局，占地4350平方米。寺前山门有"灵岩古寺"匾额，两侧楹联"灵感三千界，岩藏五百僧"。院内有大雄宝殿、弥勒殿、祖师殿、观音殿、伽蓝殿、钟楼、鼓阁、方丈、斋堂、僧房、客房等。寺内大雄宝殿进深21米，宽28.9米，高8.5米。殿堂由32根大红木柱支撑，采用七踩单杪双下昂斗拱。殿中心藻井及殿前窗棂、斗拱，描金绘彩，雕刻甚为精致。檐板彩绘"三星拜寿"及《三国演义》《西游记》等故事人物画，每幅画间书有唐宋诗词。大殿为庑殿顶，正殿用瓷塑吻兽装饰，正中还排列大型瓷塑"双龙戏珠"，造型生动，耀人眼目。采用瓷塑工艺，这在其他寺院建筑中罕见。

寺院前山窝处，有石桥胜景。桥畔古木森森，清静幽雅；桥下流水潺潺，怪石嶙峋。桥前有一座牌坊，砖木结构，坊门匾额"灵岩古刹"，两侧楹联"灵山曾寄游踪，爱竹院僧闲，松龛佛静；岩穴众多胜景，看双峰云锁，一水烟横"。坊外林深处，尚有僧塔数座。

寺西南角有座石门，千岩万壑的溪流在这里集结后，奔腾着穿越石门，悬为溅若明珠的瀑布。尤其雨季，飞流直下，状若龙舞，声似巨雷，为昔日"南安十景"之"灵岩飞瀑"。今日，山下建有石门水库，平湖碧波，与石门飞瀑、山景古寺相映成景，比往日十景更有一番情趣。

寺后有大弧形青石壁，长 19 米，宽 7.8 米，壁上端横刻楷书"片石云飞"，每字高 1 米、宽 0.8 米。石壁下端刻有赞颂"片石云飞"诗多首。

丫山灵岩寺雄伟壮观，周围山水美景独秀，为赣南西部集佛教文化与山水胜景于一体的典范。

红色旧址：在创建井冈山革命根据地年代，在苏维埃时期，在红军长征出发后的游击战和抗日战争年间，南昌起义部队、红四军都曾转战至大余，长征大军曾经过大余，项英、陈毅领导的红军游击队曾浴血奋战在大余的深山密林里，并在这里改编为新四军。所以，大余留下了许多红色遗址，其中最为特殊的是陈毅"梅山事件"遗址——梅岭梅山斋坑"陈毅隐蔽处"。

1934 年 10 月受命留在中央苏区的项英、陈毅等人，突围来到大余建立了以梅岭为中心的游击根据地。自此之后，红军游击队在梅岭一带开展游击战争三年余，创下了"弥天烽火举红旗"的光辉业绩。1936 年冬天，曾发生过一起陈毅遇险的"梅山事件"。当时陈毅等人被叛徒诱骗下山遇险，在返回梅山途中为躲避敌人追捕藏身于梅山斋坑石岩丛中。敌军搜捕未果，又放火烧山，情况十分危急，陈毅以为自己将要为革命献身，伏丛莽间写下了著名的《梅岭三章》以示己志，后被刻在石碑上立于"陈毅隐蔽处"上方的梅关诗碑林显要处。诗云：

断头今日意如何？创业艰难百战多。
此去泉台招旧部，旌旗十万斩阎罗。

南国烽烟正十年，此头须向国门悬。
后死诸君多努力，捷报飞来当纸钱。

投身革命即为家，血雨腥风应有涯。
取义成仁今日事，人间遍种自由花。

陈毅喻梅花为"自由花"，在梅关附近、梅岭古驿道旁的斋坑石岩丛中以诗言志抒怀，充分表达了陈毅的坚定信念和英雄气概。《陈毅下山》《梅岭星火》影片，就是以这里为外景地拍摄的。

红色建筑：大余的红色纪念建筑主要有革命烈士墓、刘伯坚烈士墓及墓碑等。两座墓均在老城区北部的莲花山革命烈士陵园内。陵园占地150亩，松柏常青，安谧幽静。

革命烈士墓20世纪60年代建，坐东向西，砖石水泥结构，穹窿顶，内宽50.5米，进深30.2米。墓前竖砖砌水磨石牌坊，走过牌坊登121级台阶至墓区。墓下面呈立屏式，由八根方柱间隔，正中墓碑，左右分别镌刻《革命烈士墓序》《烈士名录》及刘伯坚《移狱》《狱中月夜》。

刘伯坚烈士墓20世纪70年代建，位于烈士墓左侧，坐北朝南。墓包圆顶式，砖石水泥结构，长12米，宽7米，高6米。墓前立水磨石墓碑，两侧分别镌刻《刘伯坚生平简介》、刘伯坚《带镣行》及题词。

大余的山水景观特别美，在近郊梅关的章水上游建有水面近8000余亩的人工湖。泛舟湖区，碧波荡漾，云飘天淡，望湖滨重峦叠翠，赏湖光山色，如入仙境一般。山水美如画，红旗仍漫卷；古迹放异彩，红星仍耀眼。今日的大余，迎来了旅游业发展的新春天。

崇义，岩洞夺魁

崇义县位于大余西北，县境东北半部与上犹毗邻，西界湘南汝城，西南近粤北仁化，是一个以山地高丘为主的县份，山丘占总面积的92.23%。明代之前，崇义属南康、大庾、上犹县，明正德十二年（1517年）析以上三县之地各一部置崇义县。

崇义境内有山丘34座，其中31座主峰高度在海拔千米以上。主峰海拔2063.10米的诸广山不仅绵亘于县境西部边缘，构成赣、湘两省的天然屏障，而且余脉延伸以至几乎绵亘全境。县城西北部的齐云山为诸广山主峰，也是赣南第一高峰。县境地势由西南向东北倾斜，山峦起伏，岭壑交错，溪流纵横，间有狭小的谷地与盆地。由于山高林密，泉溪遍布，故而岩溶地貌发育典型，溶洞、瀑布、原始森林，就成了崇义自然景观的名片。尤其是地处崇义与大余交界、章水发源地的聂都山岩洞群，经地质专家考察认定，为我国罕见的"大理石岩洞群"。天然的山、洞、水、森林胜景，与上堡梯田、人文古迹、红色旧址、红色纪念建筑，构成了崇义得天独厚的旅游资源。

聂都岩洞：崇义溶洞星罗棋布，但最具代表性的是聂都岩洞群。相传，聂都因古时有聂姓人群居于此，热闹如都市而得名，所处之山就取名聂都山。《隋书·地理志》称此山为赣山，主峰海拔1346米，连亘40余里，是章水发源地，岩洞成群，幽深莫测。现已查明22个洞口，洞洞相通，每两个洞口之间相距不足500米。岩洞奇丽，五步一景，十步见奇，被称为"地下宫殿"。这里溶洞不称洞，而是按其特征称岩，如双鹤岩、莲花岩、狮子岩等。

双鹤岩又称仙鹤岩，洞口有石砌围墙，墙间留有枪眼，石门框上镌刻有"咸丰九年"字样。此岩洞因入口处有对钟乳石形似白鹤而得名。岩洞高10余米，内有七个长宽30~40米的大厅，又有地下河、楼阁、巷道，深邃宏大，可容千人。岩洞两端各有洞口通外。七个大厅的钟乳石晶莹剔透，形态各异,琳琅满目,五彩缤纷。就连各厅的"天花板"也无一相同花色。若定神审视,钟乳石造型各异,有的似飞禽走兽,有的如珠帘彩幕,有的俨然若玉柱浮雕,而且其多数体内还有花鸟鱼虫等各类图案,耐人寻味。洞内有岔洞,并有一口方圆广尺、名为观音池的水井,还有佛像、床榻、钟鼓等。

莲花岩洞高10余米,内可容数百人。岩洞内三厅一楼,其间钟乳石、石笋有的状物,有的似人,形象逼真,简练大方,而且各有主题。一为莲花厅,状若两朵垂莲的钟乳石悬挂洞顶,一花一蕾相映成趣;一为寿星厅,状若寿星的石笋高3米多,立于大厅正座,光头倾额,美髯齐腰,宽衣大袖,左手持杖,形神俱佳,栩栩如生;一为丹田厅,几百生成初期的石笋,层层叠叠,方圆大小各异,有水、有泥、有田埂,酷似山间梯田,因呈紫色而被称为丹田。绣花楼居侧厅之上,厅楼内有门、有窗、有鼓形石凳,游人向上望之,禁不住感叹"绣女已乘白鹤去,此地空余绣花楼"。

罗汉岩洞口有石砌围墙,墙上有炮眼,洞门由长方形条石砌成。岩洞高4米,以深邃幽妙、险奇莫测见长。洞内怪石嶙峋,洞道纵横。离洞口120米左边有岔洞,内部石笋状若十八罗汉;再进数十米有银灰色岩壁,其上有高4米的深赭色大罗汉印迹。右边之洞有地下河,流水潺潺,有怪石状若乌龟,活灵活现;有无底洞,深不可测;有多数天窗,直达山巅;还有长廊、大厅、沼泽、旱河、深洞。

聂都山还有狮子岩、吐云岩、出水岩、石燕岩、窦凝岩、南山岩、风透岩、阔口岩、金鸡岩、窗口岩、避疑岩、内湖岩等,洞洞有奇,皆可入内游览。

聂都瀑布:崇义峰峦叠嶂,山高水急,飞流瀑布遍布。聂都山就有著名的龙潭瀑布和瀑布帘等。

龙潭瀑布位于聂都坳下。此处曲涧深沉,涧一边有五座逐级递降且相连的山峰,由北向南五起五伏,形似五猴蹲伏,名"五猴出洞"。涧对面有座独立山峰,由南向北似伏狮欲向前奔,名狮子峰。两峰相交处构成似门的关口，门关前悬崖高30余米，急流过门关奔泻而下形成瀑布，似蛟龙般飞入龙潭，卷起圈圈漩涡，汹涌翻滚，雨雾腾飞，惊奇壮美。

瀑布帘位于聂都沙溪洞深谷，这里的山谷一侧有八条水量大小相近、排列有序的坑水。之下是一面平整似墙的岩壁，八条坑水从百米高处飞流直下，犹似悬天挂珠帘；阳光照耀下，其势又如八条飞虹，绚丽多彩，令人叹为观止。

除龙潭瀑布、瀑布帘之外，在崇义的山水景观中，还有乐洞的花皮山飞流瀑布、黄沙河瀑布、龙冬水瀑布，思顺的山院磜下瀑布、山院墩头瀑布、长江老米瀑布、长江乌地瀑布、上池黄竹垅瀑布、龙江一滴水瀑布、上峙井水坑飞流瀑布、大王洞瀑布，扬眉的大坪山吉凤尾龙潭瀑布、大坪山山坑龙瀑布、龙潭水口瀑布，以及横水的阳岭龙吐水瀑布等等。每至春夏，水流湍急，崇义各地山岭间的瀑布争宠斗奇，景似群龙舞，声如交响乐，令人如痴如醉，梦幻无尽无穷！

原始森林：地处亚热带，30余座千米以上的山峰绵亘于县境内，山高林密，植物种类繁多，为崇义自然景观中的又一个特征。森林中最具代表性的是阳岭自然保护区和齐云山自然保护区。

阳岭位于县城南郊，是与赣、粤、湘三省交界的"金三角"，古称"观音山"，主峰海拔1259.5米，总面积6.8万余亩，被列为原始森林保护区的面积为4800余亩，森林覆盖率达96.8%。保护区内有木本植物87科371种，野生动物1150种。植物中有国家一、二类保护树种水杉、秃杉等13种，省级保护树种63种；动物中有国家一、二类保护动物黄腹角雉、金钱豹等32种，省级保护动物13种，昆虫有千余种。1990年在保护区内采集到的蜻科昆虫标本为世界首次发现的新种。阳岭山脚为常绿阔叶林，山腰为针阔叶混交林，山腰以上为杜鹃矮林（是一种独特的矮林群落），具有明显的植被垂植带谱。保护区内有全国三大沟谷雨林之一的阳岭沟谷雨林,区内五步一泉,十步一瀑,沟谷两岸林木挺立,藤林精壮。山顶周边保存着集中连片的野生杜鹃,每年3月至6月漫山红遍,层林尽染,姹紫嫣红。山腰部有大片大片的竹林,时常是风吹绿浪滚,涛声遍山野,是针阔叶混交林带最壮观的美景。于是,云海、兰溪、奇石、雨林、杜鹃、竹海就被誉为"阳岭六绝"。然而更绝的是,这里的空气负氧离子平均值达9.6万个/立方厘米,其中兰溪瀑布区最高值为19万个/立方厘米,上海大世界基尼斯总部授予"空气负氧离子最高的风景区"。

齐云山自然保护区,总面积15平方公里,山体由花岗岩组成,山势巍峨,终日云腾雾绕,故名"齐云山"。从山麓至峰顶,原始森林茂密,植物垂直带谱分明。阳坡山脚是落叶与常绿针阔叶混交林,之上为常绿阔叶林,海拔1000米以上又有高山矮林(灌木林),越高树木越少,山顶有绿草覆盖、面积约500平方米的平台。山林中栖息着多种野生动物,主要有猴子、乌獐、麂、锦鸡等。科学考察表明,齐云山自然保护区生物种类繁多,保存了较为完好的自然生态系统,孕育了独特的生物群落,是野生动植物理想的生长繁衍场所。现已查明,保护区内有高等植物2843种,其中有国家一级保护植物3种、二级14种,兰科植物74种,国家珍贵树种一级4种,二级10种,列入《世界濒危野生动植物种国际贸易公约》(CITES)附录名单的有36种。2012年齐云山自然保护区晋升为国家自然保护区,受到特殊的保护。

上堡梯田:在我国有三大梯田奇观,崇义的上堡梯田是其中之一。上堡梯田位于齐云山自然保护区内上堡乡海拔1741米的华仙峰周围,系梯田群落。

上堡梯田依山势而建,垂直落差近千米,连绵近万亩,有零星村落点缀其间,是明清时期客家人依山就水求生存、谋发展的历史见证。位置最高的梯田块海拔1260米,有的梯田从高到低不断延续,竟然达百层之多,就像一条条长梯,架搭在山间岭谷。特别是南流村周围的梯田,高高低低,层层叠叠,涌向天际。

上堡梯田把华仙峰装扮得如层级最多的宝塔,已被列为全国首批农业旅游示范点。在耕作期间,泉水自山峰四面的峭岩处向下逐层灌溉,生机勃发,气象万千。在秋收季节,丰富的农作物给梯田增添了不同光彩,景色艳绝,风光无限。

人文古迹:崇义保存下来的人文古迹,最早的是唐朝始建的赤水庵,之后有明代的朝阳庵和茶寮碑刻等,最多的是清代的古建筑,如万寿宫、章源桥、永镇潭东桥、古祝圣寺、水口庙等。在保存下来的古迹中,保护完好、比较突出的是明代的朝阳庵、茶寮碑刻和清代的祝圣寺、章源桥。

朝阳庵和茶寮碑刻,都位于齐云山的思顺,都是明代的古迹。朝阳庵坐落在思顺上峙打石坝,砖木结构,建筑工艺高超。茶寮碑刻是省级文物保护单位,位于思顺桶岗村小河西岸。这里有一深潭,上面为悬崖绝壁,在壁立石崖上凿雕有高3.75米,宽1.85米的石碑,碑刻文字记载着明正德十二年(1517年)巡抚王守仁镇压农民起义军谢志山部的时间、地点、战况等。此碑名"茶寮碑",又称"麻石碑刻",其文物价值在于书法和雕刻技艺。

祝圣寺和章源桥,均坐落在城西南聂都,都是清代建。祝圣寺坐落在聂都沙溪洞龙潭垴与黄泥坑两条小溪汇合处,由宋悦禅师开基、名僧洞明主建,后重修,砖木结构,古朴典雅,保存完好。章源桥位于聂都墟,三孔麻石券拱,船形石墩。桥面两侧有浮雕石柱28根,柱间镶有浮雕青石花板,刀工平整,图案各异。桥头碑记已模糊不清,但整座石桥仍然牢固完好,风貌依然典雅动人。

红色旧址:崇义县境内的红色旧址,现存的主要还有朱德旧居、毛泽东旧居和红军后方医院旧址。

朱德旧居在赣湘交界上堡街背李屋。1934年朱德曾在此居住,并在街中心召开的群众大会上,站在戏台上做过演讲。

毛泽东旧居在聂都东北部的铅厂义安街,四扇三间,土木结构。1934年10月28日,红军长征路过此地时,毛泽东从大余左枝经龙头坳到此,曾居住在这里。

红军后方医院旧址在思顺大王洞。1932年4月,红三军团在此设后方医院,彭德怀、滕代远等组织指战员及群众,在这里盖草房50多幢,作为医疗室、伤病员住所。同年10月红军医院撤离,草房被烧毁,但宽大的大王洞尚存。

红色建筑：崇义境内的红色纪念性建筑,主要有红四军参谋长王尔琢烈士墓和两座革命烈士纪念塔。

王尔琢烈士墓,位于齐云山区思顺街背虎形岭上。1928年8月25日,红四军参谋长兼二十八团团长王尔琢,在追击叛徒时牺牲在思顺街,即葬于此。1983年重建陵墓,将烈士忠骨安放在了石棺内。陵前立有萧克题刻的墓碑,碑座刻有烈士简历。墓前的松柏现已长成葱郁的走廊。

两座革命烈士纪念塔,一座在县城西北不远处的茶滩大密村马头山对面山冈上,最高大的一座在城区西猪岭顶端。城区的这一座,20世纪50年代始建,60年代重修,混凝土结构,坐落在占地700平方米的塔院内。塔身为正方形,高14.6米,下有基座。塔座四面刻有题词,周围有石柱、石栏杆环绕。塔前方有8米宽的153级水泥台阶,台阶两侧竖有麻条石栏杆。塔院内松柏青翠,簇拥着革命烈士纪念塔,昭示着红军革命烈士精神万古长青,永垂不朽。

在崇义的名胜中,岩洞以其幽深奇特夺魁,飞泉流瀑以其壮美多彩在赣南独树一帜,阳岭和齐云山原始森林自然保护区生态系统完美,上堡梯田在国内三大梯田中特色鲜明,再由于山高林密、群峰竞秀,与人文古迹、红色纪念性建筑组合起来,为崇义平添了吸引游客的无穷魅力。

仁化丹霞郴州洞

红一方面军从赣南西部大余、崇义走出中央苏区后,在粤北仁化至湘东南汝城之间突破了蒋介石布设的第二道封锁线,即进入了粤北乐昌和湘南现郴州市地域。红军通过的仁化境内,有举世瞩目的典型丹霞地貌丹霞山,而在郴州境内却有着喀斯特地貌特征显著的万华岩,以及历史文化底蕴厚重的苏仙岭。

仁化丹霞山

粤北仁化位于大庾岭与骑田岭之间的南部,东邻南雄,南接韶关东北部,西为乐昌,而北部却是湘东南汝城。县境内重峦叠嶂,南半部有689余座红色砂砾岩构成的峰林。山峰多数顶平、身陡、麓缓,以赤壁丹崖为特色,被命名为"丹霞山"。地质学上以丹霞山为名,将同类型地貌命名为"丹霞地貌",从而丹霞山便成为世界同类特殊地貌的命名地和同类风景名山的典型代表。

丹霞山之名得自于南明虔州(今江西赣州)巡抚李永茂。明末清初李永茂及其兄弟李充茂抗清失败后,长期隐居在古称烧木佛旧地(又名长老寨)的深山中,因见此山"色渥如丹,灿若明霞",颇似家乡河南邓州的丹霞山,遂将此山改名为丹霞山,以后流传开来,并被地质学界认同。

丹霞山南距韶关市56公里,北距仁化县城8公里,山区有锦江从腹地流过,有翔龙湖、鸳鸯湖如镜可鉴,并且以山峰、奇石、岩洞形成的奇观异景众多、人文古迹遍布著称。其中自然景观尤以长老峰、锦石岩、阳元山、阴元石、翔龙湖最为著称。人文古迹则有锦石奇庵(岩洞寺)、别传寺、仙人居等。丹霞山绿水丹崖成趣,奇观古迹与丹霞奇观相融,如今是一处国家级风景名胜区,国家地质地貌自然保护区、国家地质公园,2010年以"世界自然遗产"被列入联合国教科文组织《世界遗产名录》。

山门如此山:丹霞山的山门面朝韶关方向,位于锦江西岸,设计上力求表现了丹霞山的地质地貌特征,外形像一个巨大的"山"字,笔画由丹霞山的景点构成。左边的一竖是茶壶峰,中间的一竖是僧帽峰,右边的一竖是阳元石,而整座大门的外墙则全部仿效丹霞地貌的红岩色彩,真乃"色渥如丹,灿若明霞"。大门外一块巨大的红色岩石上赫然刻着"中国红石公园"六个大字。构思之独特新颖,寓意之引人入胜,在全国名山中堪称独树一帜,独领风骚。

佛境长老峰:长老峰濒临锦江,是丹霞山诸峰中的主峰,海拔409米,属低山范畴,但却集奇、险、秀、美于一体,分上、中、下三层。下层岩洞连串,中层是"一幅浓缩的历史画卷",上层"宜若登天"风光无限好。

长老峰下层或说是前部分,中心部位有锦石岩。沿小径进山,首先看到的是一奇洞。相传隋唐五代时期法弘和尚就到过长老峰,宋代时法云和尚来到长老峰,在奇洞休息时不觉入梦,醒后突然有所悟,发出"半生奔波如变幻,今日方觉此清虚"的感叹,于是这一奇洞处就被取名为"梦觉关",法云和尚也因这一梦在锦石岩创建了禅院清修。梦觉关一带的小径两边是百丈峭壁,险峻而令人生畏,路旁长满松、竹、枫、樟等多种树木,郁郁葱葱却又给人以清幽之感。往上走,正当"翠竹森森峰回路转疑无路"时,面前却出现了法云和尚当年创建禅院的地方锦石岩。这里左临绝壑深渊,右为压顶丹石,有四个岩洞勾连曲畅,连为一体,一道飞泉从天而落,形成瀑布。流泉飞瀑名"马尾泉",四个岩洞分别为千圣岩、祖师岩、伏虎岩、龙王岩。其中伏虎岩最大,深20米,高4米,洞内塑观音三十二变相。与伏虎岩紧靠的是龙王岩,洞内崖壁有一条长数米的溶岩,表面皱起的蜂房状崖壁纹络形似鳞甲,就像一条龙缠绕于岩洞中。尤为神奇的是,"龙鳞"颜色可以四季变换,春呈浅绿,夏青翠欲滴,秋来如黛,冬浅绿带黄,使这条龙更显得神秘。锦石岩也因此而得名。经有关专家研究认为,"龙鳞"之所以颜色变幻,是因为其表面附生着一种可随温度和湿度的变化而变色的微生物所致。法云和尚在这里所建的禅院,观音殿、龙王殿、大雄宝殿,就在名称相应的几个岩洞内,所以名"岩洞寺",又称"锦石寺庵"。现有20多名比丘尼,在寺内守着清规戒律,过着朴实无华的生活,但都经常给贫困灾区捐款资助,令人十分敬佩。

　　长老峰中层或者说是中部,先是一段被称作"一幅浓缩的历史画卷"的路径。这里的山路两侧,摩崖石刻一方连着一方,"法海慈航""到此生隐心""禅林第一""赤诚千仞""红尘不到""呼吸通天""宜若登天"等,字字铁画银钩,苍劲有力,体现了古代的书法艺术精华,为这座名山平添了几分风情,几分神韵。这里有半山亭,自亭向右拾级北上,就是别传寺,为浓缩的历史画卷增添了浓浓的佛意光彩。别传寺于康熙元年(1662年)由李充茂请广州海幢寺僧澹归所建。寺院依山而筑,前后相连,浑然一体,与曲江法华寺、乳源寺并称为粤北三大寺院。别传寺这个名称很奇怪,它源于佛学用语。在佛教宗派中,禅宗在我国最为发达。当年禅宗的祖师立下宗旨:"不立文字,教外别传,直指人心,见性生佛。"由此可见,"别传"大约是不说佛法,心印相传的意思。这座寺院历史上屡遭破坏,清代曾被烧毁又重建,最近一次修建起自1980年,是深圳弘法寺长老本焕主持的。山门上"别传禅寺"匾额是民国时期广东省主席李汉魂所书。寺内外古木参天,松竹苍劲,藤萝缠绕,青翠欲滴。寺左侧有两棵高大的奇树抱在一起,外面的一棵笔管树有100多岁,里面的百日青树有400多岁,彼此根叶相连,像一对缠绵的恋人,所以被称为"鸳鸯树"。在别传寺看竹波烟雨,听松涧涛声,闻晨钟暮鼓,悟人生哲理,凡夫俗子也能洗去一身红尘。

从别传寺启程,过石峡,出"二门关",便是"宜若登天"的丹梯铁索。这里是由中层到上层的必经之路,一壁几近垂直而立的丹崖高约10丈,一排陡立的石阶直插苍天,犹如登天梯。这里名"霞关",与之下的"二门关""梦觉关"构成登长老峰的三关。过了霞关右行,可往海螺峰澹归墓前凭吊,并欣赏乳泉春溜、螺顶浮香等胜景。若不右拐而前行,却豁然开朗,就到达了长老峰顶部的紫玉台,是为长老峰的上层。这里平坦如台,站在观日亭环顾,四野奇峰林立,丹霞映绿,岚气缥缈,在艳阳下各露峥嵘。自西而东,海螺寺、宝珠峰与长老峰并肩耸立;远望,姐妹峰娇艳献宠,茶壶峰茗香四溢,蜡烛峰点亮群山,还有僧帽峰、观音峰、宝塔峰……异彩纷呈。尤其是在日出东方的时刻,极目东方天际,霞光泛起,色彩绚丽。俄顷,一道红波出现,冉冉红日升起。这时节,再放眼环顾长老峰四野,景还是那些景,但山山水水红光泛起,如蒙上了红色透亮的面纱,这才是名副其实的"色渥如丹,灿若明霞"的气派,令人惊叹"此景只应天上有,今日不枉丹霞游"。

仙居翔龙湖：长老峰南麓有一轮廓好似一条伏卧欲飞的巨龙的湖泊，美其名"翔龙湖"。这条青龙首、颈、角、身、爪、尾一应俱全。龙首朝西，龙尾在东，龙身四周奇峰异景环绕，有龙角山、龙须涧、九龙峰、祁龙台、仙居岩、真仙洞、乘龙桥、太极顶、风月台，还有奇特的阴元石，佳景达20处之多。山崖上古今龙文化石刻也有多处。这里的仙居岩道观是为纪念张天师降白虎、救青龙而建，历史悠久，名气很大。据说，现在的道观住持是江西龙虎山道祖天师张道陵延续下来的门人。站在翔龙湖滨的祁龙台上俯瞰湖面全景，湖光潋滟，丹峰倒立，竹木夹岸，一处一处的佳景犹如镶嵌在湖畔的一颗颗明珠。特别是道教圣地仙居岩，道观中香火不断，青烟如岚，为凝聚着龙文化的翔龙湖蒙上了一层更加神秘的色彩。翔龙湖就是一处道教文化的仙居地。

锦江伴翔龙：长老峰南有翔龙湖，而西部麓下却有奔流的锦江。翔龙湖形似卧龙欲飞，而锦江蜿蜒奔流似一条腾飞的长龙。锦江伴随翔龙舞，一条欲飞，一条腾飞，碧水丹山令人醉。锦江两岸赤壁高耸，翠竹夹岸，山水交融，景色出奇，现已开辟了10公里的水上观景航程。自阳元山下乘舟顺流而下，可欣赏到鲤鱼跳龙门、锦岩大赤壁、牧象童、象群过河、金龟朝圣、黄牛过河、六指擒魔等众多珠连玉串的天然奇景，领略独特的丹霞山山水风光。到达下游码头，舍舟登岸，前方拇指峰恰如高高树起的大拇指，似在向人们夸耀这座丹霞山的艳绝。赵朴初当年游锦江登岸后欣然赋诗：

临别游江再看山，群峰逞态妙难言。
自夸世擘非虚妄，万古丹霞冠岭南。

丹霞山以其特有的险、奇、秀、广、古使人赞叹不已，难以释怀。它以天然的神韵，不凡的风采，不仅展现了它的绚丽多彩，而且展现了它的文化，"纵是诗人与画家，也难写尽此丹霞"。

郴州万华岩

郴州位于湘南偏东，地处骑田岭北麓，号称"湖南门户"，是省级历史文化名城。炎帝神农氏曾在这里耕耘，发明了农具耒耜，教化人们耕种。城东郊苏仙岭，早在西汉时期就有苏仙的神话传说，后来《苏耽歌》被收入《古诗源》，成为现在最早的民间古诗之一。苏仙岭因苏耽在这里成仙而得名，道教文化古迹有建于唐代的苏仙观和景星观（云中观），还有乳仙宫。唐宋时期，有许多迁客骚人到郴州寻幽问古，如宋之问、王昌龄、杜甫、李吉甫、韩愈、柳宗元、刘禹锡，以及宋代秦观等，都曾到过苏仙岭，在此留下了著名诗词。秦观即秦少游，他被贬流放途经这里，寄宿于郴州旅舍，写下了千古名篇《踏莎行·郴州旅舍》。秦少游的词、苏轼为秦词写的跋、著名书法家米芾书的"三绝碑"，现为省重点文物保护单位。除苏仙岭之外，现在的郴州市境内还有仰天湖、飞天山、莽山国家森林公园等名胜。但这里所要记述的不是苏仙岭，也不是仰天湖、飞天山等，而是被中国风景名胜区协会地学部专家组誉为"中国著名的风景旅游洞穴"的万华岩。

万华岩地处郴州坦山脚下，名为岩却是一处罕见的大型地下河溶洞区。这里共有三个仍处在发育期的岩洞，全长9公里，总面积约27000平方米，其中水面约9300平方米，洞内共有30多种次生化学沉积物，占国内已知种类的90%。目前开发出来的仅是主洞的一部分，长约2245米，分为十二个大厅。岩洞中以钟乳石、石笋、石花、石菌、石柱、石帘、石田、石瀑布等构成的奇观异景众多。现从洞外到洞内，从前到后，依景顺序摘要述说。

图腾柱廊： 在炎帝神农氏农耕文化影响下，湖南先民每逢丰收后便戴着图腾面具载歌载舞,祈福避难,形成了楚文化中特有的"傩文化"。这也是在洞前建图腾柱廊的原因之一。这一段昭示湘南古文化的艺术柱廊长350米,由28根木柱、12根横梁和覆在顶上的青瓦组成,刻满了各种神仙和十二生肖等。这就告诉要入万华岩的游人们,洞内的奇景是以炎帝神农氏农耕文化为主题的。

线刻壁画:万华岩具有典型的喀斯特地貌特征,穿过图腾柱廊后,前至洞口是片奇形怪状的岩石群,洞口所在的山岩上方有一道名为"神农溪泉"的流水跳跃而下。山岩前有"神农伏蟒"雕塑,山墙上有三块石板线刻壁画。神农伏蟒雕塑表现的是,神农氏在郴州降服恶蟒,为民送福的传说,而三块壁画记述的则是神农为百姓上天讨要谷种的神话故事。梗概是,神农氏上天讨要谷种,掌管此事的天官没有得到好处,便百般刁难。神农灵机一动,要随去的黄狗跳下天河弄湿皮毛,然后在天宫的晒谷坪上打了个滚,巧妙地将谷种沾在身上带下了凡间。回到下界,神农唯恐天官发现,就在万华岩的洞内开凿石田,用自己发明的耒耜耕作,用仙女送来的宝杯盛清水来浇灌,培育出种子后分发天下,从此五谷丰登。石田、宝杯都是洞内的奇观,解读这三块壁画的生动故事,即刻便把你导向对洞内仙境的向往。

古今石碑:在洞口两边,有被誉为"中国之最"的石笋两座,还有几通古今所立的石碑。两座石笋一高一矮,高的7米以上,矮的5米有余,因其体表长满苔藓等植物,如同两位身着绿袍的将军守护着洞口。在石笋旁有一通南宋郴州知军赵不退于绍兴十八年(1148年)所立的石碑,高2.2米,宽1.5米,最厚处达1米,上面刻着赵不退奉旨劝农、立碑记事的过程,故此碑叫作"劝农碑",全称"坦山劝农记碑"。在洞口还有明代所立的两通石碑,一通刻有徐霞客在郴州寻访万华岩的记述,另一通刻有郴州知州胡汉的游记。再有一通立于1988年,石碑上刻有中美联合考察队进洞考察后留下的赞美之词："万华岩是一个漂亮的洞穴，它可与世界上任何一个溶洞相媲美！"

洞外的图腾廊柱、石板线刻壁画、古今石碑告诉我们，万华岩古人仰之神奇、今人慕之多彩，它是一座仙境般的神府洞天，入洞内有移步换景之大趣。

天开一线：洞口的"万华岩"三个大字是南宋通判李朴书写的，古朴遒劲。以前万华岩叫"坦山岩"，进洞首先映入眼帘的是一个姹紫嫣红的花圃。洞内能生长亭亭玉立的玉兰、富贵骄人的牡丹、灿烂热烈的迎春、摇曳多姿的出水芙蓉，在于高约20米的洞顶上有一丝光线穿透岩层直射下来。在古代，"花"与"华"同音同意，这个景点叫"万华迎宾"，而洞顶的一丝光线则称为"天开一线"。天开一线神奇至极，在洞内可以看到是一条裂缝，但在洞外是无法找到的。

龙虾思迁：在天开一线前方，有一座石笋形似一位好汉。相传这就是当年开凿洞内石田的神农氏。神农要进洞开田，在洞外发现了那头以乳汁救人的母羊，就把它带进洞内饮水，不料母羊低头饮水时惊动了地下河里的一只神虾。神虾受惊，猛然一跳，一头扎进了岩壁，只留下了尾部在外，再也出不来了。于是古人就把岩壁上的微妙奇景命名"龙虾思迁"。

神仙舞台：在万华岩洞内，愈往深处奇景愈多，也愈为精彩。从形似神农氏的石笋处向前看，便是两层以上的石质台地和深38米、宽5米左右的箱状峡谷，上方还挂着布幔状的石帘。石帘犹如拉开的舞台幕布，舞台上的几座石笋，为主的形如王母娘娘，中间的形似玉皇大帝，客串的形若观音菩萨，还有栩栩如生的孙悟空、猪八戒和独守月宫的嫦娥等。这样一组石笋景观被喻为"神仙舞台"，明朝郴州知州胡汉在他的《万华岩记》中称之为"神仙窟宅"。

神农石田：在洞外的线刻壁画中，有一块描述的神话故事是神农天宫借种,洞内凿田耕种。神农开辟的石田,实际上就是地质学上所说的"边石池"。边石池是由富含二氧化碳和碳酸钙的水,顺着平缓的地形流动、沉积,逐渐形成的梯田式景观。这种边石池在万华岩洞内共有8处,最长的达20米,最深的达1.6米以上,最大的边石池群面积达500平方米。明代诗人刘汝楠在洞内看过石田群之后感叹道:"四时不断洞中雨,百亩谁开石上田?"如此壮观的边石池群,地质学家们也叹为观止!

万华岩洞内的奇观,似乎与神农氏有着切不断的关系,石田由他开凿,前面又有大片的石笋、钟乳石、石幔等组成的"热带雨林""快乐农家"和有的像玉米棒子、有的像南瓜、有的像春笋等农产品的多彩景象。穿过农耕区,洞内更为精彩,有"塔松傲雪""水下晶锥""万华老人""石蛋生笋""万华瀑布""仙洞迷宫"等奇观。

塔松傲雪:这是一根石柱,高10米,胸径14米,需要8~10人才能合抱,是万华岩洞内最大的石柱。其形状如同傲然挺立的塔松,故而被叫作"塔松傲雪"。

水下晶锥:在形似塔松的石柱前方,有一洁白的荷叶形边池,池内有一种国宝级的水下晶体,它形似尖顶草帽但又无尖。神话传说,这就是仙女送给神农氏用以盛水浇田的那只杯子。神话是古人对现实存在的梦幻般的美化,但现代对水下生成的这种晶体,地质学上叫作"水下钙膜晶锥",简称"水下晶锥"。它是一种重力水与非重力水的复合沉积,由洞顶的滴水与池中浮在水面的钙膜和水下结晶巧妙结合,经过数十万年沉积而成。之所以将它誉为"国宝",是因为迄今为止在我国唯万华岩洞内独有,在全世界也只有美国还有一处,举世罕见。

石蛋生笋:在万华岩洞内地下河河床的花岗岩鹅卵石上生长着石笋,这也是一种奇特的自然景观。一奇,为何在石灰岩溶洞内的地下河床里,能有属于地上河产物的花岗岩鹅卵石呢?其中大的有1立方米,重达

1吨之多。二奇,花岗岩鹅卵石上为何能长出石笋呢?对这种奇特现象,地质学专家们认为,数十万年前地上河水曾经潜流到地下,将洞外的花岗岩砾石冲到洞内,后来由于流速减缓,这些砾石就永远留在了洞中。它们有的卡在洞壁上,有的埋在石幔中,含有碳酸钙的水从洞顶滴落在其上,就逐渐沉积长成了新的石笋,形成了这种"石蛋生笋"的奇观。

万华瀑布:飞瀑流泉,声震四方,但这里的"万华瀑布"却是无声的。它形似瀑布,但却是凝固的,而隐隐闪闪的色彩仿佛又是流动的。石瀑是由含碳酸钙的流水长年逐渐沉积形成,神秘的彩色光泽是由表面的矿物质结晶体发出来的。郴州号称"世界有色金属博物馆",万华岩也蕴藏着多种有色金属,石瀑在形成过程中把各种有色金属元素凝结在了其中,所以才会呈现出红、黄、白、绿、褐等多种色彩。

万华岩是一个大型溶洞群,洞上有洞,洞下有洞,洞中也有洞。已被开发的这一段岩洞的最后一段就有地质学上称之为"倒石芽"的洞中洞,并有万华岩中最宽敞的大厅。大厅最宽处70米,面积达2700平方米,其内各种各样的钟乳石、石笋、石柱、石幔等错落有致,奔腾不息的地下河水萦绕回荡,几乎展现了以上述说的各种奇观异景,堪称是一座综合性的岩溶艺术宝库。

舜陵瑶乡永州南

红一方面军,当年从粤北仁化至湘东南汝城间进入现郴州市域的南部地区,攻占宜章县城,突破了敌人在乐昌至郴州间设置的第二道封锁线,经临武、嘉禾、新田等地,便进入了现永州市南部地区。

永州是一个有着悠久历史文化的古城,自西汉元鼎六年(公元前111年)汉武帝置零陵郡之后,尽管经历史变迁,行政区划变动,但零陵、永州基本是一地两名。零陵是古名,舜帝时属三苗之地。《史记·五帝本经》载:"舜代尧践帝三十九年,南巡狩,崩于苍梧之野,葬于江南九嶷,是为零陵。"永州之名始于隋开皇九年(589年),是年隋帝灭陈,重新统一中国,更改零陵郡为永州总管府。据称,永州城西双牌县有一座山名永山,山下有永水,山水回抱,秀气所聚,林茂田腴,永州依此而得名。

永州名扬天下,九嶷山舜帝陵是一缘由,但也得幸于柳宗元的《永州八记》。柳宗元,唐宋散文八大家之一,在文坛上与韩愈齐名。唐贞元年间走进官场,不久后因参与"永贞革新",于永贞元年(805年)被贬为永州司马。他在永州任职八年,于此写下了许多著名的山水游记和散文名篇。

其中就有《始得西山宴游记》《钴鉧潭记》《钴鉧潭西小丘记》《小石城山记》等八记。这些游记把永州城四野的山水风光记述描写得淋漓尽致，于是之后许多名人墨客慕名而至，使永州成了我国历史上在一个时段内的集贤之地，留下了众多以柳宗元为主的文化古迹。

但这里所要记述的不是永州城及其附近的自然风光和文化古迹，而是现永州市域南半部的九嶷山以及临近桂北的道县、江永、江华等县的自然景观和人文古迹。原因在于这里是蒋介石妄图凭借潇、湘二水两道屏障和构筑的数百座碉堡，以"铁壁合围"聚歼红一方面军的地区，是红军长征路上胜景带中的一个单元。

九嶷山圣迹

九嶷山位于永州南部，北距宁远县城30余公里，南接罗浮，西北道县，西南江华，又名苍梧山。山中茂林繁竹，古木参天，清泉飞溅，素有"天然动植物园"之称。山体由舜源峰、娥皇峰、女英峰、挂林峰、石城峰、石楼峰、朱明峰、萧韶峰、杞林峰相连相拥而成。因其九峰雄浑秀甲一方而又非常相似，故有九嶷山之称。《水经注》载："苍梧之野，峰秀数邵之间，罗岩九峰，各导一溪，岫壑负阻，异岭同势。"《山海经》亦有"九峰相似"的记载。舜源峰为九嶷山主峰，居中间位置，海拔650余米，其他八峰如众星拱月簇拥着舜源峰。相传，当年舜帝驾崩后就葬于此峰之下，故而此峰得名舜源。

千古传说：舜帝乃我国上古五帝之一，传说当初为上古酋长，颛顼的后代，北方冀州人，因生于姚圩，故姓姚，又因他双目重瞳，故名重华。舜帝20岁以孝著称，30岁时被四岳向尧举荐为帝位继承人。尧辞世，舜继帝位，德化芸芸众生，开创了万民乐业的太平盛世。在位39年南巡时客死苍梧之野。他的两个妃子娥皇、女英千里迢迢前往寻夫，溯潇水而上，沿大小紫荆河而下，由于九峰彼此相连，令人疑惑，终未觅到舜帝遗骸，止不住泪水滴在竹子上，留下斑斑泪痕，故而九嶷山的著名斑竹又名"泪竹"或"湘妃竹"，两位妃子寻夫之山峰，一峰名"娥皇峰"，一峰叫"女英峰"，主峰则因山麓有舜帝陵而被称为"舜源峰"。以上传说在永州一带流传甚广。

玉琯岩刻：舜帝葬于舜源峰下，具体何处，传说甚多。但在秦汉时期将舜庙移至玉琯岩前却是事实，因为在玉琯岩上有"九嶷铭碑"，以及古人留下的历史遗迹，如"巡狩去不返，烟云愁至今""苍梧恨不尽，泪染在丛筠""九嶷山峰几千里，峰谷崎岖人不到"等。其中的九嶷山铭碑，歌颂了帝舜的功德，清楚地铭记了帝舜的归葬之所。铭碑高0.53米，宽0.63米，铭文为9行，字径约为5厘米，并有字稍小的5行跋语。铭文为东汉文学家、书法家、高阳乡侯蔡邕所撰，宋淳祐六年（1246年）郡守李袭之属李挺祖书。铭文为"岩岩九嶷，峻极于天，触石肤合，兴播建云。时风嘉雨，浸润下民，芒芒南土，实赖厥勋。逮于虞舜，圣德光明，克谐顽傲，以孝烝烝（即烝民）。师锡帝世，尧而授徵，受终文祖，璇玑是承。太阶以平，人以有终，遂葬九嶷，解体而升。登此崔嵬，托灵神仙"。

舜帝陵庙：舜帝陵原在何处，一直是考古工作者关注的问题。考证认为，舜帝陵寝始建于夏代，是我国最古老的陵墓之一。相传原在舜源峰下，陵前有舜庙。可以佐证的是，在舜源前有一块石碑，上镌"帝舜有虞氏之陵"七字，书写者亦是东汉蔡邕。石碑后林木葱葱，大石屹立，石上刻有"正穴"两字，但已不见墓冢。秦汉时期陵庙迁至玉琯岩前已如前述，唐宋年代时建时毁，直至明洪武四年（1371年）朱元璋在玉琯岩前再建舜庙。2002年湖南省社科院对舜陵舜庙遗址进行了考察，省文物考古研究所在舜陵庙遗址一带进行了发掘，证实舜陵庙从舜源峰下迁至玉琯岩前并非传说。明清两代陵庙合一,多有修缮,兴盛至极。经数千年兴废,未想到1935年庙宇悉数毁于大火。

现今的九嶷山麓舜帝陵庙,是1992年经过考察重新设计,历时七年于2000年重建完毕的。重建后的舜帝陵庙恢复了明洪武年间的盛况,占地5000平方米,建筑面积3000多平方米,分成两个自然院落、11个单体建筑,三面筑围墙,中轴线上分别为山门、午门、拜殿、正殿、寝殿,两侧为祭碑房、厢房。拜殿内有舜帝铜像。所有建筑造型端庄,气势恢宏。围墙外修有200米神道、金水桥、华表等。其中主体建筑正殿为重檐歇山殿顶,殿宽36.6米,进深18.8米,檐设双重斗拱,顶覆黄色琉璃瓦,檐基须弥座。殿前月台由花岗岩石素面砌筑,踏垛雕龙御道。殿四周与月台有汉白玉石栏杆环绕,52根直径60厘米的巨柱支撑起全高18米的正殿,皇家气派蔚然大观。陵庙内石雕楹联众多,祭碑房有保存完好的历代皇帝谕祭碑30多通,珍贵至极。

两岭间瑶乡

永州市西南部与桂东北毗邻的江永、江华是瑶族的发祥地,特别是江永的千家峒,传说是瑶族祖先盘瓠的祖居地。这里东部为萌渚岭,西部为都庞岭,以山地丘陵为主,间有山间盆地。都庞岭主峰海拔2009米,是永州境内最高峰,是五岭中仅次于越城岭主峰猫儿山的第二高峰。这里的地带性植被主要是亚热带常绿阔叶林,都庞岭、萌渚岭植被垂直带谱明显,海拔800米以下的常绿阔叶林代表性植物有樟树等,800米以上有漆树、山毛榉、鹅耳枥等阔叶树构成的山地常绿林,1300米以上有广东松、福建柏、长苞铁杉、三尖杉等构成的针阔叶混交林,1600米以上植被多为以石柯、杜鹃等为主构成的矮林。山高林密,中亚热带湿润性季风气候，而且又有永明河蜿蜒流过，并且是湘江最大支流潇水的源头，造就了这里的众多奇观异景，在上古时期瑶族就选择了在这里繁衍生息，发展成了瑶民的故乡。

千家峒：这里是一块极具传奇色彩的佳境，是传说中的瑶族祖居地，亦是国内外瑶族人向往的圣地。千家峒位于都庞岭下的江永县北部，是一个四面环山的山间盆地，面积107平方公里，其得名来源于一个神话传说。

瑶族对犬这种图腾十分崇拜，他们认为瑶族的祖先是一条叫盘瓠的龙犬。据《千家峒源流记》载，古时高王来犯，平王出榜招贤，允诺谁能斩下高王首级来献，就把公主嫁给谁。盘瓠揭下金榜，渡海来到高王身边，假献殷勤取得了高王的宠信。一天，盘瓠趁高王醉酒，咬下高王的头献给了平王。平王兑现诺言，将三女儿辛女嫁给了盘瓠，但怕臣民取笑，就将新婚夫妻送入了一个四面皆山，只有一洞外通的山间盆地安家居住。盘瓠夫妇在那里生下了六男六女，各取一姓，他们就是十二姓瑶族的祖先。他们在这里封闭着繁衍生息，过着世外桃源的生活，发展到千户以上，就把这块宝地取名"千家峒"。到了元朝初年，居住在千家峒的瑶民遭官府派兵围剿。事发突然，瑶民惊愕万分，遂将一个牛角锯为十二节，分发给十二姓瑶民，每姓一节，商定以后认祖归宗时以牛角相接为凭据。大家怀揣牛角逃离千家峒，散居各地。自元代以后的漫长岁月里，千家峒一直是瑶族后裔寻觅和向往的地方。

千家峒自然景观奇特，风景秀丽，而且仙意浓浓。

千家峒唯一入口原是名为"穿岩"的天然岩洞，蜿蜒曲折，南北长20多米，宽约1米，高2米。洞内幽暗，洞边流水潺潺，进入洞中的人需摸着石壁向前移步。走过穿岩，豁然开朗，眼前良田千顷，农舍点缀，阡陌交错，鸡犬相闻，更有突兀披绿的石山岗丘、飞流溢彩的瀑布、古色古香的寺庙等美景。这就是闻名遐迩的瑶乡千家峒，今日的千家峒乡（之前大远瑶乡）千家峒。20 世纪 70 年代，在修筑进入千家峒公路时，将穿岩隧洞炸去了一半，但入口两边的两座山面貌依旧，仍然犹如两道屏障，紧紧地把千家峒锁在其中。相传，这两座山是久远之前从天际飞来的青雄白雌两条龙，为守护千家峒的门户，而伏卧在大远河两岸的，久而久之变成了两座山。居住在这里的瑶民，为祭祀守护在这里的青龙和白龙，在这两座山上修了庙宇，终年香火不断。每到傍晚时分，夕阳斜照，山影相连，远远望去，两山恰似两条"鸳鸯龙"嬉戏，为千家峒的第一美景。

第二景是穿岩前方名为"鸟山"的山石。这是一座三面石壁陡峭的山峰，突兀于田畴中间，如同从天上掉下来的一般。山的北面如张着嘴的鸟头，朝着千家峒的入口穿岩，恰似在为千家峒的瑶民们传递要有客人来临的消息，又似在以美妙的歌声欢迎着尊贵的来客。

第三景是鸟山南面一座形似白鹅的大石山。山上有白鹅寺、白鹅洞、白鹅瀑布，风景独好。此山为石灰岩山体，传说久远以前，因白鹅仙子羡慕这里的男耕女织田园生活，触犯天规，被罚化作石山，瑶民就叫它为"白鹅山"。白鹅仙子住的地方是山中的"白鹅洞"，洞内钟乳石、石笋形象生动，如幔、如灯、如禽、如兽，与白鹅仙子相伴。山上的白鹅寺始建于隋，由峨眉山和尚洪演遵照师父嘱托而建，纯木结构，红墙碧瓦，雕梁画栋，古色古香，绚丽壮美，加之寺西南有白鹅瀑布的衬托，白鹅寺更显得壮美。自明代以来，白鹅瀑布就被列为永州八景之一，曰"鹅岩飞瀑"。瀑布从山巅飞泻而下，撞击在两边的岩石上，溅玉浮花，美如素莲，又好似白鹅展翅从天而降。清代诗人蒋琛在岩壁上题诗赞道：

山作鹅形插江边，珠联玉泻出峰巅；
源头乱落寒涛壮，应引高僧听不眠。

清代另一位诗人周鹤称赞道:

何处空山访白鹅,昔传飞瀑殆处何?
虚岩溜滴丛苔藓,古屋云荒补女萝。
自有白莲存慧照,谁寻芳桂出层何。
凄凉落日登临处,大地泛桑一刹那。

在千家峒的深处,还有第四景"双塘映月",第五景"马山",第六景"石童子",第七景"狗头岩",第八景大白水瀑布,第九景"金童放牧",第十景"仙人桥",等等。其中的双塘映月分东西两塘,总面积200余平方米,面积虽不甚大,但塘水幽深莫测,长久不见塘水进出,十分神秘。尤其是每到星月之夜,清澈碧绿的塘水形似两面明镜,倒映明月,光彩照人,艳绝无比。大白水瀑布是潇水源头,高100余米,宽10余米,上端青竹和绿树成林,山谷柳絮扬花,瀑水从绿林里涌出,景色壮观精彩,胜过白鹅瀑布,实乃李白在《望庐山瀑布》一诗中描写的那样:"飞流直下三千尺,疑是银河落九天。"

盘王殿:盘瓠是瑶族的始祖,所以瑶民们每到一地都要建造盘王殿,以纪念祭祀先祖。瑶民们从毗邻的江永千家峒进入江华后,建有数座盘王殿,但因历史悠久,经风雨剥蚀,多数早已毁坏。20世纪以来,为缅怀先祖,昭示传统民族文化,根据瑶族"盘王始祖随身带,木本水源不可忘"的古训和瑶民的意愿,经江华瑶族自治县政府批准,于1995年值自治县成立40周年之际,将原建于姑婆大山中的盘王殿迁到了县城沱江镇。迁建的盘王殿,坐落在风景秀丽的平头岩公园内,坐北朝南,总建筑面积1300平方米,混凝土仿古建筑,有瓠圣门、中殿、瑶族吊脚楼等。

瓠圣门是进入盘王殿的第一道门,高 8.9 米,两旁是瑶家吊脚楼。门额上的"瓠圣门"三字由当时的瑶胞云南省政协副主席赵廷光书写。门内是拼花鹅卵石路,踏上一级连一级的青石台阶,仿佛走进了瑶族那悠久的历史画卷。

中殿是盘王殿的主体建筑,宏伟敞亮,正中供奉着高 4.5 米的盘王坐像,身旁放着弩箭和神鼓,墙壁上绘有反映瑶族历史的大型壁画四幅,梁上的彩绘则取材于瑶族传说中的《千家峒》和《南京十宝洞》故事,以及瑶山秀丽风光。四幅壁画,东壁上的是《盘王狩猎图》,北面墙壁上的两幅是《瑶族长鼓舞》《牛角短鼓舞》,西面墙壁上的是《漂洋过海记》。每幅壁画都有人物,有故事,有场景,画面绘影绘声,组合起来比较全面地表现了瑶族的历史文化。

典型的瑶家吊脚楼有东西两座,凝缩着瑶家人古朴的民族风情。楼内陈列着瑶族生产、生活、典祀、婚俗、文化及军事等方面的实物和照片,是瑶族历史文化的展览馆。

女书:女书是江永、道县等地女人们流传下来的一种文字,只有女性使用,男人不识,故称"女书"。这种在江永上江圩乡流行传承下来的神秘文字,字体娟秀,造型奇特,有近 2000 个符码,只有点、竖、斜、弧四种笔画,书写呈长菱形,可用当地方言吟咏,叙述的事都是妇女的事情,包括婚姻家庭、生产劳动、社会交往、女红艺术、文化娱乐、民俗习惯、宗教信仰、道德情操等多个方面,系统地反映了上江圩乡及附近一带妇女的喜怒哀乐。

这种女书,不仅在江永存在,在道县瑶族中也有流传,其作品都是诗歌体,多为七言或五言等,有特殊的韵律格调、修辞方式、比拟手法。现存女书文本、传习均属家教亲授、传女不传男,世代如此。女书最后一代传人阳焕宜老人于 2004 年 9 月 20 日近百岁时去世,为此央视网站以"神秘'女书'的最后一位传人阳焕宜去世"为题,转发了新华社长沙9月23日专电,对充满神秘色彩的女书最后一位自然传人的去世进行了报道。

女书是专属女性的文字,是独特的女性文化,时至今日关于它的起源还是一个谜,只能说它有着浓厚母系社会痕迹。女书是中华民族文化宝库里的瑰宝,不仅在中国就是在全世界也绝无仅有。女书对于研究文字的起源、民族起源和女性文化有着重要作用,在人类学、民族学、社会学、语言学、文字学、考古学等领域,都具有重要价值。

为了抢救即将失传的女书文化,江永县政府在女书发源地——上江圩镇的普贤美树修建了女书园,内含女书馆、女书学堂。女书馆内陈列有少量神秘的女书作品和其他有关实物。

以上记述了永州南部山区的主要自然景观和人文胜迹,特别是九嶷山的舜帝陵庙,江永的瑶乡千家峒,江华的盘王殿,等等。红一方面军长征从这里走过,奔向桂东北湘江东岸投入了血雨腥风、惊天地泣鬼神的抢渡湘江战斗。

武陵山脉武陵源

湘西北现今张家界市境内的武陵源,是西南起自黔北,东北西南走向的武陵山脉北端,也是红二、红六军团(红二方面军)创建的湘鄂川黔苏区的一部分。1935年11月19日,两个军团在贺龙、任弼时率领下,从桑植县刘家坪、瑞塔铺启程,在大庸(今张家界市永定区)与慈利县交界地区渡过澧水,踏上了与红一方面军路线相似的长征路。

武陵源八十多年前是红二、红六军团长征的最早途经地,而今却以石英砂岩峰林地貌和石灰岩溶蚀地貌发育完好和砂岩峰林秀甲天下,于1992年12月被联合国教科文组织世界遗产委员会列入了《世界遗产名录》。其评价是:武陵源景色奇丽壮观,景区内最独特的景观是3000余座尖细的砂岩柱和砂岩峰,大部分都在200余米高。在峰峦之间,沟壑、峡谷纵横,溪流、池塘和瀑布随处可见,景区内还有40多个石洞和两座天然的巨大石桥。除了迷人的自然景观,该地区还因庇护着大量濒临灭绝的动植物种而引人注目。

锁魂金鞭溪

武陵源张家界森林公园内有一美丽的峡谷,因谷内有金鞭溪而名"金鞭溪峡谷"。而金鞭溪又是因为峡谷内有著名的"金鞭岩"而得名。

金鞭溪峡谷有"十里画廊"美誉,诗画般的自然景观达到了令人锁魂、流连忘返的地步。峡谷起自张家界森林公园老磨湾,止于水绕四门,全长5.7公里,宽30~50米之间,两侧陡壁悬崖并立,谷内挺拔的石柱和石峰成林。金鞭岩是峡谷内若干石柱和石峰中最具典型性的一座,高378米,方方正正,上细下粗,顶端尖削,四方棱角分明,如同一柄古兵器钢鞭,直刺云霄。由于石英砂岩含有赤色成分,具有反光功能,每当夕阳西下时,这柄金鞭就金光闪闪,光芒四射,故名"金鞭岩"。峡谷中的石柱和石峰,若人、若神、若仙、若禽、若兽、若物,千姿百态,其形象除似金鞭的之外,还有形象逼真的"神鹰护鞭""醉罗汉""秀才藏书"等若干名称。其中的醉罗汉在金鞭岩对面,是一座摇摇欲坠的石柱,恰似一位喝醉了酒的和尚,是峡谷内倾斜度最大的石柱,倾斜达到了10度,而世界上倾斜度最大的意大利比萨斜塔只有7.6度。醉罗汉虽摇摇欲坠,在暴风雨中却可醉态依然,实为世所罕见的奇迹。

金鞭溪谷除多姿多彩的石柱和石峰外,这里的古木珍柯、奇花异卉、猕猴迎宾、溪流欢歌、百鸟争鸣等,样样引人入胜,堪称是顶级的生态环境。走进峡谷,能欣赏到国家一级保护植物孑遗树种珙桐和水杉的风采,珍稀花卉龙虾花的芳容,随处可听到武陵松林的涛声,在楠木坪能看到楠木家族中的竹叶楠、大叶楠、黑虎楠、虎皮楠、映花楠、香叶楠等近20个树种。在植物群落中,龙虾花奇特无比,据说只有在金鞭溪谷一带才有。它是一种小花，因为模样神情酷似龙虾，而被取名"龙虾花"。我们常见的花，或是羞涩地开，或是灿烂地开，或是温柔地开，或是热烈地开，而龙虾花不然，花开时节只需用手指轻轻一触，便会发出"啪"的一声微响，在你吃惊之际花儿竟炸裂了，看上去如同活蹦乱跳的龙虾。武陵松也很特别，1988年由植物分类专家祁承经发现并命名。这种松近似黄山松，树形较矮，针叶短而粗硬，果球种子较少，靠根须紧紧揳入渗水性能良好的砂岩岩层，靠枝叶汲取空气中湿润和其他养分，以维持生命所需。武陵松喜生长于悬崖绝壁或山顶上，风化雨蚀，雷击水摧，烈日曝晒，岩峰塌裂，树干或挺立，或倒挂，或盘旋缠绕，或旁逸斜出，无一不是顺应环境或战胜环境的写照，年复一年，森森然长成了一大片永恒的绿色，构成了石英砂岩峰林的一大特色。

金鞭溪从张家界森林公园流来，进入峡谷后由南向北流去，弯弯曲曲，跌宕多姿，碧水清清，波光粼粼，潺潺有声，便成了引领你观赏精彩画廊的忠实向导。沿小径跟随溪流而行，奇岩石峰、古木珍柯的风采尽收眼底，怒放喷香的奇花赏心悦目，松林的涛声、潺潺的流水声和鸟儿的啼叫声悦耳动听，人在峡谷行如同仙境游，人在溪边走如同徜徉在一个梦幻般的童话世界里。峡谷里不仅风景如画，而且空气清新。金鞭溪峡谷里的空气得益于水，得益于满谷的绿，每立方厘米的空气中负氧离子高达10万多个。美国科罗拉多州州长南希女士游览时深有感触地说，金鞭溪的空气每矿泉水瓶拿到美国可以卖到一美元的价钱。当代诗人梁尚泉写有一首游金鞭溪的诗，他在诗中赞美道：

清清流水青青山，山如画屏人如仙；
仙人若在画中走，一步一望一重天。

挺拔天门山

天门山坐落在张家界市永定区南侧,是一座四周绝壁的台形孤山,海拔高度1518米,面积近4.7平方公里,因其凌空独尊被称为"武陵之魂"。

天门山古称壶头山、嵩梁山、玉屏山,属岩溶地貌类型,古生代寒武纪岩层发育齐全,顶部平旷,四周悬崖绝壁。壮观雄伟的岩壁上,一道道岩层岩理线条清晰,仿佛一部无字天书,除了记录旷远的地质演变历史,也隐含了自古以来无数的神话故事与传奇。北魏郦道元《水经注》载:"三国吴永安元年(263年),武陵郡嵩梁山,高峰孤耸,素壁千寻,望之若亭,有似香炉,其山洞开,玄朗如门。"三国时吴景帝孙休认为,"其山洞开,玄朗如门"是天意吉祥之兆,遂将此山改名为"天门山",并析武陵郡设天门郡,郡治即明大庸县,清永定县,现张家界市永定区。天门山天然形成的自然景观有天门洞、鬼谷洞、云梯仙境、四十八点梅花雨等。其中最神奇、最精彩的胜景被称之为"天门洞开"和"云梦绝顶"。

"天门洞开"指的是穿山自然溶洞天门洞,它高悬于绝壁之上,海拔1261米,洞高131.5米,宽57米,深60米,南北通透,似一面明镜悬于苍穹之上,犹如通往天界的巨门,是国内外无与伦比的孤例。洞北顶部边缘有一倒垂的龙头竹,它的根像龙头,枝叶像凤尾,因此又名"凤尾竹"。东侧是高约200米的沟槽,有泉水从上面飘散,落下点点梅花雨,被誉为"四十八点梅花雨"。天门洞有时吞云吐雾,有时明朗似镜,构成循环往复、瞬息万变的气象景观。1999年,著名的"穿越天门"国际航空大奖赛就是在这里举行的,飞机穿越的就是天门洞。

天门山顶古称"云梦绝顶",是天门山的制高点。山上平顶南北宽1.93公里,东西长1.96公里,面积2.2平方公里。在这块平台上还保存着完整的原始次生林,拥有罕见的珙桐群落,奇石秀木结伴而生,处处皆是天成的盆景,一年四季野趣盎然,犹如神仙造就的空中盆景大花园。国家一级保护植物珙桐是大花园中的佼佼者,它是一种极具观赏性的第四纪冰川期孑遗树种,落叶乔木,茎高一般可达20米以上,卵状叶互生,由数朵雄花簇聚枝头形成头状花序,花序下的两瓣苞片初开时为淡绿色,盛开时为乳白色好似展翅的白鸽,故称"鸽子花"。春夏之交花朵盛开时,远望天门山顶,如一群群白鸽在那里飘舞。

天门山挺拔高峻,不仅自然景观奇特,风光独秀,而且有天门寺、天门书院等古迹,自古就是隐逸仙家隐居之所,人文积淀深厚。相传三皇之一的神农氏雨师赤松子在此炼丹,战国时期纵横家鼻祖鬼谷子在此学《易》,西汉时期留侯张良与恩师黄石公在此有遗迹,东汉时期伏波大将军马援在此屯兵并死在这里,东晋名士周级、五代名士周朴在此隐逸终老,唐朝尉迟恭在此监修寺庙,元代在此建天门书院,明末清初李自成部将野拂在此出家。

唐代在山上所建的天门山寺,至今香火不断,礼佛者络绎不绝。天门山寺古称云钵庵、灵泉院、嵩梁堂,占地万余平方米。古寺门楣上刻有"天门仙山"四字,大门两侧的对联是:"天外有天天不夜,山上无山山独尊",相传此联是野拂撰书。进山门有钟鼓楼、天王殿、大雄宝殿、观音阁、藏经阁、法堂等,规模宏大。其中观音阁造型尤为奇巧,楼层设置明二暗三,其构造之复杂堪与国内各个古典名楼相媲美。碑刻记载:自清乾隆至民国五年,天门山寺共修葺过七次,香火曾盛极一时,湘川黔边境十多个县的信徒络绎不绝,都来这里进香拜佛。

精彩杨家界

杨家界因是北宋名将杨业的后裔繁衍之地而得名,位于张家界森林公园西部,相距5公里,是自然景观精彩纷呈且充满神奇的地方。其面积34平方公里,千余座红色砂岩石柱和石峰构成峰林,最高的石峰有400余米。峰林里溪涧纵横,潭水幽深,飞泉流瀑迷人。精彩岩峰怪石多是以杨家将的人和物而命名,如"天波府""佘太君""七郎峰""宗保峰""五郎拜佛"等。

杨家界除峰林精彩纷呈之外,同样精彩著名的是"鸟""水""藤""花"四大奇观。

最为引人注目的是藤和花。在杨家界神仙湾一面高达数百米的峭壁上,攀附着几棵千年古藤,其中最大的一棵围径达95厘米,爬高50多米,枝叶繁茂,婀娜多姿,实属罕见,人们将其誉之为"神州第一藤"。神仙湾也因生长着大面积古藤,而被称之为"古藤湾"。在杨家界众多的花卉中,最为著名的是一种极为珍奇的五色花。此花是一种乔木,只有在杨家界这种阴湿的环境里才能成活,不仅在神仙湾有,在杨家界其他阴湿地带也有。花树高3至5米左右,皮光华呈浅灰色,叶为扁舟状;花枝成簇,每枝一般开花12朵,呈喇叭状。每年4月初开花,花开时一日变幻五种颜色,从早至晚依次为白、红、紫、黄,晚上则变成罕见的黑色,灵动起来芳香扑鼻。

在杨家界四大奇观中,水居于命脉位置,因为没有水引不来鸟,没有水就难以形成古藤生存的潮湿环境,没有水花儿也不能绽放。杨家界有一个名为"白鹤坪"的小盆地,周围群山环绕,左右两侧有香芷溪和白猴溪,两条小溪汇流而成美女溪。每年4月,数以万计的白鹭陆续从山外飞来,开始长达7个月的"三溪聚会",漫天飞舞,犹如纷纷扬扬的雪花。尤其是朝霞初起和夕阳西下时,白鹭伴着金霞在空中飞翔,形成杨家界"金霞鹭舞"奇观。

在杨家界堪与"金霞鹭舞"媲美的另一奇观就是"龙泉飞瀑"。这里有一条著名的龙泉峡谷,峡谷里拥翠带翳,溪、潭、泉、瀑如画,并且河床宽敞,水深丈余,清澈见底,游鱼可数。清澈的河水把古树、翠竹、峰峦的倩影映入水中,组成了一幅"江作青罗带,山如碧玉簪"的美丽画卷。画中有画,景外有景。在汇成河流的泉瀑中,尤以龙泉瀑布最为壮美,为峡谷画卷平添了浓墨重彩。泉水从300多米高悬崖中部的三个泉眼里喷出后飘然飞下;在高55米处有三节突出的石壁,酷似三条长数十米的龙化石,飞流而下的瀑水落其上向空中四散,形成了罕见的雾状瀑布,在阳光下飞出七彩光环,格外美丽神奇,被誉为"龙泉飞虹",这条峡谷也就有了"龙泉峡谷"的美名。

除了以上奇观异景之外,灵树咬石也堪为杨家界一奇。在杨家界一处石峰绝壁上,无罅无水,居然长出三棵灵树,取名"灵树咬石"。三株灵树紧紧咬住石壁不放,顽强生长,久旱不枯,狂风不倒,老干虬枝,高入云端,古朴苍劲却也枝叶繁茂,给人以无穷的启迪。

神奇天子山

天子山位于桑植县与武陵源区毗邻处,隶属桑植县管辖,原与张家界森林公园的黄石寨山峰统称青岩山,是峰林中心的高台地,海拔1262.5米,面积67平方公里。景区以神秘、神奇、秀美而著称,而且多数奇观异景的命名与向王天子有关。

天子山因向王天子而得名。元末明初,土家族英雄向大坤率数十万土家族人在水绕四门起义,朱元璋遣大军围剿,经数十年浴血奋战,终因寡不敌众,几乎全军覆灭。大军失败后,向大坤率残部退避青岩山深处打游击,最后率数十骑在神堂湾跳下深渊,一场轰轰烈烈的土家族农民起义画上了句号。土家族民尊向大坤为向王天子,怀念这位民族英雄,便将青岩山改名为"天子山"。

神堂湾位于天子山自然保护区石家檐景区,因向王天子等将士在这里纵崖葬身而得名,至今仍是一个神秘的世界。这里是一处深不可测的山坳,自上而下有岩墩九级,湾内中央是一深不见底的水潭。据山民们介绍,在雷雨交加的日子里,这里时常会从悬崖下面传出人喊马嘶、兵器碰击一般的声响,传说这是向王天子在为东山再起操练兵马,于是便把这里叫作"神堂湾"或"神堂寨"。有人试图下去探险,但当下到四五十丈深的第四级岩墩时,就阴风怒号,令人毛骨悚然。1968年解放军某部战士为采药材,系着绳索到第六级岩墩就不敢再下了。在这里用望远镜往下看,他们看到的是巨大的蟒蛇和多种野兽藏在茂密的森林里。

处于金鞭溪峡谷末段上方的袁家界与神堂湾一样神秘。这里是我国所有世界自然遗产中唯一的特级保护区,海拔1000多米,四周陡壁悬崖,险似突起的平台,被列为禁绝任何人进入的地带。但当你登临袁家界凌空的游道时,便可遥望那一片神秘而又原始的风貌,感受远古时代生态的神奇,以及这一带山势的凶险。袁家界是电视剧《乌龙山剿匪记》的外景拍摄地之一,旁边的一个土家族受特殊保护的村寨,也因此而得名"乌龙寨"。

神堂湾、袁家界的神秘、神奇令人扑朔迷离,而天子山更多的自然景观却令人心旷神怡。

在天子山自然保护区东部的石家檐,有一片石林景观特别迷人,"御笔峰""天女散花""将军岩""屈子行吟"等著名石柱和石峰都在这里。其中的御笔峰被誉为武陵源十大绝景之一。此峰是一排上粗下细,形如笔杆,并立如削,参差相连,秀丽精致的石峰。相传,向王天子率众起义兵败后,曾焚毁所有文稿。当他看到书案上的几枝御笔时,想到曾用它们批阅公文,指挥数十万军马大败明军,如今功败垂成,又有何颜面面对家乡父老,于是悲愤地将几枝御笔掷落于山谷中。然而笔通灵气,落地形成了这一片御笔峰。如果在红霞满天时望去,御笔熠熠生辉。国家邮电部门1999年发行的"武陵源"邮票和首日封,就是以御笔峰作为背景图案的。

天子山与张家界森林公园毗邻处,有一名为"后花园"的地方。之所以称为后花园,是因为在张家界森林公园的黄石寨有个"前花园"。传说这两个花园都是向王天子围猎休闲的场所。这里有一溶蚀而成的石门,浑圆双拱似月亮。穿过此门,绝壁上有一凹台,从台上俯视,幽谷间林木茂密,芳草丛生,数十座小巧玲珑的石峰点缀在繁花绿树之中,溪流潺潺,百鸟齐鸣,似一座巨大的花园。电视剧《西游记》"三打白骨精"一段,即是在这里取景拍摄的。

在后花园近处,有一奇景与之争宠竞胜。这里有两座石峰被一条长廊连在一起,形成天然石桥,时常云雾缭绕,气势壮观雄奇。这座天然石桥宽仅2米多,长20米,架空357米,桥边古藤垂挂,桥上两侧苍松挺拔,走在桥上,身边雾气蒸腾,耳旁松涛呼啸,石桥好像也颤颤悠悠晃动着,令人惊心动魄。由于其景色秀,形态险,也就被称为"天下第一桥",为武陵源风景一绝。

天子山的石灰岩溶洞也很精彩,乌龙泉、夹人洞等均有各自的奇特之处。然而,如今天子山最耀眼夺目的是建在山顶的贺龙公园。这座人文景观坐落在石家檐东侧的云青岩上,占地约3万平方米。走进公园,首先映入视野的是那尊伟岸的贺龙铜像。贺龙元帅是桑植人,早年拿起两把菜刀闹革命,是开国元勋之一。1934年8月至1935年11月,他领导红军在这里征战,桑植人民为了纪念这位英雄,铸造了这尊铜像。这尊全身雕塑立像高6米,与旁边的战马一起共重9吨多,是我国近百年来伟人铜像中最大最重的。老总身披军大衣,手握烟斗,深情地望着故乡的美丽原野。一匹英武的战马昂首依偎在主人身旁,意味着对主人的忠贞不渝。整个铜像和战马浑然一体,象征着元帅戎马一生的光辉,犹如一座高高耸立的武陵山脉奇峰,长征也在这里启程,令人肃然起敬!在铜像背后建有"云青岩"观景台。这里居高临下、视野广阔,环顾四方,景色绝佳,既可观览西海峰林,又可俯瞰天子山自然保护区的御笔峰、天女散花等美景,还可以根据季节变化,尽情地欣赏日出、云瀑和冬雪等奇观。

　　天子山的奇观异景是迷人的,这里有看不完的神秘、神奇和绮丽风光,讲不完的历史故事,因而有人给予了"谁人识得天子山,归来不看天下山"的高度评价。

名胜齐天桂东北

　　桂东北即广西的东北部,也是桂林市的东北部,而桂林素有"山水甲天下"之誉。1934年11月底至12月初,红一方面军长征经过这里的灌阳、全州、兴安、资源、龙胜等地,并在全州至兴安之间抢渡湘江,浴血奋战,以惨重的代价突破了蒋军堵截红军的第四道封锁线。

　　桂东北的越城岭是五岭最西端的一岭,主峰海拔2142米的猫儿山是华南第一高峰,南流的漓江发源于此,长江的支流湘江也发源于此。山水美,美不胜收,胜景胜迹遍布久负盛名,红军长征文化又为这里平添了灿烂生辉的夺目光彩。其中,兴安有与陕西郑国渠、四川都江堰并称为"秦朝三大水利工程"并与秦长城齐名的灵渠,红军长征翻越的第一座高山猫儿山(过去称老山界);资源有国家地质公园八角寨,中国最佳漂流胜地五排河;龙胜有中国三大梯田之一、堪称"世界梯田之冠"的龙脊梯田。

兴安，久负盛名

兴安地处湘桂走廊，南距桂林57公里，境内有猫儿山、狮子山、后龙山、岩溶峰等山峦，有源头叫白水河的湘江以及源头在猫儿山的漓江等河流，岩溶地貌发育典型。

兴安历史悠久，人文古迹荟萃，早在秦始皇时期就开凿了世界上第一条人工运河灵渠。这里是红军长征途中著名的"湘江战役"发生地，1996年在城西狮子山上修建了"红军长征突破湘江烈士碑园"。

古运河灵渠：两千多年前，秦始皇为统一中国，开发南越（今广东、广西），运送粮饷，诏令监御史禄带领10万人，凿渠筑坝，使属于长江水系的湘江和属于珠江水系的漓江连接了起来，成了我国古代从中原到岭南的唯一航道。这条名为灵渠的航道于公元前214年建成，是世界上最古老的人工运河。它有南北二渠、分水铧嘴、大小天平、泄水天平和陡门（水闸），全长37.4公里。1963年春，历史学家郭沫若和翦伯赞来到灵渠，郭老对这样一处历史文化遗存感慨万千，挥笔写下了《满江红·灵渠》词，核心赞语是："2000余年前有此，诚足与长城南北相呼应，同为世界之奇观。"

灵渠的中枢是分水塘铧嘴。分水铧嘴系一"人"字形石坝，北坝长380米称大天平，南坝长124米称小天平，两坝相接处如犁铧状故称"分水铧嘴"。将这样的石坝伸入江心，在分水塘这个地方将湘江上游发源海洋山的河流一分为二，使其十分之三的水进入漓江，十分之七进入湘江，这就是人们所说的"三分漓水七分湘"。在铧嘴上建有一分水亭，亭内立有两块石碑，一是明代梁梦雷题写的"伏波遗迹"，另一块是清朝查淳题写的"湘漓分派"。站在亭中看铧嘴浮江、天平滚水，会使人浮想联翩，赞叹不已。清代彭榕为"铧嘴观澜"一景作诗道：

澎湃汹汹激上矶，横流倒泻震声威。

惊疑蛰起龙分水，舞爪掀鳞势欲飞。

泄水天平和陡门，前者是南北渠道沿途留下的泄洪缺口，后者是灵渠水利工程仅次于铧嘴的另一精华，它是渠道沿途一段又一段提升水位的闸门。泄水天平共3处，南渠道2处，北渠道1处，它们的功能是当大小天平来不及充分排洪时起到增加排水量的作用，以保障两个渠道的水位限制在1.7米以下，从而使堤岸免遭洪水破坏。陡门为半圆形平台，这是世界上最古老的船闸，其功能是解决枯水季节水位低时的通航问题。船闸在有些坡度的地段形似大门，故古人取名"陡门"。这种被称为陡门的船闸，在宋代最多时南北渠共有36处，因此灵渠在古代又有"陡河"的别称。

灵渠之畔人文古迹荟萃，奇石异景众多，且林木葱葱，已被辟为灵渠公园。

跟随清澈见底的南渠水前行，不远处的一座仿古建筑是修建于元代的四贤祠。它原是奉祀开凿灵渠的史禄、重修灵渠的功臣汉朝伏波将军马援、唐朝桂管观察使李渤和防御使鱼孟威的祠庙，现在是灵渠历史博物馆。祠庙内不仅四位先贤的半身塑像依旧，而且展出了各朝代修渠的事迹及名人的诗词、对联碑刻，还有灵渠示意模型。四贤祠内有两块石碑，一为"古树吞碑"，二为"劣政碑"。吞碑的古树是一棵树龄780余年的重杨（俗称琼树），它吞食的是一块平放的乾隆十二年（1747年）古碑，目前仍以每三年1厘米的速度吞食着。国人立碑都是歌功颂德，而四贤祠碑廊内的劣政碑记述着一位县太爷怎样遗臭万年的故事，这在全国罕见。

从四贤祠西下半里，在秦堤中部有一方孤石，高4米，周长20多米，石上方平坦如台,可沿石阶而上。平台顶有两棵四季桂裂石而出,亭亭玉立。近似正方形的巨石四壁上,有宋代以来题刻"飞来石""灵渠""砥柱石""虬如""夜月潭辉"等11方,其中明代严震直的《重修灵渠记》值得一读。飞来石石质与周边岩石不同,孤立于湘江故道与南渠之间,令人对它的来历产生遐思。相传,飞来石是四川峨眉山的仙石,当年修渠时有猪龙精作怪,屡修屡塌,领工被杀,于是飞鹤大仙便携座下蒲团飞来,以石镇住猪龙精,才使灵渠修成。这样美丽动人的传说,跟着飞来石流传至今。清代王国梁作诗赞曰:

此石飞从何处来?参天拔地势崔巍。
一峰永镇东西界,二水中分南北开。
自向灵渠为砥柱,可知海洋有奇材。
至今风雨潇潇夜,犹欲高骞列上台。

从飞来石顺着"桃花满路落红雨,夹岸杨柳生翠烟"的秦堤前行,不远处在兴安城边的栗家桥南有"三将军墓"。墓高8尺,围长7米,墓前立一石碑。传说秦始皇先后派张、刘、李三位将军修渠,张、刘皆因误工期被杀,李将军总结前两位将军的经验将渠修成,但不愿独占功劳而自杀。后人将他们合葬一起,筑成此墓。又有传说,墓中所葬的其实是三位石匠,因他们修渠有功被封为三位将军。

白三将军墓继续前行,过马嘶桥后,在灵渠入兴安县城东门之处,有一座石桥横跨,这是灵渠上最著名、最古老的万里桥。作为昔日往来南北的必经之道,历史上此桥被称为"楚越要津"。万里桥是由唐朝桂管观察使李渤于宝历元年(825年)建成的,最初为虹式单拱桥,只有一层斧刃石砌成。现桥为青石拱砌,上有凉亭覆盖,是灵渠公园的一大名胜。在石桥北 2.5 公里处设有接官亭，据说从这里去往唐朝都城长安，走水路有一万里，故称"万里桥"。

过万里桥之后，灵渠水流入兴安县城，穿越渠段约 1 公里，两旁古民居鳞次栉比，均是青瓦白墙，木雕门窗，既有江南水乡民居建筑的特色，又吸收了岭南百越民居吊脚楼等建筑的特点，具有典型的"小桥流水人家"的岭南风韵。这就是兴安古城著名的"秦汉水街"。在这条街上，还分布着很多仿秦汉时期的传统建筑，既传承了秦汉文化，又融合了中原文化及岭南百越文化，是桂东北 2000 多年历史文化的缩影，也是灵渠公园人文景观的链接。

奇观天生桥：在千米距离内，天生四桥构成大型天然桥群，而且又极其雄伟，实属世界级地质奇观。

这组天然群桥，位于兴安白石乡南面 3 公里处，在湘江源头岩溶峰丛洼地段中，属典型的岩溶地貌景观。天生桥是因地下河水长期侵蚀岩层，导致河流上层及两岸溶蚀、坍塌，独留下中间一段横跨两边岩墙的岩体或石块而成，是地下水精工而成的艺术品。据说，这里的天生石桥已超过了被称为"亚洲之最"的重庆武隆天生三桥。它们洞连洞，桥连桥，形成了一连串的溶蚀景观。

一号桥架空 100 米，桥下两侧如刀削斧劈，谷底潺潺流水。自谷底向上看，巨大的桥拱横跨，稳稳地架在山岩绝壁上，桥体似龙身，可谓非神力莫属，故称"龙王桥"。桥下有一巨石拔地而起，俨然佛祖端坐。大佛脚下有一洞眼，四季水流不断，是湘江的源头之一。20 世纪 60 年开修的一条"红旗渠"依洞壁而流，沿渠道下行，转首回望，一个巨大的桥顶"天窗"洞开，阳光照射下佛祖巨石生辉，五光十色，更显此桥神奇壮观。

从一号桥洞顺流而下，不到 200 米就是峡谷中的二号桥洞。比起一号桥来，二号桥显得秀气，薄薄的拱顶像一弯细月，轻盈地悬在天空，给人一种轻灵的感觉。与二号桥相距不足10余米的三号桥，却又奇绝无比。这是一段仅能容一人通过的水渠堤埂，堤下是深不见底的暗河，虽然河流清澈，但还是有几分令人胆战的寒意。三号桥洞高近百米，洞内岩溶景观十分美丽，大片小片状若梯田的台岩，却似仙境里的田园风光。

从三号桥洞再顺流而下600余米，便是被称为"凯旋门"的独特桥洞。走出凯旋门，一片开阔的沃野展现在面前，那才是真正的田园风光。

高峻猫儿山：兴安是五岭之一的越城岭所在地，此岭的大半部分在兴安境内。猫儿山是越城岭的中段分支，为今兴安北部与资源县的分界，距兴安县城50公里，因其主峰状似猫而得名。

猫儿山高峻挺拔，西南东北走向，主峰海拔2142米，南北长约21公里，东西宽约6公里，面积126平方公里，北接雪峰山余脉，西和西北部是今资源的两水和车田（当年属兴安），东南部为兴安华江。其山体集泰山之雄、华山之险、庐山之幽、峨眉之秀于一体，有迷人的山峰，似海的竹木，珍奇的动物，且雨量充沛，水源丰富，是漓江、资江、浔江（柳江）的发源地，自然景观壮观秀丽。阳春三月，鲜花满山，百鸟争鸣；炎炎夏日，古木浓荫，清风拂雨；金秋时节，天高云淡，野果飘香；寒冬腊月，银装素裹，鸟兽敛迹。猫儿山"一山有四季，十里不同天"，古人赞美"欲探五岭访旧踪，对峙兴安第一峰。近北严寒无瘴气，梅花片雪足三冬"。

猫儿山之所以驰名，不仅是因为它的峻拔精彩，还因为这里是红军长征经过湘江战役后，主力是从这里翻越而过进入资源县境，而后前往湘西南通道的。

猫儿山群峰高耸，瀑布飞溅，森林茂密，高山之上年平均气温只有9℃，年降水量高达2300毫米，气候瞬息万变，被人们视为畏途。但当年刚刚经过湘江战役的红军，却以压倒一切的英雄气概，在脱离湘敌之后，征服了它。首先翻猫儿山(当年称老山界)的是中央机关所在的第一纵队,翻越的地段靠近主峰,山路险陡,悬崖峭壁,靠几根圆木架成的栈道通过。山路栈桥没有栏杆,长满青苔,走在上面又滑又晃,使人头昏目眩。除栈道之外,还有几条险道。如百步崖是在七十多度的陡壁上凿石为阶,上山时后人的嘴能碰到前人的脚跟,下山时后人的脚会踩到前人的头顶。由于陡壁石阶有108级,所以百步崖又名108步。加上石阶的另一边就是高达数十丈的悬崖,地势十分险恶。其他还有雷公岩、三跳等险地,不下十余处。红军以惊人的勇气和毅力,在饥寒中经彻夜急行军,终于带着骡马,抬着辎重,胜利到达了资源的塘洞和源头,为猫儿山增添了红色的光彩。革命前辈陆定一,亲历这一过程后,写下了著名记叙文《老山界》,描述了这里的险峻和红军的英雄气概。因为猫儿山是红军长征翻越的第一座高山,为了纪念这一革命历史,在这里修建了红军长征翻越老山界纪念亭,并修建了一段红军路。

秦姓古村落:这是一个坐落于兴安白石乡的村庄,村里人大都姓秦,故原称秦家大院。后因村庄有一条小河穿过,而这条河又是湘江源头之一,故改名为"水源头村"。村后是层峦叠嶂的后龙山,常年郁郁葱葱,北面是一座形似骆驼的书房山,南面就是通往村庄的大路。

村里人为何都姓秦?据说这个村庄起源于一个姓秦的官宦。当初,也就是明洪武年间,山东一位姓秦的官员被贬,他携带家眷千里跋涉迁到桂林地区,后来秦姓一支看中了白石水源头四周的山形地势,于是就迁至此地繁衍生息,使这里发展成了一个以秦姓为主的村落。村庄树木繁茂,以银杏居多,村四周有800余棵树龄几百年以上的银杏。村口一棵七杆一蔸的古银杏树龄已有800多年,村民称它为"七仙女",为山村增添了一层古朴的韵味。每到深秋季节,村内外一派金黄,水源头村成了一座流金滴翠的"宫殿"。

村里的民居大都是明清时期的古建筑，排列有序，错落有致。其特点是，檐牙高啄，门关雕花，墙基皆由数吨重的青石方墩为基，高1米左右，之上再用青砖砌到顶。房屋都是高大宽敞的双层楼，窗户都镶嵌着琉璃窗花，山墙头上绘有花卉图案。明清时期在建筑上沿用的砖雕、木雕、石雕艺术，在这里处处可见，如天井上石刻的花地漏、雕有龙凤的地基石、镂刻有禽兽的板壁等。房间走廊和房外走巷青石铺路。整座房屋古色古香，韵味浓郁，简直就是一座完美的艺术品。

古村落有着古老的故事，蕴涵着厚重的历史文化，村口的高高牌楼上有一块硕大的红漆金字匾"武魁"，据说是清嘉庆十三年（1808年）家族祖上考中恩科武魁而受皇恩封赐。不难看出这是一个尚武的村落，至今村里仍保存着当年用来练功的大石墩，重达380斤。原在武魁匾的右边，还有一块"文魁"匾，可惜"文革"时期被毁。但水源头村钟灵毓秀，倒也名副其实。

烈士纪念碑：兴安县境内的湘江段是湘江战役的发生地和主战场，为纪念在抢渡激战中牺牲的烈士，20世纪先是在兴安城西南1公里处海拔248.6米的狮子山顶，建立了一座"红军长征突破湘江烈士纪念碑"。碑体由三支直插蓝天的步枪造型构成，象征着"枪杆子里面出政权"。碑下部的圆拱形建筑，俨然一座供红军烈士英灵长眠安息的陵墓。1996年经聂荣臻元帅提议，国务院和中央军委批准，将这里扩建成了"红军长征突破湘江烈士纪念碑园"。

纪念碑园除山顶上的纪念碑之外，还有群雕、纪念馆等。群雕长46米，高11米，是国内最大的烈士群雕。它以灰白花岗岩雕镌而成，"小孩""女红军""青年指战员""老游击队员"的4个立体头像与"救星""送别""远征""渡江""永生"5组浮雕，巧妙地连成一体，栩栩如生地表现了红军突破湘江战斗前后的各个历史画面。展览馆里则展出了湘江战役遗存的若干实物。

兴安地处湘桂走廊的重要部位,是湘江、漓江的发源地和上游,越城岭是境内的主要山脉,灵渠沟通了南北航道,自然景观奇特壮美,以历史古迹为主的人文景观文化内涵丰富,是红军长征路上胜景荟萃最为典型的区域之一。

资源,山水精彩

资源县位于桂林北部的群山腹地,东和东南部毗邻全州、兴安,西南与龙胜接壤,从西北部便进入湘西南通道侗族自治县,是广西的北大门。境内山清水秀,石奇峡幽,林木繁茂,山水精彩是最主要的特征。在山水景观中,有国家地质公园八角寨,神奇天门山,"华南第一漂"资江,"中国最佳漂流胜地"五排河,等等。

丹霞八角寨:八角寨又名齐云山,地处湘桂交界越城岭与雪峰山余脉交会之处的梅溪乡境内,名为寨但实际上是一座属丹霞地貌的奇山。这座奇特的山,海拔818米,四周群山环绕,高高耸峙的山顶突兀八个尖角,八角寨的山名也由此而来。八角中一角名"龙头香",横空出世,宛若巨龙昂首欲飞,上接苍穹,下临深渊,山势雄伟险峻,堪称一绝。这里所有的山峰都朝着一个方向成45度倾斜,如刀削斧劈一般的断崖之间,时常布展着浓厚的云海。

八角寨之所以名齐云山,是因为此山最迷人的雾景。清晨时登临寨顶,浓雾近漫足趾,远连天涯,使得一座座丹峰如同置身在茫茫仙境之中。清风吹拂时,浓雾如千军万马团团拢来,结伍夺岭,如遮如掩;绕雾游弋的山峦与弥弥漫漫的白雾时分时合,白雾成浪,山峰或起或浮,或隐或现,令人陡生"海到无边天作岸,狂涛吞山我为峰"的豪情。一俟风静,雾海亦波平浪静,待到旭日东升,洒下万缕金光,映红的雾幕被轻轻拉开,云涌峰浮,如千帆竞渡,曲径通幽的深谷时隐时现,眼前呈现的是一派大好河山的景象。

神奇天门山:这是资源县境内又一座典型的丹霞山奇观。天门山位于城南中峰乡车田湾,处于群山环抱之中,是一处奇幻百出的山中有山、峰后有峰的绝妙丹霞地貌景观。整座山的面积虽不算大,但名胜名景云集,内容十分丰富。其中有比漓江"九马画山"还要壮观的大型天然壁画"将军骑马镇天门",有被称为广西第一大佛的丹霞雕塑"药皇神农",有野生中草药植物种类繁多、堪称中国一绝的"天下第一药谷",有广西低海拔、面积最小的连片原始森林神山寨……这些迷人的佳景,异彩纷呈,再加上具有浓郁苗族建筑风格的别墅式吊脚楼度假山庄,汇聚成了天门山仙界般的景观群落。

天下第一药谷在天门山中部,谷底溪水清澈见底,两岸峭壁悬崖,幽谷中郁郁葱葱,药材植物种类繁多,随处可见。因为这里是野生中草药植物的宝库,故而山谷内塑有以药祖神农为主的历代名医雕像群。其中药皇神农由一整块红色砂砾岩雕刻而成,高16.3米,神采奕奕,充满神秘色彩。人称这条峡谷是"养生长寿谷"。

天门山最高峰海拔630米,名"神农寨",绝壁之上保存着方圆50亩的原始森林,自古以来丝毫未损,属世间罕有。林中有古树、奇树百余种。攀及山顶遥望,山岚游弋,广西第一大佛药皇神农生辉;俯视山间150多亩的竹林,翠竹林海中透着古朴和神秘。

宝鼎山瀑布:桂林山水甲天下,宝鼎瀑布为一奇。宝鼎山位于资源县青贝乡,瀑布水流从山顶飞流直下,经过九级山阶,奔波1000多米,简直就是一幅漫长的画卷。宝鼎瀑布的瀑床由花岗岩构成,在700米的距离内弯弯曲曲地分作九级,奔腾而下的激流撞击在厚实的崖壁上,发出轰然巨响,然后挟裹着泛着泡沫的浪花直入宝鼎湖,气势磅礴壮观。尤其是春夏季水量充沛时,长长的瀑布自上而下一级比一级壮观。站在瀑布边,欣赏壮丽的美景,感受飞溅瀑水送来的清凉,无疑是一种天赐的享受。

资江漂流游: 资江发源于兴安与资源交界的华南第一高峰猫儿山,自南向北流过境内,经湘西武陵山区入洞庭湖,是资源最大的一条河流。县境内资江两岸植物保护完好,江水流量、流速相对稳定,像一条玉带穿梭于青山峻岭之间。资江除具有原始、古朴、幽野的特色外,更富有灵动、秀丽之美。1990年在县城以北22公里的河段,开发了乘机动木船、橡皮舟、竹筏观景漂流,名为资江漂流。漂流段要经过40滩、31道弯,沿江两岸有风帆破火炬、神象饮水、浪田瑶寨等60多处美景。漂流有惊无险,在激流中乘风破浪,在颠簸沉浮中览胜观景,激越与惬意同在,浪漫中饱览两岸风景,其乐无穷。

五排河漂流: 勇敢者到了资源,五排河漂流是一项最佳的选择。因为这里的漂流比资江漂流更刺激,更能体验"到中流击水,浪遏飞舟"的豪迈和乐趣。

五排河亦发源于猫儿山,被誉为桂林"虎跳峡""黄河壶口"。其最具探险价值的河段是自县城南部的车田乡政府所在地车田至河口乡政府所在地河口,全长30余公里,落差200米。这一河段峡深谷幽,滩险流急,山高林密,两岸风光特美,民俗风情浓郁,以"水险、石奇、林幽、瀑美"而著称。但河流内没有暗流漩涡,也没有大块的礁石,每一段水路的落差也在2米以内,可以说是既刺激又安全,是天然的漂流胜地。在这里既可以驾驶橡皮舟一头扎进碧绿的水流之中,享受在水中穿梭的乐趣,又能欣赏两岸的美景,其激越与惬意要比资江漂流更胜一筹。

资源的山,丹霞奇峰飞异彩,峡谷奇石神意浓;资源的水,宝鼎瀑布占鳌头,资江漂流观奇景,五排河浪里飞舟更上一层楼。资源的山,资源的水,资源的绿,资源的民族风情,昔日送红军主力走向"通道",今日则被开发为桂北的旅游胜地。

龙胜,梯田折桂

龙胜即现今的龙胜各族自治县,东南与兴安接壤,东北与资源毗邻,西部是三江侗族自治县,北去则是当年召开非常会议,揭开红军长征新一页的湘西南通道,即现今的通道侗族自治县。湘江战役后,红三军团作为左翼曾从龙胜东南部向西北部挺进,穿过了县境大半部。

在县东的三门红瑶寨附近有一处红军岩,这块巨岩在山的半腰部伸出,状似龙舌,故名"龙舌岩"。当年红三军团某团首长曾在此岩下会见当地参加桂林瑶民起义的瑶老,并在崖壁上书写了鼓励瑶民坚持斗争的"继续斗争,再寻光明"标语。事后,瑶民照笔迹雕刻,迄今清晰可见。为纪念这次会见,瑶民将龙舌岩易名为"红军岩"。

龙胜南距桂林市区百余公里,不但有奇特的崇山峻岭,茂密的森林,清秀的江河溪流,而且聚居着壮、瑶、侗、苗等少数民族,当然也有汉民。这些少数民族,以各自独特的文化传统和风俗习惯,形成了丰富多彩、乐趣无穷的民族风情。龙胜现今是桂林北半部与兴安、三江齐名的旅游胜地。龙脊梯田堪称"世界梯田之冠",矮岭温泉被誉为"天下第一泉",岩门漂流号称"八桂第一漂",此外还有花坪、玉龙滩、多姿多彩的少数民族村寨,可以说是近似完美的人文与自然相得益彰的胜景带。

龙脊梯田:在县城东南部的平乡境内,龙脊山高耸绵亘,蜿蜒曲折,像一条蛟龙的脊背一样。而梯田就位于山上海拔300~1100米之间,层层向上盘旋,面积最精华的部分有20平方公里,总面积达60平方公里。这就是我国三大梯田之最的龙脊梯田,而另两座则是江西的上堡梯田和云南的元阳梯田。

龙脊梯田始建于元代,集壮丽与秀美于一体,堪称天下一绝。梯田如练似带,层层叠叠,高低错落。它的线条行云流水,潇洒舒畅;它的规模磅礴壮观,气势恢宏。这里四季风光不同,春天水满田畴,如串串银链山间挂;夏天佳禾吐翠,似排排绿浪从天泻;金秋稻穗沉甸,像座座金塔顶玉宇;隆冬雪兆丰年,若环环白玉砌云端。当然,最美的是稻谷飘香的金秋时节,这时从远处观望,层层梯田金光闪闪,似一圈圈鳞片,把迤逦横卧的龙脊山装扮成了一条活灵活现的巨龙。这种景象是人间奇迹,世所罕见,无怪乎人们称赞其为"梯田世界之冠"。

龙脊梯田最为精彩的是平安壮族梯田。这里的梯田如链似带,从山脚到山顶,小山如螺,大山似塔,有九龙五虎和七星伴月两处梯田奇观。九龙是指顺着梯田走向可以看到九条山岭的脊梁,像九条长龙从天空俯下身到金江河饮水。在它的身边,有五座小山包像五只老虎一样蹲在那里,守护着一方水土。七星是指当初开田时留下的七个小山包,像七颗闪亮的星星,陪伴着那块银光闪亮的梯田,远远望去像七颗星星陪伴着一轮圆月。

龙脊古寨:龙脊梯田区域内分布着十三个村寨,其中著名的古村寨是金竹壮寨、龙脊古壮寨和黄洛瑶寨。

金竹壮寨居十三寨之首,1992年被联合国教科文组织誉为壮寨楷模。传说在壮族先民定居之前,这里是一片竹林,乃是石龙之身,后壮族世代定居在这片风水宝地后,取名"金竹"壮寨。此寨建于清末,世为壮族聚居,长期封闭,是典型的壮寨。村寨里为原汁原味的古干栏建筑,虽经多年沧桑,"麻栏"木楼依然错落挺立。村寨内鸟语花香,四周为梯田和生态林,环境幽雅,石板台阶路通达村寨的里里外外。

龙脊古壮寨也是一个历史悠久的壮族聚居区。古寨自然风光优美，因坐落于海拔600余米之地，寨楼终日被水光映照，云影拂弄，犹如天宫仙境，与千亩梯田合为奇景。除优美靓丽的自然风光外，古寨还有着深厚的历史文化气息。这里的建筑相当古朴，有几处甚至有几百年的历史，且保护得相当完好。步行在原始古朴的石板路上，能欣赏到三鱼共首石桥、龙泉亭、康熙兵营遗址、乾隆潘天红廉政碑、太平清缸、石碾以及古石寨门等名胜古迹。

黄洛瑶寨因女人们的长发而驰名。这是一个红瑶村落，富有瑶族建筑风格的半边木楼依山傍水，错落有致，但最为引人注目的是女人的盘头长发。据说，黄洛瑶寨的女孩10岁时开始留发，18至20岁剪一次，此后便一直蓄下去。平时将头发盘在头顶，挽一个结，未婚女子用黑布包裹，已婚妇女们兜上一块蜡染的蓝布，也有什么也不缠的。全村现头发长1米以上的有60多名，最长的1.7米。她们常常是结伴到河边洗发，看自己的长发在清清的河水中游动，相互间在嬉戏着便将长发洗净了，那情那景浪漫得很。红瑶是因为妇女们喜穿红色绣衣而得名，而黄洛瑶寨又以女人们长发盘头像乌龙缠绕，不仅独享"天下第一长发"美誉，而且还被列入了上海大世界基尼斯"集体长发之最"。

岩门峡谷：龙胜山水景观神奇，自县城向东北方向而去，行程30余公里就进入越城岭的南端。这里分布着小黄山、棋盘山、鑫字山、五剑山、猴山等10余座大小山峰，郁郁葱葱的众山群峰间有一条大峡谷，即龙胜著名的"岩门峡谷"。峡谷的深处是国家森林公园，下端有矮岭温泉和珠江源头之一的桑江（浔江）奔流峡谷内，所以这里又有岩门漂流供游客享受。

森林公园面积10余平方公里，地带性植被是亚热带常绿阔叶林，林深叶茂，古木浓荫，青山幽幽，白云缭绕，溪水潺潺，有"天然氧吧"之称。

在茫茫的林海中,除亚热带一般树种外,还生长着银杏、长柄山毛榉、蓖子三尖杉等多种珍稀树种,并栖息着黑熊、猕猴、鹿、麝、灵猫、飞虎和两栖类大鲵等。峡谷内怪石嶙峋,有白面奇石、飞云洞、龙音潭瀑布、岩门索桥等奇观,与林海相映成趣。其中的岩门索桥高118米,长120米,凌越在岩门峡谷上空,号称"亚洲第一高吊桥",走在上面惊心动魄。

矮岭温泉位于岩门峡谷下端,因这里的小黄山比较低矮,所以取名"矮岭温泉"。走进峡谷从路边溯山溪而上,峰回路转,便能看到温泉宾馆廊檐下"天下第一泉"五个显赫大字。这里的温泉水来自原始森林地下1200米深处的岩层,共有16个泉口,从古藤间、老树下,缓缓溢出,或在石壁中、高崖上涌出泻下,一尘不染,热气腾腾。泉水温度常年保持在45℃~58℃之间,水体中含有锂、锶、铁、锌等10多种对人体有益的微量元素,不但可以泡澡治病,而且可以饮用,是天然的饮用矿泉,华南地区著名的两用温泉。

峡谷中奔流的桑江是珠江的源头之一,自矮岭温泉至白面瑶寨是适宜漂流的7公里河段,被称为"岩门漂流"。自温泉宾馆处乘橡皮舟顺流而下,两岸悬崖峭壁对峙,河谷深而狭窄,河床落差达78米,整个河段有4大险滩、18急滩,橡皮舟不需动力即可随波逐流。驾舟飞流直下,穿过如雷的惊涛骇浪,漂越幽深的烟笼雾锁,经历撼魂的跌宕起伏,既新奇又刺激。整个漂流过程有惊无险,却乐趣无穷,故而被人们称为"八桂第一漂"。

南花北石:在龙胜西南有一旅游景区名"花坪",因四季总有花开而得名;而在西北部的一个景区则因奇丽怪石著称,但名称似乎与石无关,被取名为"玉龙滩"。其实,花坪是一处地带性中亚热带常绿阔叶森林,玉龙滩是一处天造地设的奇石长廊,均有名不符实之嫌。

花坪距县城65公里,面积160余平方公里,森林覆盖率96%。这是我国面积最大、保护较好的亚热带阔叶林区，也是国家级自然保护区。这里终年常绿，四季花开，因而名花坪。保护区内有被称为"活化石"的银杉、浩瀚苍翠的原始森林、秀丽壮观的溪泉瀑布、雄奇险峻的峰峦幽谷、绚丽多彩的奇花异草、种类繁多的野生动物。整个保护区内有红毛河、粗江、红滩、广福四个游览区，各景区的区位特色鲜明。走进花坪，不仅可以观光览胜、度假娱乐，而且可以科研考察、寻幽探奇。

玉龙滩地处龙胜与湘西南通道的交界，是龙胜山水风光的精华部分。河滩两岸悬崖夹峙，集"神、奇、幽、险"于一身，构成了一道奇丽怪石长廊风景线，被誉为"动物世界"。两岸的崖壁布满波纹、木纹、年轮纹等美丽的天然图案，沿河的磐石上有被河水冲刷而成的似龙、似鱼、似禽、似兽等天成塑像，神态逼真，形态各异，虽拙朴雅致，但却富有灵气。这里还有千姿百态的古生物化石，与奇石长廊联袂显示着大自然的奥秘。此外，这里还可以漂流，驾着橡皮舟行进在波峰浪谷间，欣赏河畔奇丽怪石，则尤感奇幻无穷。

龙胜以龙脊梯田誉满全球，以山水景观神奇、原始森林生态美而著称。当年红军长征是这里的过客，而如今游客到这里览胜探奇，饱享眼福，却流连忘返！

苗侗宝地黔东南

黔东南,即现今的黔东南苗族侗族自治州,是贵州省的一块边地,与桂北、湘西南毗邻。区域内有近乎东南至西北向的九万大山(主体部分在桂北)与东西走向的苗岭山脉交会,高峰林立,大山相连,纵横交错,森林茂密,并且有清水江、潕水河、都柳江等河流环绕,在古代是一块远离中原主流文化的遐荒。而苗族、侗族的先民们却为了逃避中原封建统治者的压迫和战乱,很早以前就来到这里,使黔东南成了他们的主要聚居地,千百年来在这块宝地上形成了特色鲜明的、以苗侗文化为主流的民族文化。

1934年12月中旬,红一方面军长征途中,采纳毛泽东的意见,实施"通道转兵",从湘西南通道分左右两路西进,来到了黔东南黎平地域,并于12月18日召开了中共中央黎平会议,做出决议要到川、黔边建立新的根据地。之后,便攻剑河,夺镇远,取施秉,渡乌江,铁流滚滚,红旗漫卷,直奔黔北遵义。因此,黔东南的大半部是红军长征途经地,区域内有特色鲜明的胜景值得记述。

神奇的大山

黔东南是云贵高原的东南边缘，由于走向不同的两条山脉在这一地带相交，地质地貌复杂，从而构成了自然景观大山神奇、人文景观苗侗鲜明的地带。其中神奇而又神秘的大山有月亮山、雷公山、云台山等。

月亮山：属九万大山山系的月亮山，位于黔桂边界以北的三都、荔波、榕江、从江四县之间，山体大，山峰多，在榕江县计划乡和水尾乡境内的主峰海拔1493米，其他诸峰也在1400米左右。因主峰高，传说伸手能摸到月亮，故而此山取名"月亮山"。

月亮山总面积62平方公里，有"九千里"之称。峰峦叠连，山体破碎，切割深长，谷深壁陡，森林茂密，加上当地流传着的山神、老变婆、山民被女野人强掠等离奇传说，使月亮山蒙上了一层神秘的色彩。传说中贴近历史的是三国时期诸葛亮七擒孟获到过月亮山，因此月亮山主峰东南有一山峰叫孔明山，山上尚存孔明寨、孔明街、孔明泉等遗址。山下的古州城内还保留有诸葛塔、诸葛台等古迹。

月亮山在清代雍正之前，是谁也不管、也管不了的"化外"之地，直到雍正七年（1729年）才划归古州。大山中聚居着被统治者镇压和驱赶而来的苗民，以及少量的水族、侗族、土家族、瑶族等居民。红军长征时左路纵队红七军团从月亮山走过，因山路艰险，有一匹驮着装有银元箱子的战马滚落山下，死在了这里。由此可见月亮山的奇险。

月亮山山雄水媚。从山区流过的都柳江是黔东南海拔最低的河流，从西部的三都县入境至东南部的从江县出境，全长180公里，河床的海拔高度由303米下降至130米。两岸悬崖峭壁，峡谷窄而幽深，仅在榕江县境内有一段长约20公里、宽约千米的榕江盆地。这是一块在断陷基础上发育形成的南北向盆地,受益于都柳江,使这里成了黔东南不可多得的低海拔鱼米之乡。

月亮山山水相依,因河流众多,纵横奔流,秋冬晴朗天气时,从河里蒸发出的雾气,就会形成一道罕见的奇观。雾带随河流的弯曲和山形的蜿蜒而千变万化,如少女的纤纤细手将一道道青山挽住、托起,使平日里雄浑无比的山体变得温柔而修长。雾带将高山拦成两截,因此,有的山寨沉在雾带下面,而有的则浮在雾的上边,使这些村寨变得如梦如幻,鸡犬之声则仿佛来自天国或仙界,似有似无,时远时近,缥缈空忽,让人产生一种不知是在凡间还是在天上的感觉。

月亮山的又一奇观是这里的腰带田。古代逃亡在月亮山里的苗民,因山高坡陡,为适应自然环境,居住十分分散。世代繁衍生息,为生活起见,他们便在山壁上开山造田,开辟了一圈圈围着山转的腰带田,美丽而壮观。不论哪一个季节,站在高处望去,这些腰带田都如同是山民为月亮山绣出的锦裳。

月亮山大部分的地带峰高谷深,森林茂密,保存着大面积的原始森林和次生常绿落叶阔叶混交林。区内有小红栲、木菏、青冈、红豆、水青冈、白樟树、榉木、鹅掌楸、红花木莲、钟萼木、银鹊树、木瓜红等珍贵和保护树种,还有成片的泡竹林和丰富的藤草。另有各种药材植物560多种,是一座天然的药库。许多珍贵的动物经常出没在深山野林中,有成群的猕猴和稀有的黑熊、野牛、苏门羚、狗熊以及体重达二三公斤的飞鼠等,有大鲵、穿山甲、大树蛇、虎纹蛇等,禽类有锦鸡、白鹇鸡、猴面鸟等。爬行类动物初查有24种,其中丽脊树蜥是国内首次发现,横纹斜鲜蛇和三角铁头蛇是省内第一次发现。

雷公山:位于东西走向的苗岭山脉东端的雷公山,海拔2178.8米,为黔东南最高峰,屹立独尊于榕江、剑河、雷山、台江四县的结合部,是清水江与都柳江的分水岭,苗族心目中的圣山。

雷公山史称"牛皮大箐",周围的山峰在海拔 1800 米以上,群峰相连,绵亘二三百里。相传,古时雷公山与雷公坪两座山都与天齐高,雷公经常脚踏两山呼风唤雨,后来雷公坪出了个"蛤蟆精",要与雷公一比高下,激怒了雷公,雷公一板斧砍下去,雷公坪被砍下去了半截,就只剩下雷公山为最高峰了。雷公山之名来源于雷公的传说,而地方志则载:"山有连天之高,是雷电之源,故名雷公山。"

雷公山是一座神奇的山,是长江水系与珠江水系的一处分水岭。山顶有一口井,终年不盈不涸,水往两个方向流,甚为神奇。相传,清代时苗族起义军将领张秀眉被围困山中,粮尽水绝,兵困马乏。张秀眉巡山观察地形,在山顶上战马长啸,前蹄落地,踏出了一口井,有了饮水,义军士气大振,杀退了清军。高山一口井,泉水两边分,一边的流水汇入了属长江水系的清水江,一边的流水汇入了属珠江水系的都柳江,这口水井便成了两条河流的共同源头之一。现在,雷公山人民充分利用这里的水资源,在半山腰开发了矿泉水,在山脚响水岩三叠瀑布下建设了 640 千瓦的水电站。

雷公山是一座绿色的山,1982 年经贵州省人民政府批准建立了雷公山自然保护区,2001 年经国务院批准升格为国家自然保护区,被联合国专家称为当今人类保护最好的一块"世外桃源"。保护区横跨雷山、台江、榕江、剑河四县,总面积 470 余平方公里。经科学考察表明,雷公山自然保护区是我国亚热带森林资源最丰富的地区之一,是许多古生物的"避难所",是我国中亚热带的一个极为珍贵的物种基因库,记录的各类生物近 2000 种,列为国家保护的珍稀濒危植物有 20 种之多。这里是第三纪古热带植物区孑遗树种"万木之王"、国家一级保护树种秃杉保存最完整、面积最大、数量最多、原生性最强的地方,有 5000 余株,为全球三大秃杉群之一。

雷公山是苗族的一座英雄山。这里地形复杂,地势险要,有连绵群山作屏障,有原始莽林作掩护,因此形成了历史上兵家必争之地,是兵戎相见的地方。清雍正十三年(1735年),黔东南地区苗族人民不堪清廷暴政和盘剥,古州(今榕江)两位苗家汉子色利和红银率众起义,各族民众纷纷响应,清廷大为震惊,调集七省兵力围剿,并火烧雷公山。咸丰五年(1855年),苗族英雄张秀眉率领同胞再次揭竿而起,在雷公山区与清廷抗争了18年。由于雷公山区历史上多有战争,所以留下了多处古战场遗址。主峰北侧的雷公坪,至今尚有两次苗族起义的营垒和点将台等遗迹,并保存着大刀、长矛、铁炮等历史文物。其中点将台处有一块青石碑,碑面阴刻碑文的文字,至今无人可识,当地流传有诸葛孔明碑和秀眉碑两种说法。现残碑收藏在雷山县文物所,存字共28个,成为神秘的雷公山"天书"。

雷公山是一座苗族露天博物馆。在雷公山腹地有黔东南苗族人口最集中的大寨,也是国内最大的苗寨,保留着苗族文化的"原生态"。大寨位于雷山县东北部,背依雷公坪,前临白水河,山环水绕,绿树成荫,怡然清幽,取名"西江",又因全寨有1200户人家,在6000多人口中苗族占99.2%,故素有"千户苗寨"之称。西江千户苗寨历史悠久,据说蚩尤部落在中原被黄帝打败后,长途迁徙到这里的是蚩尤第三个儿子的后裔。千户苗寨由平寨、东引、也通、羊排、副提、南贵等12个自然寨组成,世居有侯、李、宋、杨、蒋、陈、唐、龙、毛、王、陆、梁等姓,语言为苗语中部方言北部次方言。房屋建筑以歇山式山字形木质干栏式房型为主,有平房、楼房及傍山依势而建的半边多层吊脚楼。全寨民居依山次第升高,别具特色,被专家誉为山区建设的一枝奇葩。吊脚楼最大的三层八柱五间,一般为三间五柱,在正房左侧或右侧搭一厢阁。迷人的吊脚楼鳞次栉比,从两条山岭一层一叠涌上山顶,远远望去仿佛一对健壮的牛角,再看,成群的建筑又像是牛角上的浮雕。一层一层的梯田由村寨两旁展开,同样是向山顶延伸,与村寨屋舍建筑交相辉映,构成了一幅如诗一般的雷公山苗寨画卷。由于这里在历史上长期封闭,接受外来文化较少,封建统治者欲"同化"也鞭长莫及,因此,苗族文化仍保持着古时"原生态"的状况,被专家学者们称为"民族露天博物馆",1982年被贵州省人民政府列入了乙类农村旅游开发区,1987年升格为民族旅游点。

雷公山"离天三尺三",主峰顶端现建有调频电视转播台和观景台。电视转播台的天线铁塔高61米,在高高的山顶上登峰造极,阳光下熠熠生辉。站在电视转播台近处的观景台上极目眺望,"它山青点点,远水白凄凄";环顾近景,那些千米以上的山峰被流云托起,犹似大海中的岛屿,时隐时现,变幻莫测。有时,站在观景台上还可以观赏到无比壮观、汹涌奔腾的云瀑。但如今,更多的当地苗民和游人,是热衷于到雷公山最高峰上观赏东方日出。清晨,站在观景亭眺望东方,由近及远,山连着山,迤逦绵绵,直至地平线,浩瀚如东海波涛。一线晨曦先是由浅黄变为橘红,继而天空中的云朵赤紫变幻,满天彩霞与地平线的茫茫雾气连为一体,云霞雾霭相映,岚光宝气交辉。接着,日出的时刻来到了,但见浮光耀金的地平线上,硕大的日轮掀开云幕,撩开霞帐,披着五彩霓裳,宛若飘荡着的宫灯,冉冉自天际升起。顷刻间,金光四射,眼前群峰尽染,雷公山迎着朝阳更显壮美绝伦。

雷公山的壮美是黔东南苗族人民的骄傲,不仅有苗族诗人写诗称赞,而且还有这样一首流传着的童谣:"上有骷髅山,下有八宝山,离天三尺三,人过要低头,马过要下鞍。"据说,毛泽东长征过境时,望着雷公山感慨万千,受这首童谣的感染,写下了《十六字令·三首》:

山,快马加鞭未下鞍。
惊回首,离天三尺三。

山,倒海翻江卷巨澜。

奔腾急,万马战犹酣。

山,刺破青天锷未残。

天欲堕,赖以拄其间。

云台山:地处苗疆,却是一座被佛、道二教崇尚的圣山。云台山南距施秉县城13公里,地连石阡、余庆、镇远等县,方圆200余公里,山连着山,云吞雾锁,苍苍茫茫,高峰插天,危岩嵯峨,蛮荒神秘,因"万山深处云结台,崔巍鼎立真奇哉"的诗句而得名。但其最精彩的部分不是最高峰,而是海拔只有964米的徐公殿所在地。

从南麓进云台山,峡谷的壑口处雄关高耸,关隘门洞眉上刻有"云台山"三个大字,行草书法,既飘逸潇洒,又刚劲有力。这是文化部原部长朱穆之游云台山时留下的墨宝。过云台关之后,前往云台山山门,通往徐公殿所在地有两条路,一条向右,一条向左,但通常香客和游人所选择的是向右的这条路。从这里前往云台山山门,要先到靠近云台山原始森林的樱桃湾。这里是一片樱桃林,空气清新,花满枝时灿若云霞,樱桃未成熟时灿若露珠,果实成熟时则灿若红宝石挂满枝头。当地人说:"要进云台山,先进樱桃湾,饮上三口气,赛过吃仙丹。"从樱桃湾向上,是排云关。此地高峻坡陡,涧深水涌,湿度较大,晴天的早晨雾海盈天,滚滚涌来,又滔滔而去。站在排云关眺望,一座恍若笔架的山峰横在面前,虽近在咫尺,但因其陡峭而不可登临。过排云关之后,就进入了云台山最精彩的区域,野牛洞、盘藤道、印斗阁、凉风洞、怪树、老虎脊、姥塔(佛家弟子葬身地)等,奇观异景一处接一处。但到头道云灵观之后,必须下行到茶店河,而后再上行才能到达云台山的山门。

茶店河源于云台山的原始森林,为杉木河的主要支流。河水因出自喀斯特地貌区,又经过林区,所以清澈无比。河上有一座小桥,桥身披着绿苔,杂树从石缝中斜出,显示着它的深邃和沧桑。此桥有无量桥、皮家桥、渡云桥多个名字,桥身长30多米,宽6米,跨度12.5米,拱顶高9.2米,从这边的山壁与对面伸出来的山嘴相接,是深山老林里的桥梁建筑奇景。桥头立有三方石碑刻,其一已经残缺,但立碑日期"皇明天启丁卯仲冬"却清晰可辨;其二、其三分别立于乾隆十五年(1750年)和嘉庆二十年(1815年),碑刻记述的都是该桥的修建和补修沿革。站在桥上,脚下流水淙淙,南眺群峰如屏,山峦叠翠,峡谷石壁千姿百态;北望云台孤峰壁立千仞,雄奇壮观,有望而却步之感。过桥后沿桥头那条山嘴而上,攀登石阶189级,便是一座名为周公殿的道观。该殿初系明代白云观道人徐贞元为悼念与他一起开辟云台山的道友周惠登所建,后多次被毁又重建。最后一次重建修复是1986年,当时经施秉县政府批准,将县城城隍殿迁至周公殿遗址,组建了现今的道观周公殿。大殿为明次三间悬山式,基址为原石砌须弥座,殿堂面阔13米,顶高8.48米,檐高6.48米,进深8.7米,殿左侧配建罗廒一间,殿前左右各置厢房一栋。在周公殿仰望云台山顶的徐公殿,直线距离不过千米,但因山路是悬在绝壁中,上下刀砍斧削,弯弯曲曲,尽管是由石块水泥铺筑,路面平整光洁,宽在1米以上,但走在石路上也得小心翼翼。

从弯弯曲曲的山路迂回而上,过神龙坳就到达了云台山的山门。这里亦称卡门,在临近峰顶的北面,三面皆无从攀登,有一夫当关万夫莫开之势。通过山门,便进入山顶徐公殿的范围。这里地处云台山中心,是一座巍峨独立的圆柱状山体,四面悬崖绝壁,垂直落差334米。其周围腰部,常年山岚滚滚,故而被视为云台山风水集中的地方,曾修建有玉皇殿

（亦称徐公殿）、关帝殿、祖师殿、大佛殿、九间房等佛、道二教大殿，以及中楼花厅、斋房、厢房等建筑。建筑群整体坐北朝南，依山就势，逐级台阶相连，自成轴线。可惜，这一组宏伟壮观的古建群多次被毁，20世纪60年代"文革"期间悉数被破坏。1987年为开辟云台山景区，经施秉县政府批准，将重建于清光绪十年（1884年）的平宁寺搬迁至此。重新组建的徐公殿，虽然没有当年那么恢宏，但却同样古朴典雅，布局严谨，宽敞宏伟。殿后及左右两侧古柏翠郁，环境优美，梵韵犹存，延续了云台山的香火。

迷人的侗寨

黔东南山高林密，云雾缭绕迷人，雷公山高"离天三尺三"，腹地坐落着西江千户苗寨迷人，在山地里的众多侗寨也因古建筑民族特色突出、文化底蕴浓郁而迷人。这里有以鼓楼著称的增冲侗寨，有天下第一侗寨——三宝侗寨，还有侗乡七十二寨侗寨，等等。

增冲鼓楼： 增冲为汉语地名，原称"正通"，有"通扫地方富足之地"的含意。增冲侗寨位于从江县西北部，距县城20公里，是一个只有240户、1200余人的古老村落。村寨四面青山环抱，一条小溪三面绕着寨子缓缓流过，是一个美丽的半岛。寨中栋栋吊脚楼依山傍水，山中有水，山中有山，山水与侗寨交融，似一幅恬静的田园风光画。这里的先民明隆庆年间从黎平迁徙而来，至今已有440余年。整体看来，增冲与别的侗寨没有太大的区别，但寨内的鼓楼是国宝，是国家级文物保护单位，增冲侗寨也因此而名扬海内外。

鼓楼是侗族的标志，也是侗族的族徽和旗帜，它还发挥着侗族社区特殊的民俗功能和不可替代的社会功能，如集众议事、击鼓报信、交谊歌舞、迎宾送客、宣讲款词款约、宣传和执行乡规民约等。

增冲鼓楼始建于清康熙十一年(1672年),是现在的第二古老鼓楼(第一为湖南通道马田建于清顺治年间的鼓楼),坐落于寨中,气势恢弘,与寨边的三座风雨桥及田园连成一个整体,交相辉映,相得益彰。楼前是一条被行人踩磨得光亮的石板路,昭示着鼓楼及村寨的历史悠长久远。鼓楼下方有一个石块砌岸的长方形水塘,既起着防备火患的作用,又可看到鼓楼的倒影清晰地映在水中,更显出这座鼓楼的巍峨古朴风采。

增冲鼓楼宝塔形,为杉木结构,高26米,重檐13层,层层飞檐翘角,并都绘有彩色的花鸟图案。上部为瓦顶重檐,双层楼冠,葫芦宝顶。楼底宽10米,占地面积160平方米。中间4根大柱直通宝顶,每层外立8根柱子,使鼓楼呈放状的八角形;柱高3.5米,层层向上,每层又用8根短瓜柱依次叠竖收刹,紧密衔接,至第11层。11层之上,再立两层八角伞宝顶塔楼冠,构成鼓楼的顶部。宝塔高耸,直卓云天。楼内有4层走廊,沿木楼梯盘旋而上,直至顶层。楼阁正中置一面长3米、直径0.5米的牛皮鼓,也叫"信鼓"。鼓楼各层的分水瓦脊,采用猕猴桃藤浆与石灰拌和为黏合剂叠瓦而成,不仅光洁耀眼,而且光泽经久不褪。檐则雕龙画凤,塑有鱼龙花卉、飞禽走兽及人物,栩栩如生,呼之欲出。鼓楼大门两侧有一副对联:"鼓楼标志世间一法;侗寨仪风天下同流。"柱间还有五副长联。

增冲鼓楼因其历史悠久、造型独特、气势雄伟、工艺精良、美轮美奂而被视为侗族建筑艺术的明珠和奇葩,是侗族人民智慧的结晶和侗族文化的杰出代表。整座建筑不用一钉一铆,全靠木榫穿插连接,精密吻合。而且一层与一层之间高差不同,几千个榫头,上万根穿枋,无数柱眼,工匠不画图样,不塑模型,也没有文字记录,全靠一个墨斗,一把尺子和惊人的思维及记忆力,不能不令人称奇称绝。国家邮电部1997年发行的一套《侗族建筑》邮票,其中一枚就是增冲鼓楼。

三宝侗寨: 在黔东南的崇山峻岭中,有一块贵州省少见的万亩大坝——车江大坝,被称为"天下第一侗寨"的三宝侗寨就坐落在这里。三宝侗寨位于榕江县城北面车江乡,分上、中、下三宝,由14个行政村组成,共有2467户、1.7万余人,侗族人口占总人数的94%,是全国侗族人口居住最密集的地方和侗语标准语音所在地,同时也是20世纪50年代拍摄《秦娘美》电影的外境地和爱情悲剧故事《珠郎娘美》的原生地。

关于三宝侗寨的名称有一个神话传说,梗概是很早以前有三条青龙,每条龙有一个圆形宝物,后来三条龙离去,分别留下宝物于河中,一个在口寨称为上宝,一个在寨头称为中宝,一个在车寨称为下宝。河流有三宝相镇,保护着一方水土,也保护着侗寨平安。另据《车江乡志》记载:"车江寨河中有灵石大如谷桶者,形如椭圆,罗列其间,历来洪水泛涨,不惟推之不去,且有上下易之动态,故先辈爱之如宝,命名'三宝'。"三个连片的侗寨,也因此而得名为上宝、中宝、下宝。

三宝侗寨的魅力,在于它丰厚的侗族文化底蕴、淳朴的民风民情和绚丽的自然风光。下宝车寨有古代建筑鼓楼,中宝寨头有一现代建的"三宝鼓楼"和古建筑萨玛祠,而在车江河沿岸却有着绿色奇观古榕树林和林中的花街。

车寨是下宝,距榕江县城最近,仅一河之隔。这里有一座奇特的鼓楼,也是20世纪90年代以前车江坝区侗寨唯一的古建筑。此鼓楼的前身是典型的侗寨鼓楼,建于清嘉庆年间,毁于咸丰、同治乱世,光绪十七年(1891年)在原基础上重建。重建后的鼓楼坐北朝南,高17米,比增冲鼓楼矮9米,底层正方形,4根金柱,二、三层8根外檐,三重檐四角攒尖五级葫芦宝顶。第一层的左右和后面都是板壁,正门是敞开的,下面是砖墙围起来的院落。这样,高出地面1米的台基就成了戏台,院子是看戏的地方和村民聚集议事及开展其他社会活动的场所。它与其他地方的侗族鼓楼一样有着同样的社会功能和文化功能,但从外形看又不完全像侗族鼓楼模式,而是相似于中原汉族地区的阁楼,显然这是侗、汉文化在这里相互兼容的一种表现。因为这里自古水路繁荣,来往这里的商贾文人很多。

寨头是中宝,是三宝侗寨的核心部位,是一个具有代表性的自然村。寨头中段建有十分气派的寨门,门楼是两重檐宫廷式木结构建筑,屋脊有双龙戏珠图案,两边分别是悬山式木结构长廊,外侧是白砖墙,延至两端有侧门。寨门门楣上刻有行草烫金横书的"天下第一侗寨"六个大字,下方有三方精美图案雕刻。门的两侧刻有长联:"万担田畴称三宝侗寨秦为荆楚汉属武陵郡清列古州;晨得渡头午响榕荫暮联琵琶百世乡音本是娘美故乡。"寨门内有通往鼓楼的花桥长廊,与高大雄伟的鼓楼相连。寨头原本也有鼓楼,可惜已不复存在。现今的这座鼓楼建于2001年,取名"三宝鼓楼",高38.6米,共21层,建筑面积1050平方米,高度比增冲鼓楼高出12.6米,比前述车寨鼓楼高出21.6米,集侗族发展史与侗族文化于一身,现已以楼层最多入编上海大世界基尼斯纪录大全。

在三宝鼓楼附近的古建筑就是著名的萨玛祠(有的地方称圣母祠),这是侗族民众祭祀女性祖先、女英雄杏妮的场所,而且只有妇女才能参加这种活动。据说,杏妮是一位率众起义、反抗官府盘剥和压迫的首领,起义失败毅然跳下山崖,壮烈殉难,而后化成了侗乡的保护神,受到高度崇拜,世代享祭。寨头的这座萨玛祠是三宝侗寨9座中最大的一座,也是黔东南规模最大、最具代表性的一座祭祀庙。每月初一、十五都有人来献祭、上香、礼拜。祠内设一个祭坛,是由鹅卵石堆砌,高1米,圆台基直径3米左右,台中央放一口新的大铁锅,锅内放着三双草鞋,一把蒲扇及杯盘碗盏、银器首饰等物。祭坛中央插着一把半开的雨伞,以这些生活用品来代表女首领杏妮。

从萨玛祠门前再往河边走,不过几十米就是古老的榕树林。大榕树是一种热带常绿乔木,树干多分支,有气根,树冠大,叶互生,在热带由于

"次生根"的缘故能独木成林,能在属于中亚热带的地域生长原本就是奇迹,能在这里组成大片的古榕树林就是奇中之奇了。据说,这里车江岸边的榕树是清乾隆年间栽植的,原有几百棵,现在保存下来的这些已有近300年树龄,高度都在30米左右,树围都在3米以上,有的树心已空,表面青筋突起,给人以饱经沧桑之感。但它们却生机勃勃,爆炸式树冠形如绿色巨伞,荫庇江心,一株连一株,手挽着手,肩并着肩,抵御着数百年来的风雨,保护着车江河一方平安。这些老榕树的根深深地扎入泥土,扎在悬岸上,盘根错节,交织如网,紧箍江堤,坚不可摧,数百年河浪淘沙,它却岿然不动,其生命力令人赞叹。

在榕树下有一条鹅卵石铺成的花街,长500米,镶有十二生肖图案,各种动物栩栩如生,惟妙惟肖,给古榕树增添了几分观赏性和生活情趣。在花街的中段一个较宽阔的坪子旁边,有一座一男一女组成的塑像,男的在弹琵琶,女的依偎在男儿身旁。他们以歌传情,沉浸在甜蜜的爱情之中。这是侗族民间流传很广的反对封建婚姻、争取婚姻自由的爱情悲剧故事《珠郎娘美》里的主人翁。故事凄美而悲壮,被比喻为侗乡的"罗密欧与朱丽叶",20世纪50年代该传说被拍成电影《秦娘美》,颇受侗乡人民的喜爱。

在古榕树林花街还有一奇观异景,雷同于桂东北兴安灵渠公园的"古树吞碑"。这里有一块立着的石碑,深深地裹进了一棵古榕树的躯干里,人称"古榕抱碑"。碑文已经大都被裹进了树身,只有少数文字露在外面。原来这是一块记述修车江码头渡口的功德碑立于树旁,后因榕树不断长大,便将石碑揽在了怀抱中,足见石碑和榕树年代的久远。

七十二寨侗族雕房:黔东南州南部的榕江、从江等县,侗寨遍布,有七十二侗寨、宰荡侗寨、银潭侗寨等,而且各具特色。比如,宰荡侗寨四周古枫挺立,山清水秀,侗族大歌音乐美妙至极,被誉为"东方魔音",而且在房屋建筑方面保持着侗族传统的建筑特色;银潭侗寨坐落在山谷中,四周古树参天,小溪弯弯曲曲,沿着山谷潺潺流去,寨中的小溪上有40多座小桥通过各家各户,吊脚楼林立于溪流两旁,层台累榭,水田、池塘、溪流在阳光下泛起一片银光,银潭因而得名。但特色尤为鲜亮的是七十二侗寨。

七十二侗寨位于榕江县城西北部,是指以乐里镇为中心的侗乡群。这里的侗寨,保留着原汁原味侗家特有的雕房、高保坎及古老的吊脚楼房屋建筑。其中的所谓雕房即在房屋的各个构件上都雕刻着图案,或人物,或花卉,或飞禽走兽,工艺精湛,巧夺天工,极具美感,独具魅力。现今仍保存完好的、最古老的雕房,始建于1790年前后的清代乾隆年间,占地面积超过300平方米,且分为上、中、下三层,房顶青瓦覆盖,呈"人"字状,瓦檐呈六角形,每个角端都雕刻着一条龙,龙体摇身而起,张嘴舞舌,形态极为生动形象。楼房三层用途不同,第一层为吊脚楼,通常主人家的牲畜都养在这一层;第二层人居,如此既隔离了湿润的地面,室内光线又充足;第三层谷仓,光线最充足,通风极好,储存的谷物、粮食不易受潮发霉。整座楼结构布局合理,雕饰精美,巧夺天工,宽阔敞亮,功能齐全,是一座完整的木雕艺术品,特色非常鲜明。

多彩的黎平

黎平县地处湘、黔、桂交界,即现今的黎平侗族自治县,是侗族文化的主要发祥地,因而其县城被誉为"侗乡之都"。县政府所在地德凤,始建于明洪武年间,古城保留完好。县境既有"杉海粮仓油壶"的美誉,又有侗族大歌之乡、鼓楼之乡、中国名茶之乡的称号。黎平侗乡是一片神奇的土地,县境内的高屯天生桥、述洞独木鼓楼、肇兴鼓楼群、杉木阴沉木,号称

"四项世界之最"。所以侗乡黎平不仅是红一方面军长征的新起点,而且是一处多姿多彩的神奇世界,现仅重点选择、摘要述说之二三。

二郎坡 52 号:位于县城明清古建筑群内的翘街,这里是中共中央政治局在长征途中召开"黎平会议"的旧址,是清代留下来的一栋老式民宅。这座具有历史意义的古民宅,前低后高,两院共 5 间大屋,8 个天井。由石臼门进入,过第二正屋天井,是一座二龙戏珠的面塑正堂,其上走廊皆有卷板方格栏杆,窗户精雕细琢,为古代中原汉族建筑风格。现为黎平会议纪念馆,除当年召开会议的会场仍旧保持着原貌外,朱德曾居住的房间也保持着当年的原样。同时,也保存着一些红军长征中用过的生活和军事用品等。当年博古、周恩来、王稼祥、毛泽东等出席会议,经过激烈争论,在这里做出了《中央政治局关于战略方针之决议》,使红一方面军避免了覆灭的危险,从而揭开了中国革命伟大历史转折的序幕。

肇兴鼓楼群:我国现存侗族鼓楼 630 多座,而黎平境内就有 128 座。据说,始建于明崇祯九年(1636 年)的黎平述洞独柱鼓楼,为现存唯一的侗族鼓楼雏形,被确认为鼓楼之宗,被列入了吉尼斯世界纪录之最。而县城东南部 72 公里的肇兴侗寨,却因拥有列为吉尼斯世界纪录之最的最大鼓楼群,而于 2005 年被《中国国家地理》杂志评为"中国最美的六大乡村古镇"之一。

肇兴侗寨坐落在群山环抱的山间坝子中,建于山中盆地,两条小溪汇为一条小河穿寨而过,寨内吊脚楼鳞次栉比,鼓楼、花桥、戏楼、歌坪点缀其间。全寨居民 800 户,人口 4000 余,号称"黎平第一侗寨"。居民全为陆姓,分为五大房族,分居五个被称为"团"的自然片区,分别是仁团、义团、礼团、智团、信团。寨中五团共建有鼓楼五座,有鼓楼的地方就建有风雨桥,桥上就会有戏台,故而当地人说肇兴拥有"五楼五桥五戏台"。其中的五楼外观、高低、大小、风格各异,并有花桥流水、吊脚楼相匹配,蔚为大观气派,所以肇兴侗寨又被誉为"鼓楼文化艺术之乡"。

地坪风雨桥:从黎平县城南行 102 公里,翻越崇山峻岭,就到达黔东南州海拔最低的地方。这里有一座侗寨名地坪,由上寨、下寨和甘龙三个依山傍水的自然寨组成,是地坪乡政府所在地。一条河流从寨前蜿蜒而过,流入桂北高安以后汇入滔滔都柳江。这条河被当地人称为南江河,横跨河流两岸有一座风雨桥,气势恢宏,闪烁着一种古老而质朴的侗族建筑艺术魅力。

地坪风雨桥始建于清光绪八年(1882年),曾经遭受火灾,1964年重修,1981年维修。桥长56米,宽4.5米,高8米,桥下河中和靠北岸为青石砌成的桥墩,桥身架其上为木桁梁结构。桥梁下部分两层,各有8根合抱粗的杉木穿榫连为一体,呈天秤状向两边悬挂。上部亦分两层,由4根粗大的杉木穿榫连成一排,架于石墩与两岸之间。桥面由木板铺设,两边建有桥廊桥楼,桥廊两侧设有通桥"美人靠"长凳。栏杆下面建有一层向外伸出的挑檐,长1米多,覆盖青瓦,活像桥身长出的双翅,既美化了桥身,又可保护桥下的木构件免遭风雨侵蚀。

桥上建有形似侗族鼓楼的一大三小桥楼。中楼高大,建在河心石墩上,五重檐四角攒尖顶,底层宽出桥面,楼顶高出两端桥廊层面约5米,上有葫芦顶,宝顶下有如意装饰。桥的南北两端各建一座三重檐歇山式侧楼,楼顶高出廊顶3米,楼与楼之间以桥廊连接。桥廊顶脊上彩绘双龙抢宝、鸾凤展翅、鸳鸯比翼等吉祥图案;楼檐翼角彩塑珍禽异兽,楼顶天花板彩绘龙虎鹤牛齐欢图;廊宇内侧檐下承板彩绘花鸟鱼虫、侗家人生活情景和人物故事;中楼四柱浮雕金龙,绕柱盘旋。无论是彩绘还是雕塑,无不形象生动,绘声绘影,栩栩如生,简直就是一座侗族文化艺术的展馆,所以这座风雨桥又被称为花桥。桥北端不远处的平台上,还建有一座高约9米的六角攒尖顶亭子,亭旁有这座桥的简介石碑。亭桥相配,楼桥共处,山水相连,交相辉映,使得青山之间、碧水之上的花桥和侗寨显得秀美典雅、端庄古朴。

地坪风雨桥是侗族规模最大的同类桥之一,与广西程阳风雨桥齐名,是侗族桥梁建筑艺术的精华。该桥始建于清光绪年间,在那时就娴熟地运用了现代桥梁建筑的简支梁力学原理,整体结构不用一钉一铆,全系穿榫斗拱衔接拼合,各处严丝合缝,工艺精湛堪称奇绝。

地坪风雨桥,不仅是连接黎平与桂北的通道,而且在地坪侗寨百姓心目中,还具有"堵风水,拦村寨"的意义,被视为"消除地势之弊,补裨风水之益"的神桥,从而上升到了精神的层面。因此,地坪人每年都要到风雨桥祭祀,平时迎宾送客、传唱侗歌等活动也在这里进行。它是侗族人民热爱生活、追求现实完美和灵魂超越的一种象征。

高屯天生桥:这是一座由地下河长期冲击溶蚀形成的天生桥,位于黎平县城东北12公里处的高屯镇东南方向2公里处。

这座纯粹的天生桥,拱形桥身长350米,桥拱最大跨度118.92米,最小也有88.5米,桥宽138米,桥拱高33.64米,拱顶岩层厚度40米。桥身有大小石洞数个,人称"拱上洞";桥上另有两座紧密相连的小桥,被人们喻为"姊妹桥";桥下有河水自西向东而流,蜿蜒在嶙峋怪石之间,滋养着这一带葱郁的植被。

高屯天生桥自古就备受关注,与地坪风雨桥齐名。此天生桥在清朝《黎平府志》中就有记载:"天生桥崇严直跨两岸,中有一硐,双江口诸水径此,达高屯可以行舟。上则仍然平地也,往返甚便,不假修筑之力故名。"对于这座石灰岩地貌自然形成的天生桥,明代杰出地理学家徐霞客在他的《游记》中赋予了"石梁"的科学名称。据专家考证,这座天生桥是迄今为止发现的世界上跨度最大的天然石拱桥,现已收入《中国的世界之最》一书。

黔东南是红一方面军长征途中的重要转折地,在这里的黎平召开的中共中央政治局会议被载入史册,这里苗、侗两族人民当年热情地支援了匆匆而过的红军队伍。因此,记述长征路上胜景,理所当然地应把这里的人文景观和自然景观列入其内。以上记述的是月亮山、雷公山、云台山的自然风貌,山野中以苗族为主的人文概况,并记述了迷人的侗寨人文风采,多彩的黎平侗乡自然景观和人文景观。其实这里的苗、侗民族风俗同样有着丰富的文化内涵,也是十分精彩的。只是因为不属于胜景的范畴而未做记述。

灿若朝阳遵义城

黎平会议后,红一方面军从黔东南出发,直逼乌江南岸,在翁安猴场附近再次召开政治局会议,为北渡乌江攻占遵义做好了准备。之后,强渡乌江,巧夺遵义城,大战娄山关,为遵义会议召开争取了时间和空间。

1935年1月15日至17日的政治局扩大会议,是决定中国命运的伟大会议。这次会议进一步明确了红军长征的战略方针,从此开始确立形成了以毛泽东为核心的领导中国革命、建设新中国的党中央第一代领导集体,遵义从此也就从一座古城变成了灿若朝阳的红色名城。今日的遵义,不仅山河美、古迹多,而且红色旧址、红色建筑、红色长征文化灿烂生辉。

山水胜景遵义

遵义市及周围,山川秀丽,风光独特。从较大范围来说,北有大娄山脉及娄山关,南有滚滚乌江,并有播雅天池和乌江渡口,尤其是在市区中部还有被誉为"绿色明珠"的凤凰山及绕麓穿城而流的湘江。

凤凰山： 位于市区的凤凰山由小龙山、螺狮山、狮子山等20多个大小山头组合而为"绿色明珠"，主峰海拔1058米，面积约为3.5平方公里，湘江绕山麓穿城而过。区域内地下水资源丰富，井泉似珍珠镶嵌在山林之中，著名的有高山龙泉、双眼凤井、金银井、红沙井、白沙井、青沙水、洗经池和金刚塘，人称"凤山八泉"。凤凰山由于山清水秀，风景这边独好，南坡的精华部分已被建成面积800亩的开放式"凤凰山公园"。

公园大门牌楼古朴典雅，彩绘龙凤栩栩如生。牌楼两侧配建着传统风貌的水榭、曲桥、壁廊等园林建筑，与牌楼交相辉映，迎接着五湖四海的游客。

公园的特色是以水配泉，以绿藏兽迎禽，营造市区绿色生态环境。现已经过多年培植，处处绿茵，绿化覆盖率达90%以上，有山泉、沟壑、台地、开阔地等自然景观。栖息在园内绿林中的禽兽有燕子、杜鹃、猫头鹰、穿山甲、野兔等，为公园增添了几分野趣。

公园内的主要人文景观是金钱吊葫芦奇观。这座葫芦形建筑，高17.1米，直径最宽处10.2米，内为三层楼，设旋转楼梯上下，匠心独创。葫芦上修通风采光孔30个，中部设一观景台，可俯瞰遵义老城风光，玉屏山、大龙山、小龙山等也可尽收眼底。

播雅天池： 位于遵义县南部，是黔北最古老的水利工程，古名大水田堰，现称共青团湖。

播雅天池始建于唐末五代，其名称是清代时期的称呼。天池南端抵桃子山，北端依紫金山，坝后千层碧波，前临一马平川。两山间蓄水成湖，水面广阔，澄碧幽深，泛出蓝宝石般的光泽。青山、碧湖、大坝，以及湖岸上的岩洞，组成了质朴纯真的湖光山色风景线。

在碧湖东堰坝下，有历代水政管理条规石碑十余块。虽然已经残缺，但仍显示出古人对碧湖天池的珍视。东岸山嘴有一临水的石灰岩溶洞，古称"鹤鸣洞",亦名"仙女洞",洞中有明代摩崖石刻和道佛符石刻,可见在播州时代,人们就已把天池看作仙境圣地了。现在,这里已成为遵义市民和游客观赏山水风光的景区。

乌江渡口:贵州省境内的第一条大河乌江,自西向东奔流,在遵义县境内有乌江渡口。乌江渡历史上为"黔蜀要津",是兵家必争之地。明代平播战争时期,播州土司杨应龙曾在此惨败于官军。1935年初,长征到遵义的红军曾在此重创国民党中央军。

乌江渡早年仅通舟楫,明清以来始建浮桥,中华人民共和国成立后才建有规模宏大的铁路桥和公路桥,并在乌江渡口近处建设了水库和石灰岩地貌区的第一座乌江水电站。现代气派的大桥,滚滚奔流的江水,大峡、电站、水库,美景不胜收。特别是拦坝蓄水的库区,山奇水美,碧绿如镜,四季丰满,泄洪时银沫排空,声振山川,气势雄伟,景色壮观。

余庆大乌江:沿乌江下游水路而行,进入余江县中部,有当年红军长征路上强渡乌江的遗迹。这里称"余庆大乌江",以大乌江为主体,分为金城峡谷地段、回龙场区、沙湾段区、老村河片区、花山民族风景片区及他山摩崖、红军烈士墓等,是一个融深涧峡谷、奇峰异石、原始森林、珍稀动物、溶洞和红军渡江遗址的风景名胜。尤其是这里的古桥、摩崖石刻等文物古迹,以及大乌江险滩上的鹅卵奇石、马尾松瀑布等自然景观,特别引人入胜。

大娄山雄关:处于遵义市区北50公里的大娄山中段,关口海拔1292米,西南制高点海拔1623米,并有大尖山、小尖山、点金山等山梁。关口附近,千峰万仞,重崖叠嶂,峭壁绝立,若斧似戟,直刺苍穹,川黔公路盘旋而过。

娄山雄关古称天险,原名娄关,又名太平关,"北扼巴蜀,南扼黔桂",是川黔交通要道上的重要关口,自古为兵家必争之地。明代平播战争、吴三桂反清、杨凤起义均激战于此,太平天国翼王石达开也曾在此发生战事。1935年初红军长征两度激战娄山关,更是让雄关名扬天下。

娄山关关口平台上,现有娄山关红军战斗纪念碑,已成为娄山关的一处标志。纪念碑由基座和风格特殊的碑身组成。碑身立在基座上似两柄枪刺入云端,把娄山关衬托得更加雄伟壮观。纪念碑中部黑色大理石上,镌刻前国防部长、书法家张爱萍将军描写娄山关战斗的诗篇。基座浮雕呈现的是当年红军大战娄山关的场面。浮雕与张爱萍将军的诗,形象生动地表现了红军激战娄山关的铁血气概。

毛泽东1935年2月填写的《忆秦娥·娄山关》词,1974年被遵义市人民政府按毛泽东手书原貌镌刻在了关口东侧石壁上。用大理石凿雕的词碑,长25米,宽13.5米,宽阔光亮,毛泽东手书龙飞凤舞,气势磅礴激昂。《忆秦娥·娄山关》全文为:

西风烈,
长空雁叫霜晨月。
霜晨月,
马蹄声碎,
喇叭声咽。

雄关漫道真如铁,
而今迈步从头越。
从头越,
苍山如海,
残阳如血。

历史古城遵义

遵义古称播州,"遵义"之名始于唐贞观十六年(642年),取义于《尚书》之"无偏无陂,遵王之义"。南宋孝宗淳熙三年(1176年),遵义开始成为地方行政中枢。这座古城原属四川所辖,清雍正五年(1727年)改属贵州。

遵义是川黔渝的门户,历史悠久,故而保留着许多文化古迹,最著名的有始建于唐代的佛教圣地湘山寺、南宋播州安抚使杨粲墓、南宋播州土司军事工程海龙囤。

湘山寺:坐落在市中心湘山之上,群山环抱,位置极佳,风景秀美,规模宏大,是市区的一方净土,黔北佛教中心。古人曾题诗描述其所在处的美景:

> 晴风吹皱白练裙,春树翻杯摇绿云。
> 流莺啼到林深处,落花如雨吹缤纷。

相传,湘山寺始建于唐代宗大历年间(约766年左右),初名"万福寺",宋元两代逐渐兴旺,元代成宗元贞年间(1295~1297年)名"护国寺",明崇祯元年(1628年)改名"湘山寺"。八百余年几废几兴,明朝末年几乎被夷平,至清乾隆初年才得以重修。后来嘉庆、光绪时期又先后扩修。光绪八年(1882年)寿林和尚大修寺院,历时十年,形成了巨构规模。光绪二十三年(1897年),法云和尚慧眼雄才,募白银六千余两,购得三藏经全部千余卷。法云既是遵义府最后一任僧纲司,又在民国初年首任遵义佛教会会长。

湘山寺1939年曾被国民党军政部征用作弹药库,僧走寺废。中华人民共和国成立初期,遵义人民政府就开始修复湘山寺,到20世纪50年代末前后召回九僧三尼,而且从其他寺院移来木雕十八罗汉及法器、经书等,恢复了正常的宗教活动。特别是自20世纪80年代以后,湘山寺经多次增饰,又呈现出了古代鼎盛时期的面貌。

流莺啼到林深处,落花流雨吹缤纷。坐落在风景秀美的湘山寺之巅的新生湘山寺,中轴线上依次为山门、天王殿、大雄宝殿、观音殿,另有舍利塔园、藏经楼、望江楼等。其中的观音殿(后殿)为重檐,下层为方向相反的玉卧佛殿,殿内佛像雕工精湛,栩栩如生。书画纷呈的藏经楼与古朴肃穆的舍利塔园在大殿两侧。塔园旁是一座碑亭,内供唐代画家吴道子所绘观音像石碑。观音像曲眉丰额,衣袂飘举,风姿绰约,端庄优美,具有盛唐"吴带当风"特点。

湘山寺的望江楼,位于天王殿左侧,在国内四大佛教名山寺院内也不曾有,堪称国内孤例。这是一座高15米的十字形斜顶式三重檐建筑,登楼近可俯瞰湘江美景,远眺遵义市区全貌几乎可尽收眼底。楼内24根立柱和118根梁均作隐蔽处理;全楼84根挑檐,下垂84朵吊钟花;角楼24个翘角,层次交错,凌空欲飞。一、二楼四面挑梁撑出回廊,洁白莹润的白棉石栏杆相围,造型别致,气势非凡。

杨粲墓:名为墓实则为"西南古代雕刻艺术宝库"。这座古墓位于市区东南的龙坪永安皇坟嘴,是播州世袭统治者杨氏家族的第十三代孙、播州安抚使杨粲夫妇合葬的大型石室墓,建于南宋理宗淳祐年间(1241~1252年),占地面积50亩。古墓分左右两室,左男右女,均用白砂岩石砌筑,无灰沙粘合痕迹,最大的一块石料达一万二千多斤,以子母扣层层套合的方式固定。平面布局为南北两室并列,每室包括墓门、前室和后室三部分,后室有过道相通,通长8.42米。两室南北壁和后室后壁的雕刻装饰相互对称,结构严谨。

棺床置于后室中间,长3.42米,宽1.84米,高0.43米,四角垫有圆雕龙柱,两侧为交股的龙身和龙尾。后室墓顶各有一方形藻井,当中分别镌"庆栋"(男室)、"德宇"(女室)字样。两室墓门高度、位置、装饰基本相同,安有仿木构单页门扇,可以开阖关锁。南室后壁正中为墓主杨粲雕像,他头戴长脚幞头,身着朝服,正襟危坐,表情庄重。左右有龙柱互峙,前面有龙案(棺床),两边侧壁上对称雕刻着文官武将、侍女童子,形态各异。墓内还有一幅"贡使图",卷发跣足的贡使上身赤裸,只搭一条纱巾,下身着角裙,手脚戴镯环,头顶盛满珊瑚、珍珠、金玉的贡盘。墓内外28尊造像反映宋代的官服制度,也反映着中央政权与少数民族的关系。

杨粲墓最具特色的就是墓内外内容丰富、技艺精湛的浮雕装饰。这些石刻大致可分为人物、动物、花草、器物五类共196幅,雕刻技术以高、低浮雕为主,间或加阴线刻。有的细部还彩绘贴金,现虽已大部剥蚀,但仍可依稀辨出当年的豪华气派。因此,被誉为"西南古代雕刻艺术宝库"。

海龙囤:位于遵义县高坪区太平乡龙岩山,距遵义老城区25公里,是古代播州土司杨氏屯兵的要塞,为我国古代规模较大、保护完好的古军事城堡。

海龙囤最初因防御蒙古军入侵而建。南宋宝祐五年(1257年),蒙古军主力由云南东进,播州告急,宋理宗急遣使至播州部署防御,杨氏土官决定避其锋芒,退居山险,于是便申报朝廷"置一城以为播州根本"。这样,就在龙岩山依天险构筑关囤,成为杨氏军事要塞,与播州北桐梓鼎山城形成掎角之势。明万历二十四年(1596年),杨氏第二十九代孙杨应龙反明,又大集工匠役夫重修龙岩囤关隘,在宽广约10里的囤上加囤,筑土、月二城,月城筑前后九关以拒官军。九关全部以千斤巨石砌筑,即铜柱关、铁柱关、飞龙关、飞凤关、朝天关、飞虎关、万安关、西关、后关。九关绕囤,关与关之间石墙相连,马道互通,城堞随山势绵延10余里,气势特别雄伟。各关城门外深掘壕堑,架设吊桥,三重城墙,内外重叠,外墙临崖绕囤而建,下临百丈深谷,险要天成,《明史》称"飞鸟腾粮,不能逾者"。

海龙囤九关均依山就势,各有特色,并非千篇一律。囤东北山势陡峭异常,设在这里的铜柱关南半崖上构筑一道城墙,长400余米,以遏阻侵犯之敌。而且在关上方,还依沟砌有一道异常坚固的爬山大墙,上抵息马台、飞虎关,形成了连通上下三关的屏障。飞虎关高踞悬崖顶,由巨岩开凿而成关隘,上有箭楼,以吊桥出入,吊楼下是极险峻的三十六步天梯。一条顺山开凿于绝壁之上的通道,依山临谷,曲转直上飞虎关。这条"龙虎大道"如纽带,沟通了囤前防御体系。飞龙关巍若天门,高入云中,石径沿一条狭窄陡峻的山梁通向关口,关之左下方为断壁下陷,右下方是无底深渊,俗称"杀人沟",长谷巨堑不见底。飞虎关镇守绝险之地,高屋建瓴之势,足可俯察敌情,控扼谷底。飞凤关亦称五凤楼,竖壁巨垒屹立于囤北制高点上,是前沿指挥中心。封闭的石墙内有两重天井,升级历殿,始达大堂。最高一层为拱券大门,五凤楼居于城上。城墙下接朝天关、飞虎关,将战略要地连为一体,高低相属,互成掎角之势,彼此可呼应救援。

海龙囤中部区域有老王宫、新王宫、三台星、瞭望台、校场坝、军营等古代建筑物。明万历二十八年(1600年),杨氏末代土司杨应龙,在官府的平播战争中兵败海龙囤,结束了杨氏对播州725年的统治。平播战争后,播州被分为遵义、平越两府,遵义兵备道傅光宅为超度战死者官兵亡灵,在海龙囤增建了海潮寺。现在的海龙囤遗址,被山坡上丛生的杜鹃、林中的茶花等装扮衬托着,已成为遵义人怀古抚今及赏景的旅游胜地。

红色名城遵义

红军长征途中党中央在遵义召开了政治局扩大会议,之后红军与敌军在川黔边赤水河两岸周旋,二渡赤水后再进遵义城,在城内和周边留下了许多遗址,并在之后增建了纪念性建筑,使遵义成了一座著名的红色城市。

会议旧址:当年的遵义会议是在现遵义市老城子尹路(原名琵琶桥)80号召开的。这里原为国民党二十五军第二师师长柏辉章的私人官邸,是20世纪30年代遵义最宏伟的建筑。红一方面军主力巧夺遵义城池后,总司令部就设在这里。

官邸建筑分主楼、跨院两部分。主楼坐北朝南,东西阔25.75米,通进深16.95米,通高12米,占地面积528平方米。主楼两层,为中西合璧的砖木结构建筑,楼层四周有回廊,楼房的檐下柱间有10个券拱支撑,保留着我国古建筑"彻上明造"的结构风格。楼上有梭门梭窗,楼内各房间设有壁橱。檐柱顶饰有垩土堆塑的花卉。东西两端各有一转角楼梯,外面加有一道木栅栏。门窗板栗色,镶彩色玻璃,窗外层加有板门。

当年中共中央政治局扩大会议在二楼原主人的长方形小客厅举行,室内陈设现基本上保持着当年开会时的原貌。屋子正中顶壁上悬挂着荷叶边盖的洋灯,屋子东壁有一只挂钟和两个壁橱,其中一个嵌着一面穿衣镜。西壁是一排轩亮的玻璃窗。屋子中央是板栗色长方形会议桌,桌子四周围着一圈木边藤心折叠靠背椅。会址主楼的其他房间,恢复当年面貌的有军委总参谋部办公室、军委副主席周恩来的办公兼住室、红军总司令朱德和军委直属队指导员康克清的办公室兼住室、红军参谋长刘伯承的办公室兼住室、军委总部参谋人员和工作人员的住室等。

遵义会议举行的小客厅和红军总司令部全部恢复了原貌,在临街的会址大门正中挂上了一块巨匾,上面刻有1964年11月毛泽东手书的"遵义会议会址"六个大字,苍劲飘逸,金碧辉煌。

其他旧址:恢复原貌的其他旧址,还有当年的红军总政治部、中共中央部分负责人寓所等,并在总政治部旧址开设了遵义会议辅助陈列室。

总政治部旧址是遵义老城杨柳街的天主教堂。教堂建于清同治五年(1866年),由经堂和学堂两部分组成。经堂在北端,系罗马式伞状拱顶建筑,内部空斗砖墙,栗色木柱,穿斗屋架,纵深四排32根7米以上的圆柱支撑,巍峨庄重,堂皇富丽。学堂在南端,是一座庭院,为砖木结构的平房建筑。

遵义会议期间,中共中央部分负责人寓所,在遵义新城古式巷19号内(现名中山北路一巷),距会议会址1公里,是一座一楼一底的洋式建筑,坐北朝南,其格局与遵义会议会址大体相仿,原为黔军旅长易少全的私人官邸。楼上三间,自左至右是毛泽东、张闻天、王稼祥的住室;楼下右边一间是博古的住屋。

为纪念具有伟大历史意义的遵义会议,1953年至1955年在会址东侧建了一座纪念馆。1961年遵义会议会址被确定为第一批全国重点文物保护单位,之后原纪念馆拓展为"遵义会议纪念馆",把遵义会议会址、总政治部旧址、部分中共中央负责人寓所等,都包括了在内。纪念馆1992年被国家列为"百个爱国主义教育示范基地"。

烈士陵园:整座陵园坐北朝南,坐落在凤凰山西南的小龙山上,前临湘江,与当年红军鏖战的红花岗、老鸭山相望。陵园红军烈士公墓内,长眠着77位在当年大战红花岗、老鸭山战斗中牺牲的烈士,同时还有从桑木桠移到小龙山的"红军坟",以及从老城干田坝迁来的红三军团参谋长邓萍将军墓。邓萍烈士是四川省富顺县人,曾参加领导了湖南平江起义,在创建湘鄂赣苏区、坚持井冈山斗争时期,是彭德怀的得力助手,在第二次打遵义时不幸牺牲在凤凰山下。

红军烈士陵园,1953年修公墓,1984年树碑。烈士纪念碑矗立在陵园顶端的平台上,气势雄伟磅礴,造型新颖别致。碑的正面是邓小平同志于 1989 年题写的"红军烈士永垂不朽"八个金色大字。整座碑高 30 米，下宽 6 米，顶宽 2 米，上端是 5 米高的镰刀锤子标志，在阳光照耀下熠熠闪光。

纪念碑的周围是一个直径 20 米、高 2.7 米，离地面 2 米的大圆环。圆环外壁镶嵌着 28 颗闪光的五角星，象征着中国人民在中国共产党的领导下，经过 28 年的浴血奋战，建立了全国的红色政权。圆环内壁是四组汉白玉浮雕，场面分别为强渡乌江、遵义人民迎红军、娄山关大捷、四渡赤水。大圆环由四个 5 米高的花岗岩石雕托着，这四个石雕头像分别为老红军、青年红军、赤卫队员、女红军，寓意红军长征威震四方。

陵园内的红军烈士公墓、邓萍墓周围，苍松翠柏四季常青，山坡上郁郁葱葱，花开季节芳草飞香。如今的小龙山，被遵义人民称为"红军山"。

赤水丹霞绿博园

遵义会议之后，红一方面军四渡赤水河，再进遵义城，创建了红军战史上举世闻名的运动战战例。可在那时，又有多少人知道，赤水河畔是我国著名的丹霞地貌区，不仅深洞十丈锁烟云，而且还有古老的孑遗植物桫椤成林、特有的楠竹成林似海呢？如今，当年红军四渡赤水的主要渡口都矗立有纪念碑，开发了十丈洞瀑布风景区、中国侏罗纪野竹坪竹海森林公园，使这里以丹霞赤水为底蕴的绿色王国，也走向全国并名扬海内外。

红色赤水河

赤水河的源头是云南省镇雄豆戛山箐，由西向东蜿蜒奔流，先是称鱼洞，后又称毕数河，进入贵州境内始称赤水河。在贵州境内，沿黔、川边界东流，至仁怀后转向西北，奔流而往赤水市，从这里出境入川，在合江汇入滚滚长江。

赤水河全长480余公里,上游海拔1000~1600米,中游主要在黔北,下游自复兴场至合江段海拔200~500米,自上游至下游合江平均比降1.5‰,流域面积2万余平方公里。上游为喀斯特地貌,中游是我国最大面积的丹霞地貌区。在中游,河水流量剧增,含沙量也增至0.93千克／立方米,因水色赤红而被称为赤水河。

赤水河从仁怀茅台镇至赤水市炳安镇是中游河段,长120公里。赤水河的这一段,是红军四渡赤水的河段,当年红军就是在此区间经过22个渡口,特别是土城、二郎滩、太平渡、元厚渡口,先后架设16座浮桥,船桥兼用,四渡赤水,进行了大小战斗无数次,终于取得了长征途中由被动为主动的伟大胜利。如今,在几个主要渡口所在地,为了纪念红军四渡赤水,都有纪念性建筑,如纪念碑、纪念塔、纪念馆、烈士陵园。红色光芒照耀在赤水河两岸,使赤水河尤显汹涌澎湃。

土城渡口纪念碑:土城渡口在习水县城西29公里处的土城区,是红军一渡赤水的渡口。渡口设在赤水河与水狮思河交汇形成的三角洲处,这里河面宽阔,水流比较平缓。1935年1月28日,由周恩来指挥工兵部和土城船工,连夜搭建了三座浮桥,29日凌晨红军从这里西渡赤水,拉开了红军"四渡赤水"第一幕。1978年,习水县人民政府在深溪口赤水河西岸火星山麓距岸80米处,建了一座纪念碑。碑通高12.5米,由碑帽、碑身和碑座组成。碑座长方体,下接石阶,四棱均由三块长方体叠砌呈梯状。碑身宽2.2米,厚1.6米,竖刻"土城渡口"四字。顶端为圆雕红军军旗,背面刻毛泽东《七律·长征》诗。整座建筑严谨朴素,庄严雄伟,美观大方。

元厚渡口纪念碑:元厚渡口距赤水市64公里,与土城渡口一样同为红军一渡赤水的渡口之一。1935年1月26日,聂荣臻率领红一军团进入当时的赤水县境内,在黄陂洞、复兴场、风溪口等地与敌激战,29日折回元厚（当时名猿猴），在元厚场和风溪口渡过赤水河，经川南到达扎西（今云南威信）。1976年，赤水县革命委员会在元厚场下赤水河沙沱渡口左岸河滩上，建了一座红砂条石砌筑的纪念碑。碑身高9.1米，宽2.1米，厚0.18米，基座1.2米。碑正面刻"红军渡口"四个大字。

二渡四渡纪念碑：二郎滩和太平渡两个渡口，是红军二渡赤水、四渡赤水的主要渡口，左岸是川南古蔺县，右岸是黔北习水县。

二郎滩渡口位于习水县二郎镇，这里赤水河两岸陡峭，河面宽度60余米，滩险流急。在二郎滩下流水路21公里处，河面宽度增至70余米，左岸半壁山腰有古蔺县一小场镇名"太平渡"，渡口在永恒。

1935年2月11日，红军分两路纵队从鸡鸣三省（滇黔川）的扎西出发，红三军团纵队2月18日到达二郎滩渡口，与敌遭遇，背水一战，一举歼敌，于19日二渡赤水。红一军团和军委纵队一路，18日到达太平渡，19日顺利渡河，担任后卫的五、九军团当日也从太平渡到达了赤水东岸。二渡赤水后，红军驰骋黔北，再次大战娄山关，又夺遵义城，取得了著名的"遵义大捷"。

一个月之后，3月20日至22日，红军从西岸往东岸四渡赤水时，太平渡、二郎滩仍为主要渡口。太平渡镇现建有红军"四渡赤水"纪念碑，而二郎滩渡口未建纪念碑，却在渡口旁边的巨石上横刻着"二郎滩渡口"五个红色大字，比纪念碑还要雄浑醒目。

茅台渡口纪念塔：这是红军三渡赤水的主要渡口。红军二渡赤水后，再次占领遵义城，蒋介石极为震惊，于3月2日从汉口飞往重庆，亲自策划，急忙调兵，对红军实行南北夹击。3月5日以后，红军主力部队退出遵义西进，15日大战鲁班场之敌，双方伤亡都很大，遂弃敌北去，于16日占领了茅台镇。当日中午，在中渡口、下渡口及银滩三处搭建浮桥，下午和次日胜利渡过，转战到达川南古蔺、叙永地区的崇山峻岭间，隐蔽休整,待机再战。

为纪念红军三渡赤水的胜利,赤水东岸茅台镇一方建有纪念碑,而对岸古蔺一方在朱砂堡顶建有一座红军"四渡赤水"纪念塔。

茅台镇一方纪念碑通高11.7米,水泥混砂材质,碑身正中有"茅台渡口"四个大字。纪念碑右侧有一棵古老的黄桷树,虬枝盘曲,绿叶繁茂。当年红军曾以此树拴系架设浮桥的缆索,现在这棵见证红军三渡赤水的古树与渡口一起被保护着。

茅台镇对岸的纪念塔,总体高25米,寓意着红军长征二万五千里。塔身由四根巨大的浪形柱依次错位重叠构成。浪形柱上部悬嵌着不锈钢球,恰似腾空的浪花。塔座为木船造型,寓意中国人民革命事业乘风破浪前进。整座塔体用红色花岗岩板材贴面,通体赭红。纪念塔北侧建有一道13.5米的船形浮雕墙,四幅浮雕生动地表现了当年红军"四渡赤水"的英勇战斗场景。纪念塔两侧建有碑墙,黑色大理石上镌刻着《红军四渡赤水简介》和《建红军四渡赤水纪念塔记》。

赤水河上游扎西:把赤水河喻为"红色赤水河",处于上游或源头地区的扎西是万万不可遗忘的。这里是红军一渡赤水后的休整地,是落实遵义会议决议精神,新组建的中共中央高举红旗使赤水河更红的红色之地。

扎西地处赤水河上游,是乌蒙山脉西北部的重镇,位于现云南威信县边缘。从川、黔边沿赤水河溯水而上,道路交通十分艰险。其中距扎西镇南约5公里的一段,扎岭山突然断裂,河水从裂缝穿过,削为半里长的深谷,两边悬壁悬崖对峙,高耸入云,最宽处只有10米多,故名"两河岩"。在这里的一边岩壁上凿有人行通道,河中架一座独木桥,行人须攀缘才能通过,前往扎西。

红军一渡赤水后,2月6日主力通过两河岩峡谷到达扎西,在行军途中和到达扎西后,党中央领导人召开了几次会议。这几次会议党史上统称为"扎西会议",主要内容是:2月5日在一个"鸡鸣三省"的小村召开会议,政治局常委进行分工,博古交权,张闻天开始在中央负总责;6日至8日在大河滩连续召开中央会议,讨论通过了《中共中央关于反对敌人第五次"围剿"的总结决议》。这是在遵义会议上指定张闻天起草的,这个决议第一次以中央文件形式,系统总结和肯定了以毛泽东为代表的正确军事路线,批判了以李德、博古为代表的错误军事路线;2月9日中央在扎西镇召开会议,决定对红军各军团实行整编,除保留干部团外,全军编为16个团,撤销师一级编制,还决定成立川南特委,配合主力红军的战略转移,并决定了新的行动方针。

由于扎西会议是上述一系列会议的总称,所以扎西会议会址至今也未确定,人们只能说是在"鸡鸣三省"的地方开的会。但有确定会址的会议是在扎西镇原江西会馆(江西庙)、东皇庙及戏楼。1935年2月9日,中共中央和军委纵队进驻扎西,总部设在会馆内,毛泽东、周恩来、朱德、张闻天等住在这里,扎西会议是在戏楼召开的。1975年会议旧址修复,1985年2月12日胡耀邦题写了"扎西会议会址"。1977年在会址西北建了一座扎西会议陈列馆。陈列馆系钢筋混凝土楼房,占地1161平方米,分上、下四个展室,分别陈列着红军经过扎西以及中共川滇黔边区特委和游击队活动的文物等。1978年在陈列馆西北建了一座用大理石镶制的革命烈士纪念碑,碑高10米,占地1189平方米。

丹霞瀑布群

贵州是一个以喀斯特地貌为主的省份,丹霞地貌本就比较奇特,而在丹崖森壁垒的区域内瀑布高悬成群,那就是奇中之奇的自然景观了。

这样的奇观就在黔北赤水河流域的风溪河谷内。

风溪河是赤水河的一条支流，河谷内的十丈洞位于赤水市东南方向约38公里处的两河口乡境内。十丈洞一带瀑布成群，精彩纷呈，被誉为"丹霞之冠""千瀑之乡"。这里分布着十丈洞大瀑布、中洞瀑布、蟠龙瀑布群、两河口瀑布等，因其有"三步一小瀑，五步一大瀑"之美景，并且丹霞成趣，湖林成景，已被开发为面积约30平方公里的瀑布公园。

自风溪红军渡口前往十丈洞，沿途有转石奇观、丹霞赤壁、会水寺摩崖石刻群等景观，而后经公园门楼，过"九曲回廊桥"和"奇兵古栈道"便进入瀑布公园的精彩区域。

公园雕塑门楼：这是一座由四川美术学院设计建造，以国画大师、黄山派画家刘海粟为十丈洞大瀑布题词为意境的石坊门楼，非常精彩别致。

石坊门楼全部采用丹霞石雕凿砌建，不饰彩而灿若朝霞，熠熠生辉。门楼下面有石雕长髯老人头像，喻指"森林老人"；后面美女头像雕塑，取材于刘海粟大师为十丈洞大瀑布题写的"空谷佳人"。石坊门楼与"九曲回廊桥""奇兵古栈道"串联，左右前方又有瀑布浑然照应，更显公园门楼美妙如画，寓意深邃。

中洞帘状瀑布：从当年太平军石达开部和红军第一军团红二师曾经走过的"奇兵古栈道"穿过，首先映入眼帘的是中洞瀑布。这是一挂帘状瀑布，位于两河口至十丈洞大瀑布的公路旁，高18.5米，宽达75.6米，似银珠织帘垂在谷中，又像倒置梳针的银梳。此瀑布悬挂在两座山峰之间，晶莹剔透，十分美丽，被当地人誉为"美人梳"，中科院考察团则评价为"中国帘状瀑布的典型代表"。

十丈洞大瀑布：这是瀑布公园最为壮阔、最为精彩的瀑布，高76米，宽80米，比典型的喀斯特地貌区的黄果树瀑布高出8米，仅窄1米，是我国最佳瀑布之一。而同在贵州的黄果树瀑布,不仅有"中华第一瀑布"的盛誉,而且被吉尼斯总部评为"世界最大的瀑布群",并列入吉尼斯世界纪录。

十丈洞大瀑布在中洞瀑布右前方,走过中洞瀑布,很远就能听到前面传来的轰鸣声。行约1公里向右转弯,清晰可见高阔的大瀑布从悬崖绝壁上倾泻而下,跌落入崖下神话传说中的"龙女潭",击起滚滚波涛,似蛟龙翻江倒海,溅起的水雾飘飞弥漫在山谷间。在石滩上向瀑布移步,走得越近似万马奔腾的声音越激越,水雾也越浓重。如果是晴天,当你走进水雾的时候,会惊奇地发现,自己的腰间出现了一个五彩斑斓的"光环",无论你走到石滩的任何地方,只要有水雾笼罩,光环都随之移动,时时簇拥在你的周围。如果是站在瀑布两边的石崖上俯视,升腾的水雾会在阳光照射下变幻出迷人的弧形彩虹桥,有时随着风向的变化,还会同时折射出几条彩虹,着实令人称奇。

十丈洞大瀑布,被刘海粟老先生喻为"空谷佳人",被专家学者们点评为"神州丹霞瀑布奇观""川南黔北第一胜景",已成为"赤水丹霞"申报世界自然遗产的核心自然景观。

蟠龙谷瀑布群:风溪河有一条支流名蟠龙河,支流与主流在两河口乡政府所在地两河口相汇。蟠龙河河谷幽深,在中段有一瀑布12级,其他还有10多个高瀑直落谷底,所以这里的瀑布被称为"蟠龙瀑布群"。

按方位,蟠龙谷瀑布群在中洞瀑布东部不远处,其中的12级瀑布幅宽均在40~50米,第一、第二级紧紧相连,高度分别为51米、23米,其余10级均在10米以上,十分壮观。这里的瀑布形状多姿多彩,而且峡谷内是常绿阔叶林带,郁郁葱葱的森林与瀑布、河流浑然一体,构成了一幅绝佳的山水画卷。

香溪湖聚胜景:沿风溪河谷上行,香溪湖碧波粼粼。这是一座筑大坝形成的人工湖泊,大坝高 74 米,长 200 米,库容 2100 万立方米,因周围有石笋峰、万年伞、百亩茶花、常绿阔叶林等天然美景,并且溪流潺潺,泉水叮咚,花香四溢,故取名"香溪湖"。在这里可以划船、游泳、垂钓,饱览湖光山色,可以说是为瀑布公园锦上添花的一笔。站在拦溪成湖的大坝上举目眺望,湖面水雾氤氲,湖岸丛林茂盛,石笋山、万年伞、百亩茶花,连同远景十丈洞瀑布等自然美景尽收眼底。

湖畔万年石伞:临湖的天然美景中,最为引人入胜的当数万年石伞。它挺立在湖岸上的原始森林中,似一把巨伞,又若一棵灵芝,是由一块巨大的丹霞石经过漫长年代的风化形成。由于形成的年代久远,于是人们称之为"万年石伞"。这把石伞的伞顶圆周 17 米,身高 6.2 米,伞把最细处周长 1.2 米,伞顶青草如茵,四周古木参天,郁郁葱葱。令人惊奇的是,这把头重脚轻的石伞,风雨中似摇摇欲坠,但千百年来历经沧桑,却至今仍稳稳屹立。

侏罗纪公园

侏罗纪公园在赤水市中部的葫市镇境内,这里不仅有桫椤自然保护区,而且有野竹坪林海,给葫市镇带来了巨大的绿色魅力。

侏罗纪公园是孑遗植物桫椤自然保护区的一部分,因桫椤是侏罗纪、白垩纪时代遗存下来的、具有"活化石"之称的、唯一木本蕨类植物,而被命名为"侏罗纪公园",也是我国唯一以"侏罗纪"命名的国家级森林公园。

桫椤又名树蕨,自然保护区面积 133 平方公里,但 55 平方公里的核心区和 40 平方公里的缓冲区并未开发,现今已经开发并对外开放的侏罗纪公园金沙沟只有 38 平方公里。这里以 4 万株"古生物活化石"桫椤为主体的自然景观,不仅展示着 1.82 亿年前地球的原生态自然风貌,而且还有保护完好的丹霞山水美景和其他珍稀植物。公园按区段分为三个部分,即甘沟、大水沟、两岔河三个景段。

甘沟景段:这一景段全长 4.5 公里,因为水味甜美、泉水清澈而得名。甘沟原生植被良好,遍布桫椤、海芋、芭蕉、观音座莲等南亚热带植物,原生林茂密滴翠,瀑布溪流,映衬着丹霞峭壁。这里的水是经过桫椤、楠木、楠竹等植物根系过滤的水,有益生物元素丰富,水味不仅甘甜,而且还是清洌的极软水,经检测没有任何有害物质。

走进甘沟 400 米,在桫椤林中有一处名为龙塘瀑布的九曲叠水,四季清流不断。但最为精彩的是甘沟峡谷尽头以瀑布丹霞峭壁构成的"天锣"胜景。过龙塘瀑布后,是一条 1400 米长的山径,因其需在密林中拾级而上,故被喻为"独木梯"。穿过独木梯,就是甘沟的尽头,前行的石径倏然消失,出现的是一堵丹霞大赤壁,100 多米的大瀑布飞泻而下,峭壁回音响亮动听,故而被誉为"天锣"。

这里的丹霞绝壁,同时又被喻为"天心桥"。峭壁窄脊长 1000 余米,宽 1~2 米,很是险要。旁边悬崖上刻有"天地良心"四个大字,摩崖石刻旁建有一座供奉菩萨的小庙。传说,若从此通过,必先烧香祈祷菩萨护佑,良心不好的人,过不了此"桥"。虽然险要,但因过此桥时透过清澈的溪流,可以观赏水底的丹霞石和赤水蟹,所以游人还是争相涉险而过。赤水蟹是一种珍稀的野生蟹,通体鲜艳红亮。据说,赤水蟹穿红衣,是因为长期生活在丹霞地区的水环境中,吞食丹霞矿物元素的结果,同时披上红衣与环境一个颜色,也可以防御天敌的侵袭。

大水沟景段:从甘沟出来,径直前行,便是全长不过 100 米的大水沟。在这里的桫椤林中,不仅有极高极细恰似从天隙飞泻而下的"一线天瀑布",而且能观赏到"鸳鸯桫椤""黑桫椤"和一种名叫"蜘蛛抱蛋"的非蕨类植物。

鸳鸯桫椤，即从树冠来看似一棵树，从树干看却是靠在一起的两棵，树根互相串联在一起。这对鸳鸯桫椤高7米以上，树龄在140年左右，其形成是在幼苗时期开始的。小时候两棵大小一致的桫椤靠在一起生长，根须相连，树干各自长大，底部随之生长，树冠则交织在一起，长成了这棵奇特的鸳鸯树。

黑桫椤又名真假桫椤，生长在由大水沟前往金沙沟方向百米处，高7米多，主干为桫椤，基部茎干又长出一棵黑桫椤，树干直径约10厘米左右。黑桫椤与桫椤同属不同种，是极为罕见的树种，人们称之为"真假桫椤"。黑桫椤的这种寄生现象，是桫椤林中的奇中之奇，而且非常有趣。

蜘蛛抱蛋是大水沟蕨类植物中不是蕨类植物的一种奇异树种。其根部有一个苞像是蜘蛛的身体，周围的根须像蜘蛛的细脚，远远看去像一只大蜘蛛在那一动不动。与这种奇特植物混生在一起的是多种蕨类植物，如峨眉凤鸟蕨、半边蕨等，观赏价值都很高。峨眉凤鸟蕨叶片上有带黄色花的斑点，半边蕨叶茎只有半边生长十分繁茂，都很美丽。

两岔河景段：在这里梁子沟与炭厂沟合成为金沙沟，取名为"两岔河"。两岔河景段与甘沟、大水沟景段一样，桫椤遍布，南亚热带植物繁茂，丹霞赤水特征明显，比较特殊的是这里有"三代桫椤"和"恐龙桫椤"等奇观。三代桫椤是指树龄不同的祖系桫椤互相依靠，共同生长。在三代桫椤附近，有一棵桫椤的根部吸附在石岩上，其形状极似恐龙，故被称为"恐龙桫椤"。

金沙沟两侧是较深的河谷斜坡，除了原生态的桫椤林之外，还集中了丹霞地貌的诸多美景。这里山峦叠翠，溪流纵横，丹崖壁立，银瀑四悬，是一处回归大自然的理想之地。由于这里是一个绿色的"桫椤王国"，水环境极佳，湿润的绿风吹遍河谷，使得这里空气清新，负氧离子每立方厘米接近 20 万个,是一处难得的天然氧吧。

绿海楠竹林

在葫市镇桫椤自然保护区北面,即葫市镇东部,有 27 万亩竹林,现已开发为竹海森林公园。公园内的主要部分,是遍布崇山峻岭的 17 万亩楠竹。

公园内有各类竹 12 属 40 多种及两个变种,赤水人难以说清楚这些竹子的名称,就简而化之为"楠竹"或"杂竹"。楠竹学名毛竹,也有称茅竹、猫头竹、孟富竹的,是一个正宗的竹种。这种竹节稀、壁厚、挺拔,材质优良,用途很广。漫步进入楠竹林海,令人感叹不已。一根根圆粗的楠竹笔直向上,擎天柱般撑起一片绿色的天穹,那气势简直会让你恨不得立即也成擎天柱。滚滚绿浪的竹海与丹崖赤壁、飞瀑流泉组景,是竹海森林公园的突出特色。其中有丹峰之上的观海楼,高梁之上的天心桥,丹岩相伴的仙女瀑布,赤壁上的硝岩瀑布,等等。

观海楼: 在公园内建有一座观海楼。这座建在丹霞峰高处的观海楼,高 26 米,共 6 层,绿浪环绕,高耸入云,造型别致,是绿色竹海中的一景。从绿色的海底,登上望海楼观景,有 360 级、宽 2 米的石梯,其中有几级特别奇怪。当你踏上石梯的这几级时便咚咚作响,酷似打鼓的声音,故而被称为"地鼓"。有人分析说,是这几级石梯的石块材质特殊,但据说砌筑石梯的石材都是从一个地方采来的,材质并无差别,为何排置在这里会发声呢?至今还是一个不解之谜。走过石梯的这几级,带着一种神秘继续拾级而上,当你登上观海楼凭栏眺望时,地鼓的神秘感顿失,涌上心头的是汹涌澎湃的竹海浪潮。那滚滚的绿浪铺天盖地,涛声悦耳令人亢奋,有谁不感叹这无边无际竹海的雄伟壮阔呢!

回音壁：距观海楼即地鼓所在处约4公里的竹海深处，有一高数十米的弧形丹崖绝壁，十分雄伟壮观。走近岩壁，只要开口说话，便有铿锵如锣的声音回荡在耳畔，萦绕于竹海上空，故将此丹崖绝壁如同侏罗纪公园甘沟峡谷的丹霞绝壁一样，喻为"天锣"。所不同的是，那里的天锣是绝壁上瀑布的声音，这里的天锣是丹崖绝壁的回音。面对这里的回音壁，会使到过北京的人不由想到北京天坛的回音壁，所不同的是这里的回音壁纯属大自然的天造地设。如此巨大的回音壁，国内尚属罕见。

观海楼下的梯石有"地鼓"，这里又有"天锣"，于是天锣地鼓的妙趣就成了众多游客茶余饭后的趣谈。

天心桥：在观海楼之东的绿海里，有一座山峰如海岛，山梁两侧是数百米高的断崖绝壁，险峰间飞架一桥名"天心桥"。这里的天心桥比侏罗纪公园甘沟景段的还要险，桥宽仅1米左右，离地面高达数百米，桥头石壁上刻有"天理良心"四个字，示意善良之人能过此桥。站在桥上俯视，峡谷一望无底；环顾四周，林海奇峰在足下飘动；远望林海风光，天心桥也是"观海桥"，在这里的感受与在观海楼上的感受无异，同样是满目绿浪滚滚，同样是令人心潮澎湃。

仙女瀑布：这是竹海森林公园内最为精彩的水景观，是一个极为俊美的瀑布群，共有18级，曲折回环于竹林之中。其中，第二级瀑布呈S形奔流向一块圆形巨石，然后变成括弧形沿巨石两边流向一块平整的丹岩，再注入深潭。

整条瀑布造型别致奇特，在一级又一级瀑布溅起的水雾中，仿佛一条仙女的纱巾飘飞，远远望去又像一位出浴的苗条少女。首级瀑布似头，发髻高昂；二级瀑布似胸突起；三级瀑布似细腰；四五级瀑布似石榴裙；左右溪流似玉臂。故而，这条18级瀑布便取名"仙女瀑布"。

硝岩瀑布：这又是竹海中与众不同的一挂瀑布。硝岩是因其表层附着有芒硝类的晶体物,在阳光下微微闪光而得名,而硝岩瀑布则是因硝岩而得名。

在硝岩瀑布的左侧有一河隙,高46米,宽3~8米,长300余米,这里的岩层经侵蚀渗透出一种芒硝结晶物,因而被称为"硝岩"。竹海森林公园的硝岩瀑布,是从挺拔险峻的硝岩赤壁上飞流而下的,高80余米,上端是银色山泉,瀑布与闪光的硝岩组景,如银龙腾飞,光彩夺目,故称"硝岩瀑布"。

竹海森林公园,因其核心部位在野竹坪,故而又称之为"野竹坪竹海森林公园"。公园内小路全是由青石板铺筑,沿小路走进竹海深处,如同潜入了绿色的海底,听涛声,赏趣景,其乐无穷。

乌蒙磅礴走泥丸

毛泽东《七律·长征》诗中"乌蒙磅礴走泥丸"这一句,生动而又确切地概括描述了乌蒙山的气派和特色,也不由得让人想起红军长征留在这里的铁血足迹。

乌蒙山在黔西,是贵州高原五大山脉(苗岭、乌蒙山、大娄山、武陵山、老王山)之一,东北西南走向,最高峰韭菜坪海拔2900米,山区有六冲河、北盘江、鸭溪河等河流纵横蜿蜒,腹地的六盘水地带是典型的喀斯特地貌,其他地区也普遍有喀斯特发育。1935年4月下旬,红一方面军穿越乌蒙山经盘县进入云南境内,由曲靖与东川间直奔金沙江南岸;1936年2月至3月底,红二、六军团长征,千里转战乌蒙山,而后经盘县、亦资孔进入云南境内,奔向滇西北丽江地区。红军长征转战乌蒙,这里的山山水水铭刻着红军的英雄足迹。

乌蒙山处于黔、滇结合部,又是贵州高原海拔最高的地带,并且有贵州境内海拔2900米的最高峰,又有彝、苗、布依、回、仡佬等30多个少数民族在气势磅礴的山区聚居,所以,乌蒙山有着众多神奇而独特的自然景观和人文景观。

溶洞多神奇

乌蒙山从北到南溶洞众多,以幽深广阔者有之,以钟乳石、石笋等奇特者有之,以地下潜流与溶洞共处者有之,著名的有龙凤地宫、碧云溶洞群、脚踩洞、织金洞、九洞天等。

龙凤地宫:这是一座地处六盘水市水城县境内的天然溶洞,竟然深入地下近百米,全长2.8公里,景色奇妙至极。走进龙凤地宫,首先看到的是雷公洞;过雷公洞至栖霞洞,沿途淙淙流水,洞壁上有岩溶自然生成的腾龙和飞凤造型,栩栩如生,故被命名为"龙凤地宫"。洞中的暗河名"古象河",全长800余米,泛舟清澈凉爽的暗河中,欣赏河岸崖壁上的龙凤及其他天生图案,无不赞叹称奇。

在龙凤地宫中还有一个洞中洞,面积达1600多平方米,能容纳1500余人,并因右侧还有一个天然舞台,所以这个洞中洞恰似一座神奇的音乐厅。音乐厅内,无论厅顶厅壁,还是地面舞台,均布满了千姿百态的钟乳石、石笋、石幔、石帘等。这些天然的布景在彩灯照耀下,流虹迷离,美不胜收。

碧云洞天:这是以碧云洞为主的溶洞群,位于六盘水市盘县城关镇西南部,包括碧云洞、星宿洞、蝙蝠洞、达拉洞、凉风洞、高屯洞等。这里地处南盘江、北盘江的分水岭,海拔落差大,地质构造复杂,溶洞密布。其中尤以碧云洞最为著名,故称"碧云洞天"。

碧云洞的形成,受一条东北走向、倾向西北的逆断层影响较大,由于断层带破碎及附近派生的构造发育地带透水性极好,地下水侵蚀溶蚀强烈,使碧云洞现仍为正在发育的伏流溶洞。

碧云洞全长6.5公里，由盘县城区三条溪流汇合而入。入水洞口呈半圆形，跨度30米，高8米多。洞内最大跨度150米，地面距拱顶最高处达117米，有天洞、地洞之分。流水入洞后忽分忽合，蜿蜒曲折，层层递进，跳跃着奔流，绕十八层后由风洞口泻出，有"十八道河"之称。洞中遍布的钟乳石、石笋等，有的须眉宛若罗汉，有的似鳞甲欲动的苍龙，有的倒垂绝壁如青莲，千姿百态。更奇特的是，碧云洞洞中有洞，洞上有洞，景物皆与主洞一样，气象万千。总之，碧云洞洞中有河，洞中有洞，碧乳凝成的景物无奇不有，极具旅游开发价值。

脚踩洞：这是盘县另一座奇特的溶洞，位于该县保基乡格所河伏流中段，是伏流河洞穴顶拱塌陷形成的垂直溶洞，因而又叫"天窗""天眼"。

脚踩洞因远远望去如同一个巨大的脚印而得名，传说这是一个仙人踩下的脚印。2003年中、法洞穴专家曾在脚踩洞探秘，揭开了这个竖洞的神秘面纱。脚踩洞其下有全长约7公里的两个溶洞，一为落水洞，一为出水洞，脚踩洞处在两洞之间，是地下洞的唯一见天窗口。此竖洞上口直径上百米，下口直径只有20余米，深200多米，四周悬崖绝壁，惊险奇特。像这样下通地下河及溶洞的天然天坑实属国内罕见。更让人称奇的是，天坑内还长满多种植物，而且十分茂盛。同时还探明，天坑内暗河伏流岸边还有两个天然大厅，大厅又与另一个未透天的竖洞相通。厅内钟乳石倒挂，正在发育过程中。另外还发现，在暗河里还有国家二级保护动物娃娃鱼。

织金洞：位于毕节市织金县城东北23公里处的官寨乡，地处乌江源头之一的六冲河南岸，原名打鸡洞，具有大、奇、全三大特征，在"中国最美的六大旅游洞穴"中名列第一位。大，空间宽阔，规模宏大，已勘察洞长12.1公里，已开发其中的6.6公里，两壁最宽处175米，相对高差150

米，一般高宽均在 60~100 米之间，洞内总面积 70 万平方米；奇，景观造型奇特，规模壮观，审美价值极高；全，景观形态丰富，类型齐全，钟乳石、石笋、石幔等及其他岩溶堆积物，几乎囊括了世界溶洞的主要堆积形态和类别。

织金洞内主要有迎宾厅、讲经堂、万寿宫、广寒宫、灵霄殿、雪香宫、塔林洞、江南泽国、十万大山等景观。全洞以蜿蜒曲折的通道相连，步转景移，厅、堂、宫、殿、洞各具特色，被誉为"岩溶瑰宝""溶洞奇观"。其中最为引人入胜的是迎宾厅、灵霄殿、塔林洞。

迎宾厅长约 200 米，呈花园式，位于入口处。厅顶有直径约 10 米的圆形天窗，阳光可直照洞底；空檐有串串滴落的水珠，在阳光下仿佛撒下千万个金钱，称"圆光一洞天"，又名"落钱洞"。迎宾厅侧壁旁有一钟乳石长达 10 余米，形似核弹爆炸后升起的蘑菇云。厅内还有清澈的圆形池塘，周围石笋和厅顶洞窗倒映在池水中，是迎宾厅迎客的又一奇景。

灵霄殿为织金洞中最美的景观区，两侧石壁垂下数十米宽的五彩石幔，宛若天宫幔幕。殿中央有"瑶池"，池中立有"擎天一柱"，如雕如镂，气势非凡。殿内占地面积最大的是雪白的滴石群落，这些石笋中有似玉皇大帝的，有似华表的，有似仙鹤的，有似玉龙的，形象逼真，故此殿被称为天宫的"灵霄殿"。

塔林洞是又一番景象，洞内有钙华塔山（石）百余座，有的光滑至顶，有的层状耸立，塔身金黄，远看似一座"金塔城"。金塔间又遍布种种奇景，最著名的是两棵"石松"，一棵高 5 米，是标准等腰三角形，片状滴石附生于主干如叶片；另一棵高 17 米，从托盘中拔地而起，树冠上层如积雪，称"雪压青松"，均为洞中之宝。另外还有"倒挂琵琶""石鼓""剑门关""影泉"等奇景。

其余,万寿宫有形似南极仙翁、太白金星、张果老的"三星聚会"奇观;广寒宫有被誉为国宝的白色结晶体"银雨树"奇景;雪香宫有百余座石笋组成的"石竹园";江南泽国有深潭与潭中石笋组成的"清潭九笋"。总而言之,织金洞规模宏大,气势磅礴,奇观异景众多,可谓溶洞景观集锦。《中国国家地理》杂志对织金洞的评价是:"如果你一生只想去一个洞穴,那非织金洞莫属了。"

九洞天:这是一段以伏流为代表的喀斯特地貌溶洞区,位于毕节市大方县猫场镇五丫村。伏流是乌江干流六冲河流经大方、纳雍之间的一段,全长7公里,面积约10平方公里,因有九个伏流洞口而得名"九洞天"。

九洞天风格迥异,有不同的名称,如一洞名"月宫天",二洞名"雷霆天",六洞名"象王天",七洞名"云霄天",九洞名"大观天",等等。

月宫天是一个宽敞的大穿洞,高70至100余米,面积有1100平方米之多,分前、中、后三厅。进入洞门,是一道10多米宽的瀑布,从左侧洞壁半腰飞流直下。在宽敞高大的洞口顶部,有一个很大的圆形凹壁,像高挂天空的月亮,白色钟乳石点缀在灰青色的洞顶,如繁星点点。黄白相间的石壁如"天幕"一般衬托着这个凹壁,远望更像皓月当空,繁星闪闪。

雷霆天现已被辟为发电室,通过闸门巧妙地控制引取落差11米的水流发电。这类无场房的天然洞内发电站,在国内罕有。沿着一条新建的曲栏往前走,跨过水流湍急的拦水坝,穿过一道造型别致的洞门,此洞便是一个峡谷地带。峡谷内有两道宽20米、高10余米的瀑布,水流充沛,遥相呼应,这便是洞内拦水坝蓄水发电的水源。此时,洞内机器轰鸣,洞外涛声满谷,有雷霆万钧之势,故二洞天名"雷霆天"。双瀑浪花飞溅,涛声滚滚,再加上青山白岩相衬,蓝天白云辉映,形成了二洞天独特的个性和景色。

象王天因洞形若大象立于水中而得名。洞顶距水面高约80米,水面最宽处约60米,最窄处只有30米。一侧洞口高大开阔,另一侧与五洞天的两个洞口相连。此处有石头开花景观,配以洞影,蔚为壮观。三、四、五、六洞天,洞相结,水相连,各自有通天洞与外界相通,洞中石幔、石柱、石笋、钟乳石形态万千。洞底有河,洞壁有栈道,坐船或是走栈道,均可观赏三、四、五、六洞天内的神奇景观。

云霄天的洞壁右侧有一个小洞口,洞中有碾有灶,一百多年前人们曾在此熬硝,当地人称这个洞为"水硝洞"。时至今日已无人操此道,但旧时遗址和用具尚存。进大洞百数米是河水,只有水涨时才能进去。大洞石壁陡峭,有岩燕在上筑巢,蝙蝠在阴暗处栖息。岩燕成群出洞时振翅向上,直冲云霄,翻飞掠影,气派非凡,再加上"硝"与"霄"谐音,所以原先熬硝的洞天,现称"云霄天"。

大观天洞内宽敞达一平方公里,奇观之美胜似前八洞,是九洞天中最为精华的一洞。与其他八洞不同的是,洞内有一座天生桥,天生桥上面陡峭险峻,半腰处又有一个神奇的岩洞,当地人都习惯称此洞为"仙人洞"。这里洞中有桥,桥上有洞,并且各种岩溶景观发育典型,集岩溶美景之大成,故有"大观天"之誉。

典型喀斯特

乌蒙山区喀斯特地貌典型,除遍布的溶洞和伏流之外,还有韭菜坪上的天上石林、水城天生桥、水城花嘎溶斗、北盘江峡谷等多种喀斯特奇观。

天上石林: 毕节市西南部赫章县内的韭菜坪,是贵州省的最高峰,海拔 2900 米,被称为"贵州屋脊"。韭菜坪过去因韭菜花驰名而得名,但如今却不止于此。这里有韭菜坪、天上石林(洛布石林)、天然万亩草场和彝族村寨四部分组成。据考察认定,这里是世界上最大的连片喀斯特地区,石林、怪石、云海、飞瀑流泉等,都比原先的韭菜花更为著名。尤其是这里的千亩石林,与韭菜坪遥相对应,被万亩草原环绕着,奇石密布,造型各异,风姿迥然,充满灵气,呈现出未曾粉饰过的淳朴。奇石或立或卧,或玲珑剔透,或魁伟遒劲,本地人称之为"洛布石林",彝语即"落布诺",意思是"滑竹与石头构成的森林",也可以说是"像古代民族一样的石林"。洛布石林天然成趣,瑰丽灵秀,巧夺天工,藤石相缠,仿佛在茫茫草原人工培植的巨型盆景,于是就有了"不到韭菜坪,枉看贵州山"之说。

水城天生桥:位于六盘水市水城县城西北部,是一座世界最高的可行驶汽车的公路天生桥。桥高135米,跨度60米,属石灰岩洞穴坍塌后残留下的洞段,两岸全系悬崖绝壁,东部为稞布大沟,西部为干河大沟。桥的四周分布着暗河和溶洞,与石灰岩陡壁、深箐密林构成了天生桥奇特的喀斯特奇观。与天生桥联袂的还有青林苗寨、南开花场两个独立民族风情点,其下方还有大小不一的、特色不同的天生桥组群。

花嘎溶斗:位于水城县花嘎东北,溶斗口部面积居全国首位。水城花嘎溶斗发育于 2.3 亿年前中、上石炭纪碳酸盐岩层中,呈椭圆形,深 200~300 米,顶部长轴直径 700 米,底部长轴直径 250 米,自上而下俯视,溶斗斜坡及底部亚热带植物茂密,神秘莫测。其南侧约 2 公里为北盘江支流深切 700 米的乌都河峡谷,河水奔流,悬崖绝壁间溶洞、怪石、瀑布、绿林齐全。溶斗与乌都河峡谷充分显示着这一区域的喀斯特地貌特征。

北盘江峡谷:北盘江峡谷是乌蒙山国家地质公园的主要组成部分,

另一部分则是已经记述的碧云洞溶洞群。可以说,这两个部分几乎囊括了乌蒙山区喀斯特奇观的全部。而北盘江峡谷既有长江三峡的秀丽险峻,又有着美国科罗拉多大峡谷的雄奇壮美,而且在峡谷内的人文景观内容也相当丰富,是一条融喀斯特天然景观与人文景观于一体的大峡谷。在这条峡谷内隐藏着古城遗址、摩崖石刻、古驿道等古文化之谜,以及花江铁索桥、关兴公路大桥等。

北盘江流经贞丰县北盘镇的一段被当地人称为花江,是北盘江大峡谷最具代表性的一段,所以北盘江峡谷又被称为"花江大峡谷"。这里是典型的喀斯特岩溶地貌,其两岸峰峦蜿蜒,山崖耸峙如犬牙交错,峰林峰丛似海。谷底飘带般奔腾的花江水势汹涌,浪花翻滚,响声如雷。绝壁上,藤蔓攀附,古木丛生。整个谷间峰林、峰丛、孤峰、石林、溶洞、溶丘、瀑布、暗流、伏流、洼地、漏斗、奇石和千姿百态的钙质岩物一应俱全,形成贵州喀斯特地貌类型最为齐全的亚热带岩溶景观博物馆。不仅如此,而且在花江峡谷段还有夹山一线天、飞水崖、轿子岭、观山海等景点,并且关兴大桥、铁索桥、古驿道、摩崖石刻群也都集中在这里。

夹山一线天位于花江峡谷下游,在此峡谷突向西作90度大转弯,两岸绝壁高近千米,从上往下看,峭壁陡立对峙,惊心动魄;从下往上看,壁顶几乎合拢,被称为"夹山一线天"。关兴公路大桥(盘江大桥)架设在这里,桥体长388米,距水面高度486米,是同类桥梁中国第一,亚洲第二。

飞水崖即飞瀑崖,位于花江铁索桥下游500米处,高65米,宽28米,水源为半崖壁中涌出的地下河水,水质清澈,水流长年不断。瀑布下形成了两个碧绿的深潭,当地人称"绿阳潭"。潭边两座奇石形似鳄鱼张口,雄踞江边,其上苔藓及周边植被保护完好。

古驿道始建于秦汉时期,一条在干二盘,一条在法郎,是古代从长安到贵州进入云南的必经之道。明代这里建铁索桥,干二盘驿道就很少有人再走。铁索桥宽3米,长72米,高70余米,江水奔流其下,深不可测,是探幽览胜之地。铁索桥连接贞丰和对岸关岭,南岸贞丰一端古驿道上有摩崖石刻、石雕连成的书法艺术长廊,集中在桥头的有"飞虹""花江桥""万缘桥""功成不朽"等。另在铁索桥头有一泉,是峡谷山泉群的一眼,名"观水井",水质清澈甘醇,不受洪水污染,长年不断涌流,现已注册商标,畅销各地。

轿子岭和观山海(黄娘观景台)都是观赏峡谷风光的好去处。轿子岭到江边落差580余米,呈85度坡,站在这里谷底全貌尽收眼底,体会到的是地球裂缝的真谛。黄娘观景台视野开阔,向谷内观望,山青水明,草丰树茂,野猪成群,猴子戏闹,白鹭飞舞,喀斯特奇观遍布;向对岸远眺,山峦层叠,一望无际,峰林、峰丛点缀其间,红岩白壁,崖上村寨稻田,如诗如画,可领略"江山如此多娇"的神韵。最后补上一句,花江峡谷是86版电视剧《西游记》外景地之一。

毕节古意浓

毕节即现在的毕节市,位于乌蒙山区北端的黔、川、滇三省交界处,是黔西北的大门,自古是军事要地,故而这里的古遗址很多。

大屯土司庄园:位于毕节市区东北100公里处的大屯乡,庄园始建于清道光元年(1821年),气势恢宏,庄严肃穆,唐风古韵,是全国仅存的较为完整的彝族土司古建筑群。

大屯土司庄园坐东向西,依山就势而建,面临缓坡台地。四周砖砌围墙,沿墙筑有6座各有其形和用途的碉堡。庄园整体布局为中轴大体对称的大规模三路主体建筑,左、中、右三路间设回廊相互贯通。部分建筑是仿古代日本唐招提寺所建,具有独特的民族风格和浓郁的地方特色。

中路和右路皆为三重堂宇,层层深入,重重叠高,以气势宏伟壮观见长,其石作、木作以及家具雕刻的各类图纹,具有鲜明的彝族文化艺术特色。左路建筑有东花园、粮仓、绣花楼等。东花园也称"亦园",用于招待客人,是庄园三路中最精彩的建筑。园内有花圃、客房等,建筑以精美见长。花圃错落有致,客房装修华丽,院坝青石铺就,院墙彩绘装饰,古香古色,十分幽雅。

奢香博物馆:这是我国西南地区第一个以民族历史人物命名的博物馆,由两个部分组成,一是奢香墓,二是博物馆陈列室。

奢香(1358~1396年),彝族杰出的女政治家,为元末永宁(今川南古蔺)人,彝族恒部扯勒君长奢氏之女。她14岁时嫁给了彝族首领、贵州宣慰使霭翠。丈夫战死后,奢香代夫为政,平息兵变,凿建连通湘、黔、川、滇四省的道路,对增进西南地区各民族交往、促进地区经济文化发展起到了重要作用。明洪武二十九年(1396年)年仅38岁的奢香夫人病逝,明太祖特派使臣祭奠,并加封奢香为"大明顺德夫人"。

彝族巾帼英雄奢香去世后,葬在毕节东南大方县城边的云龙山下洗马塘边的半山坡,是一座圆形石墓。以墓为圆心建有九盘围石,每盘用36块白石砌筑。其中第六盘圆围上有九龙九虎变形图,是彝族文化的重要标志。

奢香博物馆坐落在圆形石墓南侧,是一座具有彝族传统建设艺术特色、形式别具一格的宏大仿古建筑。馆内有6个陈列室,收藏了包括记载奢香夫人生平在内的大量彝文古籍和文物。馆藏系统展示了聚居在黔西北以大方为政治、经济、文化中心的古代水西彝族历史文化的辉煌。

敖家坟石刻:这是一座始建于清光绪二十四年(1898年)的古墓群,

位于毕节市东北金沙县石场乡鹿楼村,由南北两组墓群组成。该墓群有书刻、绘画、版画千余幅,雕刻技艺精湛绝伦,极具文物价值,是研究黔西北历史文化的瑰宝。

赫章古墓群:这是黔西北最古老的墓葬遗址,位于毕节市西南赫章县可乐乡,全称"赫章可乐遗址古墓群"。古墓由1个古夜郎民族部落遗址、1个秦汉古都城遗址和14个古墓群组成。这里是传说中的夜郎国城邑,经先后9次发掘,共发掘368座古墓葬,出土石、陶、玉、青铜、琥珀、玛瑙和铁质生产工具、生活用具、兵器、装饰品、农耕画砖、砖绘《乐工百乐图》、核桃、鸡骨和酒等文物8000多件,完整地反映了从春秋战国至秦汉时期独特的夜郎民族文化和秦汉时期汉文化,以及汉文化在这里与少数民族相融合的特点和实物佐证。

梭嘎乡苗寨:特别值得补上一笔的是,乌蒙山区的古意并不仅仅限于毕节市,也不仅仅限于古遗址,在其他地区、其他方面,比如古朴的少数民族村寨、少数民族传统文化,就是比较普遍、也很重要的一个方面。这里的六盘水市六枝特区梭嘎乡长角苗寨,就是最值得补上一笔的。

梭嘎乡是古朴的长角苗故乡,生活在12个寨子的长角苗族约4000人,其中陇嘎村最为典型,也最为有名。苗寨依山而建,原始古朴,苗民男耕女织,过着简单自然的生活,民风民俗保持完整,民族文化深厚,堪称人类"活化石"。他们是苗族的一个分支,至今仍保持着一种古老的以长角头饰为象征的独特苗族文化。所谓长角,即女人在梳头时,先用一根长约两尺的牛角状木板将头发盘在脑后,再在木角上把假发盘成巨大的∞字形,头饰高约15厘米,两头垂于耳后到两肩上方。她们传统的服饰是,上身白底蓝花蜡染短衣,下穿黑底、红白横边的百褶裙,身后还拖着挑花绣片,身前挂一个羊毛毡护兜。有人说"长角苗"的历史写在妇女的服饰、特别是头饰上,表述得十分得当。为此,改革开放后梭嘎长角苗寨特别受世人关注,在梭嘎乡高兴村寨建了由挪威国王和江泽民共同签署合作文件的"中国首座露天生态博物馆"。

1993年,法国《费加罗杂志》周刊的记者,徒步跋山涉水到六枝特区梭嘎长角苗村寨采访,甚为惊讶,他们认为这里的妇女身材矮小,但头饰巨大,有一种独特的气派。如今这种气派的古老发型和衣着,因梭嘎生态博物馆的开放,而逐渐被国内外越来越多的人所知晓。

天成生态美

乌蒙山区地处云贵高原中间地带,喀斯特地貌发育良好,山水环境极佳,气候凉爽宜人,西北部的毕节市境内自不必说,腹地的六盘水市也有"凉都"的美誉。优越的地理环境,地造天成了这里的绿色生态美。在这片神奇的山野里,有百里杜鹃、威宁草海、坡上草场、银杏古林等生态景观,充分展现了乌蒙山高原山地壮阔美丽的自然风光。

百里杜鹃:在毕节市大方、黔西两县交界,有百里天然杜鹃林呈带状分布。林带宽1~5公里,绵延50余公里,总面积125.8平方公里。林带内共有杜鹃花60多个品种,占世界杜鹃5个亚属中的全部,被称为"世界上最大的天然花园",也有"地球彩带、杜鹃王国、养身福地、清凉世界"的美称。

林带内最难得的是有一树不同花奇葩,即一棵杜鹃能开出不同颜色的花朵,最多的能开7种。其他品种有马樱杜鹃、大白花杜鹃、水红杜鹃、露珠杜鹃等。百里杜鹃不仅是杜鹃花的世界、杜鹃花的海洋,而且也是参天古树云集、山水林洞相映、珍禽异兽栖息、民族风情浓郁的胜地。

百里杜鹃分金坡和普底两个景观区。金坡景观区的特点是,连绵起伏,气势雄伟;普底景观区的特点是,纤细小巧,美丽玲珑。两个姹紫嫣红的景观带,共同组成了中国西南一处内容丰富、艳绝无双的胜景。

金坡景观带内,除争奇斗艳的杜鹃花之外,还有神奇大坑洞、风景秀丽的附廊水库等。大坑洞内钟乳石、石笋等各具形态、巧夺天工,如把门将军、老君骑牛、犀牛钻滩等,都栩栩如生。附廊水库,岸掩垂柳,水卷漪波,与花海奇洞遥相呼应。

普底景观带内,不仅百里杜鹃林带的品种都有,而且还古木云集,是珍禽异兽栖息的好去处。林木花海里,栖息着鸟类104种,兽类31种,为杜鹃花海平添了鸟语花香的情趣。

威宁草海:威宁取"威镇安宁"之意,位于毕节市西南部。而威宁草海则处于威宁县城西草海镇,是贵州最大的天然淡水湖,像一颗晶莹的蓝宝石闪耀在云贵高原上。草海海拔2171.7米,覆盖面积保持在30平方公里以上,以水草茂盛而得名,又名南海子、八仙海,是一个石灰岩溶蚀湖。这里水质清澈无污染,由于大量水生植物无一空缺密布在"海底",从而形成了极为壮观的"水下草原"。

据地质学家研究证实,威宁草海发展历史已逾20万年。另据传说,草海原是一个村寨星罗棋布、人烟稠密的山间盆地,直至清咸丰七年(1857年)春夏时节,山洪暴发,抱木夹杂石块、泥沙堵塞大落水洞,致使南北两海合而为一,积水无法排出,形成了茫茫高原海子。据史料记载,草海自清末1893年直到中华人民共和国成立后的1972年,在80年间曾三度遭到人为破坏,直到1985年设"威宁草海综合自然保护区",后来经国务院批准升格为国家级自然保护区,成为候鸟保护、水生养殖、旅游疗养之地,才恢复了当年的面貌。

如今的威宁草海,已形成了一个完整的水域绿色生态链。草海四周青山环抱,林木葱葱。湖中鱼虾肥美,薄草等水生植物茂盛。水质纯,水草绿,鱼虾肥,空气清新,蓝天碧水,于是威宁草海就成了"鸟的王国""水鸟的天堂"。据统计,草海共有鸟类100余种,珍稀禽鸟20余种,特别珍稀的有黑颈鹤、灰鹤、丹顶鹤、黄斑苇鳱、黑翅长脚鹬和草鹭等,是世界人禽共生、和谐相处的十大候鸟活动场地之一,也是冬春观鸟,夏秋避暑的最佳选择地。

中国特有的高原候鸟黑颈鹤,主要生活在青海、西藏南部和四川北部的少数高原地区,现仅存500多只,是世界上15种鹤类中唯一生活在高原沼泽的鹤类,每年初冬时节,青藏高原上"千里冰封"来临,它们就举家到威宁草海越冬,直至次年春回大地后才返回故地。

坡上草场：乌蒙山北部有威宁草海,而在西南部的盘县境内却有贵州最高最大的草场,以及最高的湖泊。

坡上草场位于盘县北部四格、坪地两个彝族乡境内,海拔从2000米升高至2857米,有10万亩草场和4万亩矮杜鹃林,还有高山湖泊长海子、牛棚梁子山峰、备毛沟河溪等,构成了独特的山峦奇峰、湖泊草场、杜鹃仙境奇观。这里春时绿草茵茵,杜鹃花盛开,夏秋牛羊一望无际。其中的高山湖泊长海子,水清见底,湖面海拔2560米,如一面宝镜把蓝天白云收入碧波荡漾的湖水里。说这里如诗如画,没有半点夸张,倒也恰如其分。

银杏美景：银杏为落叶乔木,雌雄异株,结形状似杏的白果,生长缓慢,是我国特有的侏罗纪时代孑遗树种,郭沫若称其为"中国人文的有生命的纪念塔",为国家二级保护植物。银杏在国内其他地方成林的很少,而在乌蒙山区盘县县城东南却有集中连片的古银杏群落,被称为"盘县古银杏风景区"。

景区包括城关镇妥乐村、石桥乐民镇、水塘镇、火铺镇,但古银杏最多的是妥乐村。这里分布着上千株古银杏,树龄均在300年以上,长者达千余年。这些银杏树,从小径、田埂、屋基下、石阶上,向四面八方伸展出来,妥乐村掩映在林中,似乎是被古老的树根托起来的村庄。秋季,这里是一派金色的世界,妥乐村到处灿烂生辉,似一个金碧辉煌的童话世界。

乌蒙山,贵州的屋脊,乌江、北盘江分水岭,溶洞成群又伏流遍布,集山峦雄伟与生态艳绝于一身,是苗族、彝族等少数民族的摇篮。昔日"乌蒙磅礴走泥丸",红军长征在这里千里回旋,如今又有多少人在这里流连忘返。一位作家到这里踏访采风,在北盘江峡谷高处感叹说:"北盘江峡谷可以帮助我找回失落千年的唐诗宋词意境。"

金沙水拍云崖暖

　　1935年5月3日傍晚时分,毛泽东在干部团特科营营长韦国清等人护送下,在皎平渡渡口登上了渡江木船,船工们喊着号子划桨,木船在激流中飞向北岸。毛泽东稳稳地站在船上,望着两岸的悬崖峭壁和奔流狂放的江面,心潮澎湃,思绪万千,于是在他的《七律·长征》中便有了描述此情此景的"金沙水拍云崖暖"的绝妙诗句。

　　金沙江是长江上游的主要河段,流经高山峡谷间,两岸尽是绝壁悬崖。皎平渡一带是金沙江的下游段,江面较宽,但比起红军强渡时损失惨重的湘江来,还是要惊险数倍,历来被称为"天险"。然而,红军在这里渡江,实现了原计划在泸州至宜宾间渡江而未实现的愿望时,蒋介石却还不知红军在哪里?这样,毛泽东"金沙水拍云崖暖"的心境就不难理解了。一个"暖"字,把毛泽东等中央领导人指挥红军渡江的雄才大略和当时的心情表述得恰如其分。另外,这个"暖"字的渊源与《三国演义》所描述的这里的气候有关。据《三国演义》讲,三国时金沙江被称泸水,这一带在春天便酷热难当,诸葛亮在四五月南征时,部下马岱率部渡泸水,损折人马千余。毛泽东率领红军渡江,恰好与诸葛亮南征同一季节,同一个地方,所以就有"云崖暖"的感受。

毛泽东的这一绝妙诗句,不仅是对皎平渡一带金沙江景观的描述,也包括红二、红六军团1936年4月25日至29日在石鼓一带渡江的河段,或者说是金沙江的下游段。所以,这里以"金沙水拍云崖暖"为题,从简介金沙江开始,记述金沙江自石鼓至皎平渡一段的主要自然景观和人文景观。

金沙江是长江上游狂野的一段,因峡谷河滩的沙中可以淘金,而名为"金沙江",长达2316公里。而长江总长度6300公里,发源于青藏高原唐古拉山,正源沱沱河在各拉丹冬雪山南侧,峰顶海拔6621米。沱沱河从源头至当曲口流向为东南,长375公里。从当曲口至玉树巴塘口改称通天河,流经海拔4500多米的青海高原,长828公里。自巴塘口始称金沙江,至青海高原南部直门达后折向南流,狂野地奔腾在川、藏之间横断山脉东列的高山峡谷间,在云南丽江石鼓受到两个断裂带的影响,突然转了一个大弯,由向南而改向东北钻入了玉龙雪山与哈巴雪山间的大峡谷。之后,在滇西北、川西南又转了几个大弯,东入四川盆地,在宜宾岷江口改称长江。

金沙江从巴塘口至宜宾,全程的绝大部分是奔流在高山峡谷间,落差达3000余米,而且在下游段连续几个大转弯,穿越的峡谷河床最窄处只有几十米,两岸高峰峭壁达3000米以上,狂野奔放之程度令人惊讶!但在狂野中也有温存,狂野奔放与温存靓丽并在,使红军长征经过的地段,如今形成了长江上游著名的旅游胜地。皎平渡北岸的会理,第二个大转弯地带的泸沽湖,丽江石鼓长江第一湾、虎跳峡、玉龙雪山、丽江古城,把这里的自然景观和人文景观,彰显得淋漓尽致。

多元的会理

以多元来形容会理,是因为会理历史悠久,又是川滇要津,在古代是多种文化的荟萃之地,形成了金沙江畔的多元文化,而且长征文化也在这里灿烂生辉。

会理县与金沙江南岸的云南禄劝县(今禄劝彝族苗族自治县)隔江相望,东、西、南三面金沙江环绕,通过皎平渡构成了川、滇古代交通要道,所以,会理县境内呈现多元文化的古迹甚多,特别是在会理古城内。而且,在会理县境内的龙肘山、龙潭溶洞等自然景观也很精彩。

会理古城:会理县城是一座有着2100多年历史的古城重镇,是古代"南方丝绸之路"的要津、西南腹地的战略要冲,号称"川滇通衢"。会理这一名称的来源与这里的多民族特点有着密切的关系。会理从汉武帝元鼎六年(公元前111年)开始设县,取名"会无",即"会晤"的意思;至唐初开始改名为"会川",意即族之会,川之会;元代在今会东县有会理州,清雍正六年(1728年)移至今会理县,1913年降州为县。从地下出土的文物可以证明,这里在新石器时代就有人类活动,并且也曾是白族先民们的重要生活地域和古蜀先民迁徙的途经地,有不少人与当地土著人融合,形成了新的民族。三国时诸葛亮南征,这里是主要途经地。在古代历经中原文明、南昭文明的影响,会理便成为一处多元文化的荟萃之地。

会理县城内外两层坚固城墙,城楼也很壮观。红军进入会理县境后,红三军团的三个团曾担任攻城任务,掩护其他部队在会理境内休整,并且攻进了第一道城墙的东门和西门。

古城内的古建筑十分规整。建于清雍正二十二年(1734年)的钟鼓楼位于老城正中,雕梁画栋、朱柱挺拔、镂窗雕花,造型优美,十分壮观。

雄伟的楼下是十字形通道,分别通向东、西、南、北4条以青瓦木椽建筑为主体的笔直老街。以钟楼为中心,南北中轴线是商埠交通要津,有四街三关二十三巷,形如棋盘,至今保存了很多古建筑。科甲巷与西城巷是最有特色的两条小巷。西城巷也叫小巷子,里面的建筑大都为清末民初的建筑,青石板路上尚有当年"南方丝绸之路"马帮留下的蹄痕。

城内西街有一座清末所建的瀛洲公园。这是一处由几个省的会馆并为一体的园林,会馆的建筑风格各异,1980年修复一新,并增建了仿古的驻鹤亭、金镜阁、藕香桥、玉华池等,还将原来在他处的城隍庙戏楼也迁移至此。公园金镜阁内有石碑林,收藏有明朝状元杨升庵、清光绪皇帝的老师翁同龢、近代知名人士黄炎培、郭沫若和老一辈无产阶级革命家毛泽东、聂荣臻等的墨宝。瀛洲公园以古建筑群为主,有水、有桥、有亭阁,是会理古城文化氛围浓厚的园林美景。

山水风光: 会理县境内的龙肘山、龙潭溶洞,还有红旗水库等,是凉山彝族自治州金沙江畔山水风光极好的地域。

龙肘山地处古城西北部与米易县交界,从山麓到山顶有27公里的路程,不仅面积大,而且以雄、险、奇、艳著称,并且花卉资源十分丰富,有着名副其实的奇葩。这座山山花烂漫,最具观赏价值的有杜鹃花科、木兰科、报春花科、山茶树等。目前已知的野生杜鹃品种有30多个,分布在海拔2000~3000米地带,花期一般从4月中旬开始,由低而高次第盛开,到5月便成了花的海洋,堪与峨眉山雷洞坪一带的十里鹃海媲美。在海拔3000米以上的地带,有着成片的山茶花林。特别是山上还有众多的兰花品种,其中登记在册的名品"一捧雪"即出自这里。最神奇的是,山中还发现了忍冬科名花——琼花。山中还有一种名为偃柏的常绿小乔木,高不及两尺,极具观赏价值,是一种制作盆景的植物。

龙肘山麓的龙潭溶洞,如同山上的花卉一样精彩迷人。这个溶洞长

1500余米,洞内的钟乳石、石笋等绚丽斑斓,暗河蜿蜒,瀑布众多。洞口有"人"字瀑飞流直下,洞内有迎宾三瀑、天河瀑布、怒水瀑布等,气势令人叫绝,其声如交响乐一般悦耳动听。洞中最令人称绝的要算"莲花池",乳白色的石莲花叠卧于清澈见底的莲花池内,还有一条"玉龙"伏卧池边守护着,此溶洞也因此而取名"龙潭溶洞"。

红色景观:自然景观与红色文化景观相得益彰,是会理的一个特色。这里有两处自然景观虽然一般,但却闪耀着长征文化的红色光芒。

红旗水库,顾名思义带有红色的光彩。水库在距会理古城15公里处,原是一条周围皆山、地势较低的山沟,沟坡上有一个小山庄名老街铁厂村,这是红一方面军渡过金沙江之后,党中央召开政治局扩大会议即"会理会议"的村子。1966年截断这条山沟修建水库时,村庄被淹,会址没有留下来。水库于1977年竣工,开始叫铁厂水库,后改名红旗水库。改名时,在伸进水库的一个小山头上,也就是水库半岛上建了一座大理石的"会理会址纪念碑"。2004年又在水库边原会理会议旧址更高的山上松林里,建了一座石材的"会理会议遗址"标志碑。如今,中型水库的湖光山色与两座红色纪念性建筑组景,已成为会理的一处风景名胜旅游区。

另一处闪耀着红色光芒的自然景观,是金沙江北岸的砂石洞。此洞虽比不上龙肘山下的龙潭溶洞壮观,但其红色意义在长征史上是不可或缺的。这里是当年毛泽东、周恩来、朱德、刘伯承等中央领导人居住过,并在此指挥红军大部队渡江的指挥部。岩洞位于皎平渡北岸山坡上,11个洞排成一排,其中有一个长达10余米,洞的两端通透,故名"穿山洞"。在穿山洞旁有3个洞,第一个洞里又有一个小洞,被戏称为"套间",毛泽东渡江后就住在这个小洞内。周恩来、朱德、刘伯承等都在其他洞住过。这里是红军长征途中最为特殊的红色旧址。

会理会址纪念碑、会理会议遗址标志碑、红色旧址砂石洞与金沙江南岸禄劝县一方的皎平渡纪念馆（陈列着红军渡江文物和图片资料），再加上1999年修建的横跨金沙江两岸的皎平渡大桥，无疑是长征路上的一组胜景。

高原泸沽湖

金沙江，从长江第一湾钻入玉龙雪山与哈巴山之间的虎跳峡，奔流而向东北，在抵近四川边界即原西康省边界处又突然回转头来流回滇西北，直奔丽江东南方向的金江，在此转弯东流后又转向东北，经攀西高原南缘奔流而往皎平渡。这一连串的山谷间奔腾汹涌大转弯，称得上是金沙江的桀骜，或者说是狂野，但在滇、川边大转弯地域的泸沽湖，却水面宽阔，恬静秀丽，湖光山色一流。

泸沽湖位于金沙江第二个大转弯地域东面，地处川、滇两省交界，与金沙江临近而不相通。它是由断层陷落而形成的高原淡水湖，南北长，东西窄，湖面海拔2685米，周长60余公里，面积48.45平方公里，平均水深45米，最深处93.5米，透明度可达12米，属横断山脉中段的大型湖泊，水深仅次于长白山天池、滇中澄江抚仙湖。

湖光山色：泸沽湖四周环山，湖区气候冬暖夏凉，月平均气温都在20℃左右，空气湿润，四季如春，山上山下植物生长茂盛。由于气候温暖，四季温差变化不大，湖水常年碧波粼粼，青山倒影飘动。所以，用山清水秀描述这里的山水风光，把"清秀"一词拆开来，既赋予山，又赋予水，是再恰当不过了。

这里四周的群山，湖北岸的格姆山（狮子山）最雄伟，最高处海拔3754.7米，形似雄狮蹲伏湖边，是泸沽湖的最高处，被摩梭人奉为神山，故而山上建有格姆女神庙，每年七月十五日和二十五日的转山会，摩梭人都要到山顶祭拜格姆女神。格姆山山崖被称为"泸源崖",崖上有女神洞,洞中流出的泉水是泸沽湖的主要水源,为此还有泸沽湖形成的神话传说。

登上格姆山俯视湖区风光,泸沽湖形似一弯新月,湖中的几座小岛如漂荡在湖中的绿色船只。特别是由于湖水清澈透明,同一天里水光色彩变化多端:早晨,朝阳会把湖水染成一片金黄;太阳慢慢上升后,湖水会变成一片翠绿;夕阳西下时,湖水会变成一片墨绿色。在湖中行舟观望四野,青山绿林似在飘动,湖光山色不逊色于杭州的西湖、昆明的滇池、大理的洱海。有一首古诗形象地描绘了这里的水光山色。诗曰:

　　　　泸沽秋水阔,隐隐浸芙蓉。
　　　　并峙波问鼎,连排海上峰。
　　　　倒涵天一碧,横锁树千重。
　　　　应识仙源近,乘槎访赤松。

水上仙岛: 泸沽湖碧波荡漾,远望湖光山色如诗如画,泛舟湖中游,穿梭湖岛间,如入人间仙境。

泸沽湖岸边,曲折多湾,共有 17 个沙滩,14 个湖湾。而在湖中,却散有 5 个全岛、4 个半岛、1 个湖堤连岛。湖岛中最著名的是被誉为"蓬莱三岛"的黑瓦吾岛、里务比岛和里格岛。它们高出水面 15~30 米不等,大小也不等,相同的是岛上多为石灰岩,怪石嶙峋,灌木、藤蔓丛生,空气清新,恬静安宁,极具观览旅游价值。黑瓦吾岛、里务比岛靠近黑格村,可以从西岸大落水村和西北岸黑格村划船登岛。里格岛面对格姆山,是 5 个岛中最小的,岛的北面坡下平坦,居住着全是木楞房的 8 户摩梭人家,景色十分迷人。靠近北岸大嘴村的大嘴岛,以及由湖东逶迤而来的吐布半岛、黑瓦吾岛,现属四川盐源县泸沽湖镇。大嘴岛从大嘴村划船可往,是登岛观赏湖光山色的好去处。伸入湖中的吐布半岛，高出水面36米，长5000米，宽约200米，如苍龙伏卧湖中饮汲甘泉，几乎将广阔的湖面一分为二。半岛尖端与对岸相距约2000米，成为湖面最窄的地方。半岛前方是酷似龙头的黑瓦吾岛，两者之间被淹没的一段是苍龙的脖颈，三者一脉相承。黑瓦吾岛东西窄南北宽，呈狭长形，过去是专供永宁土司消闲游乐的一个岛，现在岛上建筑已荡然无存，但岛上的景色依然幽雅美丽。

泸沽湖上的小岛一个比一个幽雅，天然的风光特色鲜明，极具旅游休闲价值，亟待有识之士开发。

草海风光：草海地处四川一方的泸沽湖出水口部位，是一块天然的巨大湿地，与湖泊连体。如果说泸沽湖是湛蓝的宝石，那么草海则是碧绿的翡翠。

草海是泸沽湖生态系统的重要组成部分，其他部分是湖泊周围的山林花草，神山的原始森林，湖湾生长着的芦苇及岸边的树木等。这几个部分各有特色，而草海的特色就是绿茫茫、平展展，多种水草与芦苇形成群落，鱼、吓、贝、螺与珍禽异鸟构成的是生物大观园。在水生植物中有的十分珍贵，如波叶海菜花就是其中少有的一种。草海里鱼肥虾美，高原冷水性湖泊的特有鱼种裂腹鱼在草海里也有。这种鱼鳞细体肥肉嫩，味道特别鲜美。这里是飞翔在泸沽湖一带的多种禽鸟觅食和栖息地，其中有珍禽黑颈鹤、斑头雁等，栖息在小落水一带的白天鹅也常到这里做客。

草海是这里的居民与珍禽和谐共处的地方，也是摩梭人自古至今向往的处所。草海里芦苇间有水路可以划船，但在芦苇中穿行与泸沽湖泛舟的风趣却大不相同。这里架有一座长长的木桥，连接草海两岸。桥长达300余米，原是为摩梭人走婚提供便利而建，称为"走婚桥"，而如今被游人喻为"天下第一爱情鹊桥"，成了有情人到泸沽湖的必游之地。

摩梭村寨：泸沽湖沿岸是以摩梭人为主的少数民族聚居地，其他还有彝、蒙、藏、普米、白等民族,共 1.3 万余人。摩梭人是纳西族的一个分支,在这里有 6000 余人,因为自古以来一直延续着"男不娶,女不嫁"的原始阿夏走婚形式,女人在家庭中占有主导地位,所以享有"人类母系社会的活化石"之称。但这仅仅是摩梭人保留下来的一种风俗,是不能代替泸沽湖游览区人文景观的。而摩梭人所居住的村寨、所建的房舍,却是泸沽湖美景中的一道靓丽风景线。

湖西岸的大落水村、西北岸的黑格村、北岸的小落水村和大嘴村等,都是摩梭人居住的村寨。其中小落水村三面环山,一面向湖,是一个传统而古老的摩梭小村寨,距格姆女神山最近。另一个古老的摩梭村寨或称纳西村寨是大嘴村,村落较大,有村民近千人,有古老的木楼和经堂,是湖区少有的纳西族村寨。这两个村寨都以传统古老而著称,但小落水村著名还有一个特殊的原因,即这里是摩梭人明星女歌手、作家杨二车娜姆的故乡。

摩梭村寨建设基本有两种类型,一种主要是古老的木楼,另一种主要是当地人所称的"木楞房"。木楼由方木垛成,每块木板长大概 0.8 米,宽 0.2~0.4 米不等。居室内以火塘为中心,旁边有老人和未成年孩子住的地方;另一幢二层楼房为客房,上面是青壮年妇女与她们的阿注的居室(阿注即是走婚的男友)。小落水、大嘴村等属于这类建筑风格的村寨。依山傍水而居的摩梭人习惯于建木楞房,这种房全用木材垒盖而成,四壁用削皮的圆木垒累,圆木两端砍上卡口衔楔,屋顶用木板铺盖,上压石块,整幢房屋不用一颗钉子,也不用砖瓦,却十分牢固,既不怕暴风骤雨,也不怕地震袭扰。黑格村对面里格岛北面的 8 户人家,一色的木楞房沿湖而建,大门面对湖水,排列齐整,房舍与绿岛、湖光浑然一体,比起面湖依山同样房舍的黑格村来,更为动人美丽。

泸沽湖从某种意义上来说,是摩梭人的"母亲湖"。《史记·西南夷列传》记载着"嵩"和"昆明"两个部落,司马迁所描述的这两个游牧部落,也许就包括了摩梭人的祖先。《后汉书》和《元史》也记载着摩梭人定居泸沽湖的历史。现在的泸沽湖,以其湖光山色之美、生态环境之优、民族文化和民族风情之独特,与长江第一湾之下的虎跳峡、玉龙雪山及其与之相伴的纳西族丽江古城,一并组成了长江上游、金沙江畔最佳的旅游胜地。

玉龙插云寒

玉龙雪山,位于云南纳西族自治州,紧邻金沙江,近似南北走向,是横断山脉东南部云岭山脉南端的一座山体。因其山体主要是由海拔5000米以上的十三峰组成,雪线以上终年冰雪覆盖,似一条矫健的玉龙静卧云端,故称"玉龙雪山"。

玉龙雪山西南部有石鼓长江第一湾,西侧是玉壁金川虎跳峡,北瞰高原湖泊泸沽湖,一湾一峡一山一湖组成了长江上游著名的风景区。

玉龙雪山是北半球距赤道最近的雪山,也是横断山脉东列南端的一座极高山,自古被纳西族尊为神山。唐朝南昭国王异牟寻曾封岳拜山,封玉龙雪山为"北岳"。元代从河北河间到云南任乌蒙宣慰副使的李京写了一首古风《雪山歌》,赞美玉龙雪山云:

丽江雪山天下绝,积玉堆琼几千叠。
足盘厚地背摩天,衡华真成西丘垤。
平生爱作子长游,览胜探险不少休。
安得乘风凌绝顶,倒骑箕尾看神州。

积玉摩天:李京的《雪山歌》生动地描述了玉龙雪山的独特风貌,以

"足盘厚地背摩天"概括了它的巍峨雄伟,说南岳衡山、西岳华山与它相比,就如土堆一般;以"积玉堆琼几千叠"概括了它的特色,说它就如玉石筑造的楼宇一般。实际上,玉龙雪山也确是如此,它南北长35公里,东西宽13公里,共有大小山峰60多座,主体部分平均海拔4000米以上,十三峰南北排列,最高峰扇子陡海拔5596米,其他十二峰均在4500米以上。这些山峰连绵不断,似一排玉笋立地插天,又似一条玉龙静卧云端俯瞰人间。

玉龙雪山变幻多彩。晨曦,薄雾轻拢,第一束阳光照在雪山上,玉龙烁金,辉映四方;傍晚,当群峰茫茫时,它仍然涂金敷彩,恋恋不舍地送走大地最后一缕晚霞;月夜,皎洁皓月,朗朗雪山,两相辉映,似瑶台玉宫仙境。日观雪山,云雾缠缚时,它乍隐乍现,"犹抱琵琶半遮面";晴空万里时,群峰闪烁着晶莹的银光,与蓝天白云相衬相映,好似一幅圣洁脱俗的风景画。如此一般冰清玉洁的雪山风采,在全国名山中罕见,故而纳西族尊玉龙雪山为圣洁的神山,视其为民族的骄傲。

神奇的玉龙雪山,自古引人注目,令人向往。明代地理学家徐霞客慕名而至,很想揭开它扑朔迷离的面纱,但那时他也只是远看近望,既上不了山顶,也进不了深山。在他的游记中留下的感言是:远望"雪山一指,竖立天外,若隐若现";近前"见玉龙独挂山前,漾荡众壑,领挈诸胜"。近现代曾有多支探险队欲攀登峰顶,均未成功,主峰扇子陡至今仍是处女峰。现今,为了方便游人领略其峰巅风光,建有三条索道,其中一条起点在甘海子雪花山庄西约5公里的海拔3356米处,往上直达海拔4500米的终点。索道长2914米,两端垂直高度1150米,是我国海拔最高的索道。

在索道出站口前方海拔4680米处,建有玉龙雪山主峰观景台。在观景台可以近距离观赏扇子陡顶峰的风光和玉龙雪山中段的现代冰川奇观。玉龙雪山是青藏高原范围内有海洋性冰川分布的高山雪域,也是北半球纬度最低的现代冰川发育地。这里的现代冰川类型可以分为,山谷冰川、冰斗冰川和悬冰川,以及它们之间的过渡类型冰川。站在观景台上观看,冰川上覆盖着白雪,边缘发绿色,而中间是一片海蓝宝石色,形状为不规则棱柱形,感觉是从山顶向下爬行而突然停止,形成了一个东西宽、南北长的冰塔林世界。

从山麓到大索道起点,再乘缆车到达终点,全程游览玉龙雪山,观赏其完整的植被垂直带谱,相当于饱览了从北回归线至北极圈的生态景观。海拔2400米以下,为地带性亚热带常绿阔叶林;海拔2400~2900米,为半干湿常绿阔叶林和云南松杉林;海拔2700~3200米,为针阔混交林和硬叶常绿阔叶林;海拔3200~4200米,气候凉爽潮湿,为山地暗针叶林,主要为高山松林、丽江云杉和长苞冷杉林;海拔3700~4300米和4300~4500米,分别为高山杜鹃灌丛草甸和高山流石滩稀疏植物带。在这个植被垂直带谱里,植物达4000余种,而且花卉强省云南的八大名花山茶、杜鹃、报春、龙胆、百合、玉兰、兰花、绿绒蒿,在这里都有。

二水三坪:玉龙雪山积玉堆琼十三峰,雪山冰域风光,可望而不可即。然而,雪线以下的黑白二水、甘海子、云杉坪、牦牛坪,却都是十分诱人身临其境的名胜区。这些地带的高原草甸风光、原生态森林风光、植物的多样性,与植被垂直带谱纵横交错,与雪山冰域风光相衬相映,令瑞士友人所羡慕,在2001年中国昆明国际旅游交易会上,玉龙雪山与瑞士阿尔卑斯山区瓦莱州的马特宏峰结成了友好山峰。次年,以瓦莱州副市长杰·瑞伯利特为团长的瑞士代表团再到丽江访问,同时带来了一块出自马特宏峰的花岗岩石,安放在了甘海子草甸的东巴广场。

黑水河、白水河是玉龙雪山阳坡的两条主要河流,汇流而成黑白水河。黑、白二水都是雪山积雪融化,经岩层过滤后成泉,再汇泉成溪,汇溪成河。黑水河流经玄武岩地带时,因河床内多黑色鹅卵石而得名;白水河流经石灰岩地带,河床内白色鹅卵石居多,因而称白水河。白水河上架有一桥名白水桥,河水从桥下东流,不远处便有黑水河流来,两河汇流后称黑白水河。纳西族对历经万年古雪才孕育出的黑白水河有着特殊的感情,其最负盛名的三大史诗中的《鲁般鲁饶》(牧奴悲史)卷中,以黑白来解释世间万物,指出阴阳调和,只有黑白不分开,世间就和谐有序。所以,黑白水河对东巴人来说,寄寓着爱情、未来及希望,是美好的象征,与同在雪线之下的甘海子、云杉坪、牦牛坪一起,被视为东巴人的希望所在、神圣所在。

甘海子位于白水河之南海拔3100米处,是一片长约4公里、宽1.5公里、面积28.8平方公里的雪山草甸牧场。这里地势平缓起伏,草木掩映,牦牛闲游,具有青藏高原牧场风光的特色。甘海子原为亚高山冰蚀湖泊,后来雪线上升,积水减少,以至干旱成草甸。

云杉坪在主峰扇子陡的右下方,海拔3240米,面积约1平方公里,雪峰拱卫,密林环绕,草甸舒展,极具神奇色彩。纳西语称此坪为"吾鲁游翠阁",意为"玉龙雪山中的殉情之地",是古代神话传说中的"玉龙第三国"的男女青年殉情处。其实,这里是一片隐藏在原始云杉中的草坪,是一个小型的高山草甸牧场,远看好似雪山下的一片绿色地毯。在常绿乔木原始云杉护卫下的这块草甸,每逢春夏之际碧草连天,满目葱茏,繁花似锦,所以云杉坪又称玉龙雪山的锦绣谷。如今,这里已不再是殉情之地,而是纳西族青年唱民歌、跳民族舞、礼迎远方来客的友情广场。

牦牛坪位于云杉坪之北,东起丽乌公路,南临黑水河,北达雪花村上部,平均海拔3700米,面积16.6平方公里,是玉龙雪山阳坡最宽广的草甸牧场。草甸内有彝族、藏族村落,村民们以牧业为生,民风古朴,民族文化氛围浓郁。牦牛坪以牧放牦牛为主,是典型的草甸牧场景观、高山雪原风光。在这里,草甸牧场、黑水河溪美景、天然幽静的原始森林,层次分明,多姿多彩。草甸春季繁花似锦,夏季绿草如茵,秋季草坪饰金,冬季银装素裹,一年四季风景如画。牦牛坪景观主要分为:牦牛雪原、牦牛雪谷、黑水幽谷、黑水瀑布冰桥、雪花湖、瑶池牦牛溪、锦绣草甸、丽江铁杉林、大果红杉林、黄背栎林、雪花村落等。

金川虎跳峡

玉龙雪山阳坡,三坪二水展布,高山草甸风光、原始森林风光与顶部的雪山冰域风光相辉映,一年四季如诗如画。而背后则被誉为"玉璧金川",是峭壁万仞,苍藤盘曲,谷底江水奔腾、玉屑腾空、奇险万状、令人惊心动魄的虎跳峡。

虎跳峡是当今世界上最窄、最长和落差最大的峡谷,是举世公认的徒步旅行者的天堂,是中国最美的十大峡谷之一,并排名第二位。这个稀奇雄伟的大峡谷平均海拔3900多米,是由玉龙雪山与对面的哈巴雪山强烈构造抬升和金沙江水切割侵蚀形成,全长16公里,落差196米,有险滩18个。大峡谷最宽处60米,最窄处仅30米,据说老虎可一跃而过,故而取名"虎跳峡"。峡谷自上而下分上、中、下三段,因河床及江水两岸状况不同,各段自有特色。

上虎跳(峡): 上虎跳为深切河谷型峡谷,在这里两山夹峙,形若门户,从长江第一湾涌来的江水由相对平静倏忽暴怒起来,以雷霆万钧之势呼啸而过,浪涛滚滚,似万马奔腾。

中虎跳(峡): 这一段为障碍型峡谷,两岸危岩排空,河床内巨石横卧,江水奔流其间狂涛汹涌,冲击滚圆巨石,浪花腾空,十分精彩。而在两岸峭壁,常有流泉飞瀑。飞瀑与江水浪花共舞,在峡谷中呈现的是一派"满天星"奇观。

下虎跳(峡)：这一段是最典型的障碍型峡谷,两岸悬崖壁立,峡谷最窄处仅 30 米,河床横卧的巨石中,有一块高 13 米,卧于江心,名"虎跳石",据说老虎常以此石为跳台,跳来跳去。巨石状若孤峰突起,屹立独尊,激流冲击,似一朵盛开的硕大银花,壮观奇美。

高峡平湖：金沙江水涌入虎跳峡谷后,之所以是那样的狂野汹涌,需从长江第一湾说起。金沙江从巴塘口南流于横断山脉东列的峡谷内,至石鼓突然转了一个大弯,在这里积水成湾,形成了高峡平湖。这里的石鼓渡口,就是红二、红六军团长征时渡江之地。著名学者范义田 20 世纪 30 年代在家乡石鼓写了一副对联,即"山连云岭几千叠,家住长江第一湾",于是金沙江大转弯形成的高峡平湖就有了"长江第一湾"的美名。江水在这里积滞成湖,蓄势待发,而后钻入两座雪山紧锁的大峡谷,就自然而然地形成了万马奔腾、玉屑腾飞、奇险万状的惊心动魄之势。

万里长江第一湾,玉壁金川虎跳峡,驰名中外,其中的虎跳峡是勇敢者朝思暮盼的徒步旅游或漂流探险的佳境。满足勇敢者愿望,自虎跳峡镇至长江漂流纪念馆,1999 年开发了漂流线路。自上而下漂流虎跳峡,打桨、压船头、过漩涡、闯险滩,听江流怒吼,看浪花飞溅,激越时胸生"到中流击水,浪遏飞舟"的豪迈,温顺时听一首返璞归真的歌谣,观峡谷两壁景色,被勇敢者赞为"人间第一享受"。

纳西族古城

1936 年 4 月 25 日,红二、红六军团长征到达丽江古城和石鼓镇,并在石鼓、巨甸江段渡过金沙江,开始北上入川。

丽江历史悠久,自汉代至蜀汉西晋都为郡地,唐武德四年(621 年)置尹州,到明洪武十五年(1382年)便成为著名的丽江府。

纳西族首府丽江古城始建于宋代，北距玉龙雪山15公里，不仅有纳西族心目中的神山作屏障，而且近处西枕狮子山，北依象眼山，西南有文笔山，青山环绕，形似一块碧玉端砚，并因古代"研"与"砚"相通，故名"大研"。现在被称为丽江古城的大研镇仍是丽江城三个部分中的主要城区，其他两个部分是老城区、新城区。

大研古镇：大研镇是世界文化遗产丽江古城的三个城建单元的主要单元，坐落在海拔2000米的高原台地中部，面积3.8平方公里，目前居住着6250多户人家，共2.5万余人，其中纳西族人口占66.7%。这里本是纳西族的首府，但没有城墙，民间传说是因丽江世袭土司姓木，忌讳建筑城墙后形成"困"势。真正的原因是，古城本来就有山川、险关作屏障，没有必要建筑城墙。

大研完好地保存着明清古建筑群。房屋多为规整的"三坊一照壁""四合五天井"的青砖瓦舍，吸收了汉族四合院的特点，又借鉴了白族民房的长处，形成了纳西族的独特风格。民房在当初建筑时不用一颗铁钉，完全利用了穿斗式的木结构功能。道路建筑格局规整，屈伸自然，路面皆用五彩斑斓的条石铺成，且凸凹不平。尤其是由北而来的黑龙潭水，分成三条溪流流入城内，而后又分成数条细流穿墙过院，使主街傍溪，道路与淙淙流水相伴延伸，家家有桥，户户流水，路洁水清，山、水、路、四合院建筑有机结合，自然美景与人工美景巧妙地形成了一座独特风貌的古城。

丽江木府：大研西南隅有被称为"丽江紫金城"的木府。在阴阳五行中东方属木，所以木府大门朝东。木府是古代丽江木氏土司的衙门，始建于元代，至明代已蔚为壮观。木府内有议事厅、护法殿、光壁楼、万卷楼、玉音楼、戏台等古建筑。玉音楼是接圣旨和歌舞宴乐之所，万卷楼内藏有千卷东巴经、百卷大藏经、六公土司（木泰、木公、木高、木青、木增、木靖）诗集等大量珍贵文献。木府门前，既有石牌坊，也有木牌坊。石牌坊用采自虎跳峡的汉白玉建成,牌坊上的巨额上镌刻着明神宗钦赐的"忠义"两个大字,故称"忠义坊"。这座结构宏伟、雕刻精湛的石雕建筑远近闻名,民间有"大理三塔寺,丽江石雕坊"的说法。木牌坊上大书"天雨流芳"四字,乃纳西语"读书法"的谐音,体现了纳西民族推崇文化的智性。史称木府"土地广大,富冠诸土郡,知诗书,好礼仪"。

大研还有三眼井和象征"权镇四方"的四方街等古迹。1997年12月,经联合国教科文世界遗产委员会第21次会议批准,丽江古城列入了《世界文化遗产名录》,其评价是:"古城丽江把经济和战略重地与崎岖的地势巧妙地融合在一起,真实、完美地保存和再现了古朴的风貌。古城建筑历经无数朝代洗礼,饱经沧桑,它融汇了各民族的文化特色而声名远扬。丽江还拥有古老的供水系统,这一系统纵横交错,精巧独特,至今仍在有效地发挥着作用。"

纳西族古城大研及其周边留有大批古建筑和文物。除上述之外,大研镇北部的白沙镇有木氏土司首领阿甲阿德家族发祥地的多处古建筑,如玻璃殿、大宝积殿、大定殿和白沙壁画,以及宋代北岳庙和庙西侧的一棵收入《云南古树名木》的唐柏、玉峰寺和寺内的一棵号称世界山茶之王的"万朵山茶"。大研镇西部狮子山有万古楼,北部黑龙潭公园有建于明代的塔式重檐全木结构建筑五凤楼。

长江上游的金沙江下游段,石鼓和皎平渡两个渡口,写下了红军长征史上光辉的一页。如今,记述这里的景观,着重介绍了多元文化的会理,山光水色极美的泸沽湖,积玉堆琼几千叠的玉龙雪山,举世闻名的玉壁金川虎跳峡,以及世界文化遗产纳西族丽江古城。目的在于,希望今人在游览观赏金沙江畔的绚丽多彩美景时,要以"金沙水拍云崖暖"的诗句打开心灵的天窗,切不可忘记当年红军在这里留下的红色印迹。

香格里拉生态美

香格里拉，1935年5月初红二、红六军团长征经过时名中甸县，2001年12月经国务院批准更名为香格里拉县。据专家与学者考察，"香格里拉"是由藏传佛教"香巴拉"演化而来，最早出现在1933年4月英国小说家詹姆斯·希尔顿的长篇小说《消失的地平线》一书中。该书描写了一个中国西部的世外桃源——香格里拉"理想王国"，素材取自英国植物学家和地理学家金敦·沃德、美国民族学家和植物学家20世纪30年代之前在"三江并流"区域的调查资料。小说出版后，1944年好莱坞又把小说搬上银幕，香格里拉名声大震。尔后，世人一直向往和寻找这个美妙的人间乐土，最后经湖南省人民政府研究室香格里拉课题组考察论证，迪庆中甸即1775年六世班禅在《香巴拉王国指南》一书中的香巴拉，也就是《消失的地平线》小说中描述的香格里拉。

"香格"藏语为心中之意，"里拉"为日月，香格里拉即为心中的日月。这个藏族同胞心目中的理想王国，位于横断山脉南段北端、青藏高原东南缘的现迪庆藏族自治州东部,地理坐标北纬 26°52′~28°48′、东经99°23′~100°31′,面积11613平方公里,是云南面积最大的县。县境地理位置特别,地处滇、川、藏交界的大三角,东、西、南三面金沙江谷地环绕,境内山脉南北走向居多,有格崇、哈巴、迪龙等8座雪山,主峰均在4494米以上。境内河流纵横,被誉为"高原明珠"的湖泊众多,有名字的河流有20多条,湖泊比较著名的有30多个。

境内的生态美在于绿,在于水,在于这里的高山区有寒、温、亚热带等三种气候带。植物种类繁多,生长茂盛。这里有飞禽走兽出没的原始森林,有原生态的高山草甸,有水草丰美的牧场,有百花争艳的湿地,素有高山花园、动植物王国、藏区宝地之称。

在这座面积上万平方公里的高山花园里,生活着藏、纳西、傈僳、白、苗等少数民族和汉族,自2001年12月由中甸县更名为香格里拉县以来,在西部大开发背景下,滇、川、藏联手创建了"中国香格里拉生态旅游区",现已开放的景区和景点有县城建塘镇、普达措国家公园、哈巴雪山以及碧古天池、天生大桥等24处区(点)。

县城建塘镇

香格里拉县城建塘镇,是以独克宗古城为基础发展起来的原滇、川、藏茶马互市重镇,被誉为"美丽的日月城"。现为县政府驻地,并且是迪庆藏族自治州首府,辖有北门、金龙、仓房、建塘、北郊、诺西、尼史、红坡、解放、吉迪等居(村)民委员会,面积1463.76平方公里。

建塘镇位于大中甸坝子中央,五凤山北麓,海拔3300米。全镇群山环绕,中间地势开阔,龙潭河、纳曲河、奶子河穿境而过,注入纳曲湖。自20世纪50年代之后,建塘镇沿大龟山东麓延展,至1990年主要街道有长征、和平、建塘、红旗、向阳、环城、敬香、老州等8条路,初步形成了古代文明与现代气派相融合的城镇。镇内主要名胜古迹和景点有独克宗古城、朝阳楼、松赞林寺等。

独克宗古城:唐代吐蕃时期在今建塘镇大龟山上建有宗洛丹嘎波,藏语意为最坚固的塞堡;又称独克宗(或译为朵克宗),藏语意为岩石山上的城堡。

大龟山是一座不大的山岳,高约50米。建在其上的城堡经宋、元、明、清延续下来,城郭和名称不断变化。史料记载,明弘治六年(1493年)为纳西族木氏土司所据,称大当香各寨;弘治十二年(1499年)环大龟山垒石为城取名月光城(又名香各瓦寨);清时称土官寨,为藏官驻地,后为中甸厅治;雍正二年(1724年)总兵孙宏本筑土城。光绪《新修中甸志书稿本》记载:"由百鸡寺山腰斜挂于东门山脚,周围长三百六十丈,高一丈二尺,安设四门城楼,并无垛口、炮台。周围顺筑土墙,墙外亦无壕池。"明、清时有"峡博论""峡若论""峡角论"三条街。峡博论,藏语意为石山根的街道,因顺山岩南北向建街而得名;峡若论,意为岩石过去的街道;峡角论,意为岩下山窝上的街道。1921年修筑土墙时,将清代土官寨围圈入城内,城墙周长2000米,俗称本寨,下设藏、汉、客商三团,有金龙、仓房、北门三街,中为四方街。这就是现在所称的"老城",古代的独克宗古城。

独克宗古城,经唐、宋、元、明、清时期五朝五代的建设发展,特别是明、清时期的建设,城池有所扩展,街道曲折幽静,民居建筑形成了以藏式雕房与纳西井干式木板屋相结合的、藏区特有的"板式"风格。这种板式建筑,正堂宽敞,堂中有高大粗壮的中柱。藏族同胞对堂中的中柱视为神灵,绑以哈达、柏枝,以示崇敬。

除古城外,在古城古迹中有清康熙年间在龟山上所建的大佛寺。该寺1936年经印度华侨、爱国人士马树材捐资修建后改名朝阳宫。1985年再经重修后又更名朝阳楼（朝阳阁）。重修后的朝阳楼为三层汉式建筑，是地标性的城内最高点。登临其上，县城风光尽收眼底；远望松赞林寺，宝鼎金光熠熠生辉。

松赞林古寺：据佛屏山史料记载，松赞林寺是由五世达赖藏传佛教僧人占卜选址修建的。光绪《新修中甸志书稿本》载："自康熙年间，五代达赖藏传佛教僧人由西藏到甸（中甸）寻一胜地，欲建寺宇。因见瑞兆：土山有万马归槽之势——前有碧海潆洄，银波浩荡；后有团山倚枕，叠嶂如眠；左有龙山围绕；右有虎岭蹲盘，螺髻成堆，雁塔树影。于康熙已末年奏明圣主，建立铜瓦大寺，层楼高耸，上接云霄。"

大寺坐落在古城的佛屏山麓小山包上，与龟山上同时期所建的原大佛寺、现朝阳楼遥相呼应，相距5公里左右。该寺于康熙十八年（1679年）兴建，1681年竣工，五世达赖赐名"噶丹·松赞林寺"。藏语"松赞"意为天界，为大梵天、自在天、遍入天三神游戏之地，所以松赞林寺即为天界三神游戏之地之寺院。因该寺极其宏伟壮观，"乾隆十五年（1750年）钦奉钦袭和硕果亲王赐匾额'慈云广覆'四字，以标题大寺"。1966年寺院遭破坏，1983年起重修，修复后的寺院占地33300余平方米，依山层叠，扎仓、古康两主寺居中央，黄教祖师宗喀巴庙与大寺并列。屋面为镀金铜瓦，顶端饰以镀金宝塔，在阳光下熠熠闪耀，十分辉煌壮观。八大康参及两所事务机构如众星拱卫。建筑鳞次栉比，高低错落，周绕围墙，俨若城堡，被誉为小布达拉宫，为藏区格鲁教派最负盛名的大寺之一，也是云南藏传佛教有名的十三林之一。

大寺坐北朝南，为五层藏式雕楼建筑，下层为大经堂，可容1600名僧人趺坐诵经。寺内供奉着五世达赖、七世达赖、宗喀巴和弥勒佛铜像，并珍藏有五世和七世达赖时期的8尊包金释迦牟尼佛像，还有佛学丛书

《甘珠尔》《丹珠尔》各1套,共400匣。其中有两部《甘珠尔》为金汁手书,十分珍贵。在众多的珍品中,还有贝叶经、五彩金汁精绘唐卡、藏式壁画、黄金灯、各种鎏金或银质香炉及多种精美的工艺品,种类繁多。总之,松赞林寺荟萃了藏族宗教文化的精华,被列为云南省藏传佛教十三林之一实至名归。

1936年5月初,红军长征途径中甸时,松赞林寺积极支援,不仅为红军筹集粮食,还提供向导。贺龙、任弼时等曾到寺院拜访活佛,并题赠"兴盛番族"的锦幛,现存于中国军事博物馆。

纳帕海风光:藏语"纳帕"之意是森林旁边,纳帕海即森林旁边的湖泊。此湖位于县城西北建塘镇解放村境内,南北长约10公里,东西最宽处4.2公里,面积24平方公里,海拔3266米,东、西、北三面山地环绕,虽有周围山地的纳曲河、奶子河水流入湖中,但却是季节性湖泊。湖西北的辛雅拉雪山脚下有天然落水洞9个,湖水经溶洞从尼西汤满排出,最后流入金沙江。丰水时湖区一片汪洋,枯水季节为沼泽草甸,湖区及周围区域便成为县境内最富有高原特色的风景区和最大的草原牧场,并且在冬季来临时有珍禽黑颈鹤来此越冬。1981年以保护黑颈鹤及亚高山沼泽、沼泽化草甸为主要对象,纳帕海被列入省级自然保护区。

草甸和沼泽植被是纳帕海自然风光的主要特色。在这里草甸植被占总面积的50%,沼泽植被占45%,水生植被占5%。春夏时节,草原茫茫,牛羊成群,野花竞放,争奇斗艳;秋冬来临,草原金黄,远山如黛,蓝天白云,美轮美奂。每年9月至次年3月,成群的黑颈鹤到这里过冬,自1999年的150多只,已增加到了几百只,使这里成为观赏黑颈鹤风采的重要景区。湖泊西面、北面的石卡、叶卡、辛雅拉三座大雪山岸然挺立,展现了这里集雪山、湖泊草甸、牛羊成群草原为一体的大西南"塞北风光"。

纳帕海西北的山上,有建于元末的中甸古寺"衮钦寺"遗址,到此观景纳帕海明媚风光尽收眼底,建塘镇境内的自然美将成为不可磨灭的记忆。

普达措公园

香格里拉普达措国家公园,在这里被简称为"普达措公园"。"普达"有"普度众生,达到幸福"之意,藏语"措"为湖,普达措即到达幸福彼岸的湖。

普达措公园,实为碧塔海自然保护区。这个保护区不仅因有碧塔海而得名,而且还因有属都海等湖泊,于是就借"普达措"的吉祥美好愿望之意,将碧塔海自然保护区开发为普达措国家公园。这座公园在县城建塘镇东北25公里,于2005年6月21日正式揭牌成立,主要由"三江并流"世界遗产地属都湖景区、尼汝片区和碧塔海自然保护区组成,总面积1313平方公里,占香格里拉县面积的11%,是全国最大的国家公园。公园海拔3500~4159米,是县境内自然景观最为引人入胜之地区。区域内有明镜般的高山湖泊,水草丰美的牧场,百花盛开的湿地,飞禽走兽出没的原始森林。

珍稀动植物: 公园内碧塔海自然保护区南北长16公里,东西宽14公里,面积840平方公里,最高点北部山地海拔4159米,最低处海拔3538米。区域内以暗针叶林为主要绿色景观,由长苞冷杉、莜麦冷杉、大果红杉等稀有杉科针叶树组成群落,珍稀动物有金钱豹、小熊猫、马鹿、林麝、胡兀鹫、血雉、藏马鸡等。每年9~10月,还有成群的黑颈鹤到这里的湖边沼泽地栖息觅食,直至来年3月。这些植物和动物,均为碧塔海自然保护区的主要保护对象。

高山淡水湖：公园内有两个湖泊是湖光山色极佳的游览区。两个湖泊分别是碧塔海和属都湖。

碧塔海又名"碧海措"，因"碧塔"藏语意为幽静，所以此湖意为幽静的湖。湖面东西长2.8公里，南北最宽处0.8公里，面积1.65平方公里，最大水深40米，水质清澈，属小型湖泊。湖面从每年11月封冻，次年2月底解冻。湖水从东北侧流出，约500米后进入溶洞，出洞后流经洛吉河谷汇入四川冲天河。湖内特产中甸重唇鱼，湖畔生长着浓密的杜鹃林。就是这杜鹃林和湖中的重唇鱼，形成了这碧塔湖的奇景。每年端午节前后，湖畔杜鹃花盛开，落英缤纷，因其花含有生物碱，鱼儿吞食后如醉如痴，飘浮水面，悠然自得，于是，"杜鹃醉鱼"就成了碧塔海的盛景之一。湖四周群山环抱，古杉蔽日，春夏时节又有百花争艳，湖光山色之美无与伦比。湖中有一小岛，环岛皆水，环水皆山，景观独具魅力。明代丽江木府土司曾在小岛上建殿宇一座，现仍存残基。登临岛上，林木青青，鸟语花香，远眺群山苍翠，爽心悦目，宛若蓬莱。

属都湖又名属都岗湖、属都海，比碧塔湖要大得多，景色也更为精彩。"属"为"硕"的谐音，因系硕都岗河之源并在属都岗（山梁）附近而得名，为断陷溶蚀湖泊，位于县城东25公里地带。湖面东西长南北宽，呈长椭圆形，面积约15平方公里，海拔3705米，最深处10米。湖水清澈，碧波荡漾，常有野鸭等水鸟游弋湖面，湖中有"属都裂腹鱼"，鱼身金黄，腹部有一条裂纹。湖畔草场开阔，水草丰茂，为香格里拉县著名的牧场，春夏之际，牛羊成群，牧笛声声，青山绿水，风光无限。东北面有沼泽地，面积虽不大，却是多种水鸟的天堂。湖四周森林环抱，以冷杉、云杉为主成林。东侧有白桦林，秋季一片金黄，与杉林之墨绿、湖水之湛蓝、白色的浮云相映成景，如诗如画，独具风采。

红山众彩飞

红山不是一座山,而是香格里拉县东北部东旺乡、格咱乡和洛吉乡境内由群山组成的山区。在这一地域内分布着海拔4500米以上的16座山,4000~4500米之间(不含4500米)的11座,3800米左右的9座,河流有6条,大小湖泊有15个,是金沙江流域典型的高山荒漠和高山喀斯特地貌区,面积达3062平方公里。这里有完整的古冰川遗迹,有丰富的植物生态系统,以及高原湖泊、峡谷、垭口、高山荒漠等多种自然景观。其中主要景区和景点有格咱乡湖群、碧浪河峡谷、尼汝扇状瀑布等。

格咱乡湖群:"格咱"为藏语,"格"为声音,"咱"为大,格咱意为水声大的地方。格咱乡山多、湖多、河流多,到处都可听水声。乡境内有山27座、湖泊12个、河流4条。湖泊有盖公措纳湖、盖公措色湖、跟迪措湖、当措湖、约子措湖等,最大的面积40亩,最小的2.5亩。群湖中最具代表性的是海拔最高的盖公措纳湖。

盖公措纳湖位于格咱乡东面的达格贡山区,为不规则状的高山淡水湖,湖面海拔4150米,面积30亩。四周的山峰属三叠纪砂泥岩和灰岩,海拔多在4600米以上,寒冻风化作用强烈,秃裸无林,多为高山荒漠生态环境。但低于海拔4200米的湖区附近,却生长着杜鹃、冷杉等高山植物,茂盛成林,且为原生态。此湖水清如天镜,上有高峻的山峰倒映其中,周围及其下有杜鹃和冷杉林衬托,是高山湖光山色的典型。与此湖相连的是下游的深峡巨谷,景色对比,截然不同,更突出了盖公措纳湖的幽雅特色。

尼汝扇形瀑:这是一面半圆形状若扇子的瀑布,因位于洛吉乡尼汝村境内而取名"尼汝扇瀑"。尼汝村境内有尼汝河,扇形瀑布在河流西岸,海拔 2700 余米,高约 30 多米,上部及左右原始森林遮天蔽日,之下河谷内也郁郁葱葱。瀑布之所以呈扇形,在于密林处从岩洞中喷涌而出的泉水。自溶洞中流出的泉水,由于富有碳酸钙物质,天长日久沉淀形成了一面华溶扇形台地。之后,泉水从岩面幅度约 180 度的台地上层层跌落,形成的瀑布就是扇形。由于瀑布形状奇特,周围的茂密森林又具有原生态特色,所以被当地藏族同胞称之为"神瀑"。

高山大峡谷:高山峡谷大裂缝是红山景区的最突出特色,这里的高山密林里有碧让峡谷、碧融峡谷和色仓大裂缝。

碧让峡谷以谷中的碧让河而得名,在格咱乡小雪山麓。碧让河流经的峡谷两岸皆为悬崖绝壁,壁高 1000 米以上,宽仅 50~80 米,谷长 2.5 公里,置身其中如临蜿蜒曲折的深巷。谷底古木参天,河水奔流,仰望天光一线,云影飞动。走出峡谷,豁然开朗,林海葱葱,牧场茫茫,牛群点点,几户人家,令人顿生世外桃源之感。这正是:

鬼斧神工造奇峡,涛声满谷笑天崖。
雾气空蒙疑无路,牧歌起处有人家。

碧融峡谷为发源于属都岗的格咱河上游的峡谷,下游为冈曲河,两河相连长度 30 公里以上。上游段河谷,北为香格里拉最高峰格拉更宗雪山,海拔 5545 米;东南为海拔 4802 米的牙岗雪山,谷底海拔 2000 米,最大落差达 3500 米,一般也在 3000 米左右,并且在峡谷处有三尖峰和丹霞地貌,可谓在奇观之上"锦上添花"。碧融为藏语"比茸"的谐音,意为悬崖峭壁。这里的峡谷两岸陡峭,与碧融之意完全一致。壁立千仞的峡谷内,山路崎岖,林木葱郁,野花芳菲,清泉飞流,猿猴出没,仿佛世外净土。

色仓大裂缝,位于东旺乡东旺河下游的色仓村附近,为山间大断裂,高数百米,宽仅1~2米,长近2公里,蓝天一线,列全国"一线天"之最。

哈巴大雪山

哈巴雪山被誉为"皇冠宝顶",位于县境东南部,雪山距县城约120公里,主要景观有哈巴山风貌、冰碛湖黑海、大吊水瀑布、华泉白水台等。

哈巴山风貌:哈巴山主峰海拔5396米,因海拔4700米之上常年冰雪覆盖,而被称为"哈巴雪山"。

哈巴雪山与丽江玉龙雪山隔江相望,中间为汹涌澎湃的虎跳峡,两山为兄弟山,均属横断山脉东南部云岭山脉,山体均以泥盆纪和石炭纪的石灰岩和侵入的玄武岩为主,只不过主峰高度比玉龙雪山低200多米,面积仅为玉龙雪山的三分之一。哈巴雪山最低海拔1550米,山上山下高差达3896米,山顶有现代冰川发育,与玉龙雪山一样为我国境内纬度最低的海洋性冰川。山体上部有冰碛湖等古冰川遗迹,从下到上依次为亚热带、温带、寒温带、寒带等气候带,有相应的高山植被带谱。在这个植被垂直带谱里,寒温性山地暗针叶林生态系统最具特色,面积约78平方公里,其中以稀有植物长苞冷杉林为主的暗针叶林面积最大,结构完整,保持着原始状态。在哈巴雪山绿色生态环境里,珍稀动物有滇金丝猴、野驴、云豹、雪豹、猕猴、小熊猫、猞猁、金猫、金钱豹、原麝、马麝、岩羊、雪鸡等。

哈巴雪山主峰终年冰雪封冻,直插天宇,冰川如琼,宛若光耀夺目的皇冠;四周小峰环立,玉带白云缥缈美如云蒸霞蔚的仙境;分布在北侧的黑海、圆海、黄海等冰碛湖,如明珠,如宝镜,精彩纷呈,雪山瀑布宛若银河落九天。哈巴雪山是绿色的山,生态环境绝佳的山,植被垂直带谱层次鲜明;杜鹃林海品种丰富,花开时节五彩缤纷,把哈巴雪山装扮得灿若花海里的仙岛,芳菲四溢的玉琼仙宫。

冰碛湖黑海:这是雪山北侧湖群中一个最大的冰碛湖,面积10亩,水深4.2米。此湖因湖盆底部为黑色玄武岩,所以水色如黛,墨绿发亮,被当地人称为"黑海"。湖水幽深,雪峰倒映,四周林木葱葱,水中有雪鱼游弋,湖光山色十分优美。因纳西族是以黑、白来解释世界万物的,认为阴阳调和,只要黑白不分开世间就和谐有序,所以当地纳西族山民尊黑海为"圣湖"。

大吊水瀑布:在雪山北侧山崖上,有一高约200米的瀑布,源头在雪线之上,为冰雪融化汇流形成,因其高悬而被称为"大吊水"。瀑布季节性变化明显,每年4~9月冰雪消融时节,雪水沿陡峭的崖壁奔泻而下,在皑皑白雪、云雾缥缈的天幕间破雾而出,宛若天河飞落,散珠溅玉,别有一番情趣。银白色的瀑布,黑色的湖泊,都在雪山北侧,正合纳西族黑白不分开、阴阳调和之意,所以大吊水瀑布被当地山民尊为"神水"。

华泉白水台:哈巴雪山最特殊、最神奇的景观是白色碳酸钙沉积物不断覆盖岩石表面形成的华泉台地。这是目前我国最美的钙化岩溶台地,是纳西族东巴教的发祥地,被称为"仙人梯田"。

华泉台地高50米,宽105米,面积约为3平方公里,海拔2380米,位于哈巴雪山东麓三坝纳西族乡白地村境内。台地顶部比较平坦,台上部的山中有一圆形龙潭和直径约1.5米的泉口,清澈晶莹的泉水从龙潭漫出,流经台面时水中所含碳酸钙物质长期沉淀,结晶形成厚厚一层乳白色的细微颗粒钙化体。泉台状若一座巨大的白色花朵,花瓣层次分明,依次重叠。泉水从台面上潺潺流过亦呈白色,故称"白水台";纳西语称为"释卜芝",意为逐渐长大的花朵。这座华泉台,如一道凝滞的瀑布,又似一面玉雕的屏障,世所罕有。

华泉台地后森林茂密,山花盛开时风景秀丽,与如花的、似玉的泉台浑然一体,美景艳绝如画。台边石壁上刻有"释理达多禅定处"的碑文,以及明嘉靖三十三年(1554年)大研木府木高一首诗,淋漓尽致地描绘了白水台奇观。诗云:

    五百年前一行僧,曾居佛地守弘能。
    云波雪浪三千垄,玉埂银丘数万塍。
    曲曲月流尘不染,层层琼涌水常凝。
    长江永作心田玉,羡此高人了上乘。

与白水台有关的是其对面的上柏峰下的溶洞及其所在地白地村。纳西族因尊崇白水台而在其东约里许建村,并取名"白地村"。相传,纳西族东巴教第一圣祖丁巴什罗,从西藏学习佛经归来,在此设坛传教。溶洞古时为祭祀龙神之地,后为东巴教第二圣主阿明什罗修行地,称为"阿明阿卡",又名"阿明阿洞"。据说,东巴文就是阿明什罗在此创造出来的。由此可知,白水台一带是东巴教的发祥地确凿无疑。

景点特色浓

  以上记述的是香格里拉境内的几处景区,殊不知境内还有一些特色鲜明的景点。其中尤以如梦如幻的碧古天池、诗人们盛赞的天生桥、天造奇观赤土溶洞、古朴的三坝洛吉岩画最负盛名。

  碧古天池:这是一处以碧古湖为核心构成的、生态特色鲜明的景点,位于县城西小中甸镇碧古村境内的山上,距县城51公里。"碧古"藏语意为青蛙头,因村建于蛙头状的山包上而名"碧古村"。

湖以村而得名,且因湖近于山顶,常是云遮雾绕,如梦如幻,故称"碧古天池"。湖泊水面海拔3500米,面积0.21平方公里,平均水深1.62米,最深3米,水色如玉,幽雅灵秀。湖内有一小岛,其上多杜鹃树。民间传说,岛上有两棵黄杯杜鹃树,是一对多情的黄鸭所变,岛上因有这两棵黄杯杜鹃,才引来了众多黄鸭。传说归传说,但事实却是每年6~9月都有成群的黄鸭齐集岛上栖息,繁衍后代。湖畔长满了杜鹃树,而且多为黄花杜鹃,红杜鹃、白杜鹃夹杂其间,只是点缀。湖北面有近百亩樱草杜鹃,树干低小,开紫红、粉红花朵,清香袭人,十分奇特。湖南面为沼泽区,水草丛生,野鸭云集。湖四周方圆30平方公里内为原始森林,冷杉、云杉等组成的暗针叶林遮天蔽日,微风吹拂时涛声四起,景色迷人。

天生石桥: 这是一处石灰岩溶蚀地貌区内以河流、天生桥、茂林修竹和温泉组合在一起的山水景观,位于县城东10公里处的小中甸河上游属都岗河谷一带。

天生石桥长135米,宽10米,高70米,海拔3300米,为属都岗河在此穿越地下溶洞而形成的一座天然石灰岩桥梁。桥面平坦笔直,颇似人造。桥下激流清澈,两岸峭壁如削,峡缝溶洞交错。最为奇特的是桥洞内还有温泉自崖壁喷涌而出,雾气弥漫,为这座天生桥平添了几分神秘色彩。桥四周生态环境极佳,据光绪《新修中甸志书稿本》描述:"群山蕴玉,众水流金;苍松翠柏,茂林修竹,掩映葱茏,繁花奇木,清幽鲜明。"乾隆十四年(1749年)中甸厅山西人张秉彝则写诗赞美:

处处桥梁结构成,偏于此处现天生。
谁驱五丁垒玉柱?谁凿混沌水心泓?
桥自桥兮水自水,无心凑合非经营。

岩若无水桥空立，假水无桥水难行。
此水此桥合一处，造化安排有权衡。
但得处处天生就，跨湖架海悉坦平。

沿属都岗河北行，在建塘镇红坡村境内，还有三处温泉，其中天生桥温泉水温54℃，出水量0.02立方米/秒；另一处名下给温泉，又名下给茨喀，在近1平方公里内10多个泉眼，有的在岩脚下，有的在大石顶，有的在沼泽中，还有的在岩洞内。最大的泉池直径达2米，水温最高达69℃，出水量大的为0.2立方米/秒，温泉背靠青山，面临绿水，与天生桥遥相呼应，环境极佳。

仙人溶洞：这是香格里拉县境内最大、最诱人的溶洞，位于县城西北约80公里的格咱乡纳格拉村境内，海拔2600米，洞口高10米，右边石壁上有一只天然形成的人脚印，五趾俱全，脚印周围刻满藏文。相传，这个逼真的脚印是一位活佛留下的，当地山民视为仙人足迹，故将此洞称为"仙人洞"。现已探明，洞深约3公里，洞内有一大厅可容纳数百人，钟乳石、石笋、石柱类物体造型奇特，有的似华表，有的如石马、石花、石幔，还有一尊形似弥勒佛，形象逼真。洞外原有一座寺庙，建在古木参天、野花飘香、水流潺潺的优美环境中，现仅留遗址。但每年农历正月十五日，当地村民却都到此聚会进香，祭拜山神、石佛、石脚印，热闹非凡。

在香格里拉县境内的著名景点还有大气磅礴的千湖山、江上普陀鸡公石等，人文奇迹有城堡遗址、五凤山公园、三坝洛吉岩画等。值得补述的是三坝查日岩画和洛吉木胜土岩画。这两处岩画古朴原始，以赭红色铁矿粉描绘。查日岩画分布于干热河谷区，可辨认的有岩羊、山羊、牛、马、鹿、野猪、虎等，大都为赭红色，只有一处为蓝色。木胜土岩画在岩洞石壁上,表现内容亦为各种动物,最大的一头牛身长 2.14 米。有关专家认定,这是纳西族绘画艺术的萌芽,反映了他们在巍巍群山、茫茫林海中经常碰到的动物,为争生存、求发展,学会了识别猎取动物,并把他们敬畏和猎获过的动物用岩画记载了下来。

香格里拉是英国小说家詹姆斯·希尔顿在他的长篇小说《消失的地平线》一书中描述的"理想王国",是藏、纳西、傈僳、白、苗、彝、回等少数民族和汉族聚居地,是红军长征经过的地区,是云南省不久前开辟的旅游新天地,旅游资源十分丰富,尤以自然景观的多姿多彩、原始生态的自然美引人入胜。

长征路上景观揽胜

西昌冕宁多传奇

西昌、冕宁地处川西高山高原南半部,历史悠久,古城、古镇是"南方丝绸之路"上的重要驿站所在地,又是红军长征入川后首先通过的地区。

这里的山脉有螺髻山、泸山、大凉山、小凉山、小湘岭等,大致走向均为南北;这里的山间湖泊有四川省最大的湖泊邛海,有因红军总参谋长、先遣队总司令刘伯承与彝族沽鸡(果基)之首领小叶丹结盟而驰名的圣湖彝海,等等。这里的古城古镇多传奇,自然景观也因传奇而更加艳丽。

西昌古而奇

西昌即现今的西昌市,位于川西南凉山彝族自治州的中部,是州府所在地。会理会议后红一方面军从会理出发,北进时从西昌古城周边穿过,但没有进驻西昌。

西昌西汉元鼎六年(公元前111年)建邛都县,隋唐称嶲州,唐代设建昌卫,元朝置建昌路,清初置宁远府,后为原西康首府。所以,现今的西昌市境内不仅古迹多,而且自然景观也因此传奇而美丽。

老城古镇:西昌分老城和新城,城北有"北大门"礼州古镇。老城与古镇的古建筑,彰显着西昌古老的文明。

老城主体建筑始建于元代,得到了较好的保护。城墙和城门楼巍峨雄伟,古朴壮观,现存有东门、北门和南门。保护最好的是南门(大通门),城楼完好,两层建筑,高达23米,占地2800平方米,还有瓮城。城内的九街十八巷十分规整,有着浓郁的传统生活气息。著名的老统部巷,原是驻军的地方,有森严壁垒的气派;都司巷和府街,是以前的衙门,古建筑鳞次栉比,庄重威严,气势宏伟;四牌楼则是商业气氛最为浓郁的一条街。在这条商业街上多山货和当地的绿色商品,土特产多来自居住在山区的彝族。

礼州古镇是西昌古城的链接,是"南方丝绸之路"牦牛道上的主要驿站,已有两千多年的历史,自古被称为西昌的"北大门"。会理会议后,红一方面军主力与红九军团在这里会合。今日的礼州古城为明代所建,是明、清时期西昌地区政治、经济、文化的象征。民居多为砖木或土木结构,底层临街并都装有活动铺板,内置柜台经商;后院有天井,并种植花木。天井既可采光,也可空气流动,盛夏时节天井穿过商铺的气流被称为"堂风",因而这类建筑冬暖夏凉。这里最具代表性的建筑是文昌宫和西禅寺。文昌宫建于清光绪九年(1883年),坐东向西,气势非凡。纵横三院三排,门窗梁柱雕饰精美,古色古香。西禅寺是一座尼姑庵,大殿雄伟,顶端尚有当年"南方丝绸之路"上为商贾定位引路的灯火灯笼。据说在其北边的冕宁泸沽镇就能看到大殿顶上的灯光。不大的礼州古镇茶馆林立,七街八巷有近百家茶馆,条几排成长长的"一"字,供商人们喝茶聊天谈生意,是古镇的民风特色之一。逢集的日子,古镇七街八巷热闹异常,四面八方住在山林中的彝族同胞会带来各种土特产和手工艺品,于是礼州又是一个当地民族风情的展示地。

泸山邛海：在西昌南 5 公里处有泸山，山麓有湖泊邛海。这里集自然风光与人文古迹于一山，是儒、佛、道三种文化荟萃地。

泸山主峰海拔 2317 米，山上有梵宇殿堂 12 座，半山建有凉山彝族奴隶社会博物馆。

光福寺是寺庙中香火最旺盛的庙宇，庙内供奉财神。每年农历三月十五日，是这里民间为财神祝寿的日子，庙内外香客云集，人头攒动，多只高达两三米的特制大蜡烛在殿堂里摇曳着橘红色的光芒，闪耀着人们期盼富裕的幸福之光。寺内的汉柏、唐柏则一直在这里俯视着苍生，迎送着千百年来的风雨雪霜；枝干如游龙般苍劲有力，点点苍翠在粗大的树枝间如画龙点睛般书写着古柏的灵动和浩然正气。

凉山彝族奴隶社会博物馆依山面湖（邛海）而建，是一座具有彝族古典风格的建筑。博物馆 1985 年 8 月 4 日建成开放，分民族历史、社会生产力、等级和阶级、家支习惯法、民族婚姻家庭、宗教信仰、文学艺术、风俗习惯、奴隶和劳动群众反抗奴隶制的斗争等九个部分，用实物和资料全面展示了凉山彝族奴隶社会的全貌，反映了彝族的传统文化和民族风情。博物馆现馆藏文物约 3600 余件，其中一级文物 40 件。

邛海就在彝族奴隶社会博物馆下方、泸山山脚，是变化多端、风景多样的地震湖泊，面积 31 平方公里，平均水深 14 米，最深处 34 米，是史前地质构造运动时断陷形成的湖盆。作为一个因为地震而形成的湖泊，在数百年前这里有过良田和村庄。史料记载，在明嘉靖十五年（1536 年）和清道光末年（1850 年）这里发生过两次地震，使得这里水面扩大。20 世纪 70 年代，科考人员探索到在清澈的水下有房屋基石。青山环抱下的邛海，平日里风平浪静，湖光山色艳绝，渔船在飞翔的鸥鹭等水鸟伴护下，网起网落渔光点点；暴风雨来临之际，会出现一种奇特的"白鹅浪"景象。

乌云下层层白浪翻卷,无休无止地涌向岸边,涛声在天际间回响,似乎又在发生地震,犹如钱塘潮在这里重现。

佳境螺髻山

螺髻山因形似古代女人头上的发髻而得名,位于邛海南部,主峰海拔4359米,南北绵延百余公里,是西昌一带、凉山彝族自治州境内最佳的、自然景观最为多彩的高山。

螺髻山在彝语里称作"安波哈",是五百山峰的意思。其实此山主要有72峰,在72峰间有大小36个色彩各异的秀湖深潭,而且有完整的第四纪冰川遗迹,众多的溶洞和瀑布以及丰富的亚热带植物。四川人因有名山峨眉而骄傲,同时也因有螺髻山而自豪,赞誉说"隐去螺髻,始现峨眉""螺髻山开,峨眉山闭"。

冰蚀地貌:螺髻山与被列为《世界遗产名录》的江西庐山一样属冰蚀地貌,72峰都是冰川角峰,冰川刻槽、冰蚀洼地、冰原石山、冰蚀冰碛湖、冰溜面、羊背石、侧碛垅、刀脊、围谷、冰斗、冰坎、冰阶等古冰川遗迹齐全,千姿百态,构成了螺髻山的基本特征。冰川角峰在海拔4000米以上的就有58座,由主峰山脊往下高低不同地排过去,似飞舞的长龙,壮观异常,堪称螺髻山一绝。

这里有世界最大、最深的冰川刻槽。这条庞大的刻槽是由古冰川夹带坚硬的岩块,以强大的力量不停地撞击、刻压冰川底部的两侧岩石,天长日久形成的宽而深的岩石刻槽。

螺髻山有全国最精彩、分布在海拔3650米以上的冰围和冰斗间的冰融冰碛湖群,五彩湖、珍珠湖、叠翠湖、姐妹湖、干子海、黄龙潭、黑龙潭等个个精彩。其中的五彩湖,由于湖底岩石、湖周植被和湖中水草不同,而显现翠蓝、棕红、棕黄、草绿、墨绿等五种颜色,在阳光照射下光影幻彩,亮如明珠,所以被称为"五彩湖",又有"天池"之称,为螺髻山的又一绝景。

温泉瀑布:螺髻山还有一绝,即被誉为"水帘洞"的大漕河温泉瀑布。这道瀑布在螺髻山东坡段、海拔1800米的大漕河北岸。温泉从半山腰喷涌而出,状若龙嘴吐珠,与奇峰怪石、苍松古藤一起,书写成刚柔相间、冷暖生彩的画卷。温泉水清澈透明,水温常年保持在41℃左右。清泉由高到低形成的3个瀑布,又分别形成了不同大小的温泉池,被戏称为"鸳鸯池"。在这里的潭中洗浴,就如同身处仙境一般。

溶洞奇观:螺髻山的溶洞在奇观中占有特殊的地位,其中尤为仙人洞著称。这是一处长达10公里的宏大溶洞,洞中有6个大厅,一个连着一个往深处去。大厅内的石景有钟乳石、石笋、石柱、石幔等,其形态有的似禽兽,有的似花草树木,有的颜色鲜艳,有的如碧玉透明,千姿百态,缤纷绚丽,巧夺天工。洞内水景丰富,有暗河、深潭、落水洞、天生桥等。仙人洞的第6个大厅还不是尽头,但已无法再通行前进,里面的奥秘更是令人神往,等待下一步开发。

杜鹃花海:螺髻山角峰峻拔,气候垂直变化明显,动植物种类繁多。在植被垂直带谱中,有大片的原始森林,也有万亩杜鹃林,十分精彩。山林间已知动物有近400种,其中属国家和珍稀重点保护的有30多种,如短尾猴、小熊猫、金猫、斑羚、赤鹿、穿山甲、白腹锦鸡、东坡墨鱼等。但在这个优越的绿色生态环境中,最为光彩夺目的是被誉为"杜鹃海洋"的万亩杜鹃林。

万亩杜鹃集中分布在一个名叫"三道海"的地方,围绕着大小六七个湖泊群,有杜鹃花30余种。在这里每年3~7月,杜鹃花开过一批又一批,繁花似锦,铺天盖地,与碧波粼粼的湖光山色形成了一个天堂仙境一般的世界。这里的杜鹃花海,不仅面积大,堪与峨眉山雷洞坪一带的"十里鹃海"媲美,而且还有两点非常奇特:一是,有的杜鹃树生长了上千年而没有受到砍伐,长成了一二人才能合围的大树,仍枝繁叶茂花盛;二是,有的一树同时能开出不同颜色的几种花朵,争芳斗艳,更是引人入胜。

冕宁亦传奇

西昌因传奇而美丽,与其接壤的现属西昌市管辖的冕宁县亦因传奇而楚楚动人。

冕宁县境内有小相岭等山脉,北部是彝民聚居区。1935年5月,红军进入冕宁县城。县城城厢镇东街8号,曾作为红军总司令部驻地。县城北47公里处的彝海(原名鱼海子)边,是红军先遣队总司令刘伯承与彝族首领小叶丹结盟之地。故而,红军长征文化的光芒使冕宁的山山水水更加灿烂艳丽,也更加具有传奇色彩。

长征纪念馆:城厢镇东街8号,是一座建于清光绪年间的民宅,庭院深深,三重厅堂,砖木结构,布局严整。这里曾是红军总司令部驻地,在这里红军第一次发布有关民族政策的布告,并在布告中第一次出现"红军万里长征"的概念;在这里毛泽东接见了彝族代表果基达涅及中共冕宁地下党代表陈野苹、廖志高等,为这座城厢东街8号增添了传奇色彩。后来这里曾是红军入川后建立的第一个革命政权——冕宁县革命委员会和晚期冕宁县抗捐武装所在地。1965年这里辟为红军长征纪念馆,至今毛泽东接见代表们的厅堂仍保持着布局原貌,并陈列着文献、文物、照片近200件。在展出文物中就有以朱德总司令名义发布的《中国工农红军布告》,其内容是:

中国工农红军，解放弱小民族；
一切彝汉平民，都是兄弟骨肉。
可恨四川军阀，压迫彝人太毒；
苛捐杂税重重，又复妄加杀戮。
红军万里长征，所向势如破竹；
今已来到川西，尊重彝人风俗。
军纪十分严明，不动一丝一粟；
粮食公平购买，价钱交付十足。
凡我彝人群众，切莫怀疑畏缩；
赶快团结起来，共把军阀驱逐。
设立彝人政府，彝族管理彝族；
真正平等自由，再不受人欺辱。
希望努力宣传，将此广播西蜀。

结盟纪念碑：红军总参谋长先遣队总司令刘伯承与彝族首领小叶丹彝海结盟的纪念碑有两座，1985年在刘伯承与小叶丹结盟50周年之际在西昌城修建了一座，另一座修建于1995年彝海结盟60周年之际。1995年所建的一座，位于彝海边的结盟地址附近，纪念碑基座高3.5米，宽2.2米，有6层台阶。基座上面是用玫瑰红花岗岩石雕塑的刘伯承、聂荣臻和小叶丹及一名彝族群众正在举杯歃血结盟的群雕像。人像高5米，神形兼备，主题鲜明，具有强烈的艺术感染力。碑文介绍了结盟的经过，黑色花岗岩碑面上镌刻着时任中共中央总书记江泽民题写的"彝海结盟纪念碑"七个大字。

刘伯承与沽基（果基）支首领小叶丹在彝海边歃血为盟结为兄弟，深刻入微地落实民族政策,是红军长征史上的重要事件,为红军和平顺利地通过彝民区,强渡大渡河,赢得了宝贵的时间,意义十分重大。

彝海彝语称"苏品",是冕宁彝族聚居区罗洪、倮伍、沽鸡(果基)三支彝族同胞心目中的圣湖,呈元宝形,像一颗镶嵌在群山中的蓝宝石。这是一个不很大的高山淡水湖,极富高原风光特色。如今湖畔耸立着气势恢宏的彝海结盟纪念碑,把红军将领与彝族首领结为兄弟的传奇色彩与湖光山色永久地融合在了一起,组成了红军长征路上一处光芒四射的胜景。

卫星发射地: 西昌卫星发射基地,冠名西昌,实际上是在距西昌北60多公里的冕宁县境内的山沟里,之所以把发射中心选在这里,主要因为这个地方深得天时地利。这条山沟三面环山,是个向东南开口的半封闭小盆地,面积约2平方公里,海拔1500米,山体隐蔽,地质结构坚硬,而且因纬度低,冬无严寒,夏无酷暑,天空洁净晴朗,晴好天气多,并且接近铁路线便于运输。

发射基地始建于1970年12月,1985年11月对外开放,1990年成功发射外国商务卫星"亚洲一号",使我国成为继美国、法国之后第三个打入国际航天领域的国家。这是我国目前对外开放的规模最大、技术设备最先进、承揽卫星发射任务最多的大型航天器发射场。游客可以观赏发射塔,游览测试安装区、指挥控制区和科技公园,体验我国最为先进的科学技术。

发射塔是基地的核心部位,二号塔是国人最值得自豪的一座塔。这是由一组塔体组成的发射塔群,其中主塔是一座高74米、重达4500吨的活动塔,还有一座高74米,重1040吨的固定塔,第三座则是高175米的避雷塔。1992年,二号塔成功地用国产"长征二号"火箭发射了美国为澳大利亚研制的通信卫星"澳星",赢得了全世界的关注。

至今，西昌卫星发射基地已先后用"长征三号""长征二号乙""长征二号甲"运载火箭,成功地发射了国内外卫星近30颗。

除此之外,冕宁县境内还有小相岭西麓依灵山而建的灵山寺,西北部面积243平方公里、最高海拔5299米的冕宁冶勒自然保护区。灵山寺建于清乾隆年间,主体建筑大雄宝殿高大雄伟,寺内曲径通幽,飞流悬瀑,有高耸的古塔和巨大的"禅石",寺前古木参天,亭阁翼然。冶勒自然保护区是凉山州乃至四川省内动植物资源十分丰富的基因库和天然动物园,其保护对象主要是野生大熊猫等珍稀动物,以及它们所依赖的天然生态环境。

红军长征途中,在冕宁第一次发布有关民族政策的布告,彝海结盟史无前例,卫星发射基地书写着中国的航天史,实现着中华民族的航天梦,有谁能说红军长征路上的冕宁自然和人文景观不奥妙、不传奇。

大渡桥横铁索寒

　　大渡河畔,特别是大渡河西部与雅砻江东部间的区域,既是横断山脉的北段,又是川西高山高原上山高坡陡、河谷幽深的典型"山原"地貌区。这里不仅有大渡河在奇险的峡谷内汹涌澎湃,而且有横断山脉最高峰海拔7756米中国最美的十大名山之一的贡嘎山,以及与贡嘎山连体中国最美的六大冰川之一的海螺沟冰川。

　　记述长征路上大渡河以及与其有关的自然景观和人文景观,必须首先了解一下大渡河。大渡河源头在青海省巴颜喀拉山脉东部的果洛山,主源名麻尔柯河,流入川西北阿坝藏族羌族自治州后有阿柯河、多柯河等支流汇入,南流至甘孜藏族自治州丹巴入小金川河谷,河水流量加大,始成大渡河。而后,自丹巴直流南下,两岸峭壁夹持,经泸定至石棉,在石棉境内折向东,再转向东北,在乐山城东汇入岷江。大渡河自源头至汇入岷江,全长1155公里,是长江流量最大支流岷江的最大支流。除上游源头一带为高原宽谷、下游为丘陵外,大部分河段为高山深谷,漫滩和阶地很少。自丹巴至泸定的上游下段,以及以下的中游上段,处于横断山脉东部边缘,两岸有大雪山、夹金山、大相岭、小相岭耸峙,地形起伏很大,河谷深切,水流湍急,基本不能通航。而红军长征抢渡安顺场、飞夺泸定桥的战役,就是在被称为"天险"的大渡河这一河段展开,并且创造了惊天地泣鬼神的奇迹,取得了举世闻名的伟大胜利。

抢渡安顺场

大渡河流经的石棉县是因安顺场而驰名,安顺场则因历史上的两件大事而名扬天下。

安顺场位于现雅安市石棉县境内的大渡河南岸,汹涌的大渡河在这里拐弯折向东流,因河面较宽变得比较平稳,所以被辟为渡口。安顺场之名取"山镇久安,河流顺轨"之意,距县城新棉镇11公里,是大渡河中游上段的主要渡口。1863年5月,太平天国翼王石达开率部四万余,在这里北渡大渡河,恰在此时其妃生子,全军庆贺延误了三天时间。再渡河时因山洪暴发,河水陡涨,强渡受阻,故而被清军及民团、彝民武装围困,遭到全军覆没的灭顶之灾。相反,1935年5月下旬,红军长征途中在安顺场强渡大渡河成功,打破了蒋介石"要让朱毛成为第二个石达开"的美梦。现在的安顺场镇,有红色旧址红军指挥楼,红色建筑有红军强渡大渡河纪念碑和纪念馆,还有遗存的翼王亭。

渡河纪念碑:1935年5月23日,红军先遣队在小叶丹四叔带路护送下,顺利通过了彝族区,即向大渡河兼程前进。这时敌人为防备红军渡河,已派两个连在安顺场防守,并将所有船只掠夺过河损坏,只留下了一只供安顺场恶霸地主、川军一个营长使用的小船。对岸是悬崖峭壁,背后是巍巍营盘山,而且在对岸有一个营的兵力驻守,下游不远处的安庆坝还住着敌人的团部。蒋介石这时已从重庆飞抵成都,坐镇督战防备红军渡江的战役。红军迅速赶到安顺场，敌人猝不及防，两个连被歼灭，那只小船成了战利品。刘伯承指挥红一团和干部团利用这只小船，先是组织十七勇士突击队，于5月25日晨第一批8人登上小船，在火力掩护下，冒着敌人的枪林弹雨，不等小船靠岸就飞身冲上北岸的台阶，扑向敌人的碉堡。当敌人200余人爬出碉堡时，我军仅有的两发八二迫击炮弹，准确地在敌群中爆炸，8勇士乘敌人混乱之际，冲进碉堡，与敌展开厮杀。这时第二船9勇士旋即登岸，仅17人就击溃北岸守敌，完全控制了渡口。之后，渡船增至四只，但有的需要经过修理才能使用，最大的一只一次也只能坐40人，往返一次需要1小时，直至第二天上午红一团才全部过河。26日上午，毛泽东等中央领导人赶到安顺场，分析形势后立即决定，红军分两路纵队从东西两岸溯河而上，齐头并进，夺取泸定桥，完成全军抢渡大渡河的战役目标。被确定为右路纵队的4个团，在安顺场顺利地渡过了大渡河。

红军在形势极为严峻、条件极为不利的情况下，实现了当年石达开未能实现的愿望，打碎了蒋介石的美梦。为了纪念红军这一伟大胜利，石棉县政府在安顺场渡口修建有中国工农红军强渡大渡河纪念碑。碑体用花岗岩建成，雕塑有红军头像和红军强渡大渡河的浮雕。碑高6.25米，宽3.2米，正上方镶嵌着一个红军战士巨大的半圆头像，两眼凝视前方；下半身是十七勇士乘风破浪、飞舟挺进、直逼对岸的浮雕。整座纪念碑构图严谨、雕刻技艺十分精湛，当年红军强渡大渡河的激战场面，在天然的大渡河激流背景下，生动地再现在人们面前。

红军指挥楼： 在安顺场镇老街上，当年刘伯承指挥红军强渡大渡河的指挥部，至今仍保护完好。这是一栋土石结构的三层楼房，楼顶青瓦覆盖，后被当地老乡称此楼为"红军指挥楼"。指挥楼对面小院内，有一栋两层小楼，毛泽东等当时在小楼居住过，也完整地保存了下来。

渡河纪念馆：在渡口附近的平台上，石棉县政府修建有一座规模较大、设备较现代的中国工农红军强渡大渡河纪念馆，与纪念碑构成了一组纪念性的红色纪念性建筑物。纪念馆内陈列着不少红军长征强渡大渡河的文物、资料和图片。同时另外辟展室，陈列有当年石达开部在安顺场的有关文物资料，以示"悲剧地"和"胜利场"的鲜明对比。

翼王纪念亭：翼王亭建于1942年，由原西康省政府在今石棉县城附近的大渡河畔所建。在这之前，为纪念太平军将士，人们将安顺场背后石达开安营扎寨的大山，取名为"营盘山"。翼王亭为传统六柱六角形，飞檐翘角、五边有槛，正中竖立着韩孟钧撰写的《题大渡河翼王亭石室》的诗文。翼王亭旁立有"翼王托孤"石达开全身花岗岩雕像。

历史上的安顺场并不"安顺"，石达开在这里演出了悲剧的一幕，而红军长征在这里却演出了雄壮辉煌的一幕，正如文化部原部长、参加过长征的陆定一为红军强渡大渡河纪念馆的题词那样，"翼王悲剧地，红军胜利场"。

泸定铁索寒

毛泽东《七律·长征》一诗中"大渡桥横铁索寒"，描述的就是红军气势如虹、飞夺泸定铁索桥的场景。

泸定桥是一座最负盛名的铁索桥，于清康熙四十四年（1705年）兴建，全桥分桥身、桥头台、桥头亭三部分。桥身长103.67米，宽3米，由13根铁链组成；底链9根，水平排列，间距33厘米；扶手4根，一边两根，上下排列。每根铁链862~977环扣成，13根共重21吨左右。并排9链之上铺有木板，桥板之中铺以主道板。这样的一座桥横架于悬崖峭壁夹峙的大渡河上，高悬于半空中，桥下浪涛翻滚，汹涌澎湃，再加上红军赶到之前,敌人已自西向东撤掉了大部分桥板,只剩下了光溜溜的铁索链,红军从铁链上挺进而过,又怎能不令人心惊胆寒,又怎能不是飞身而渡!

飞夺泸定桥:红军左路纵队在林彪率领下,先头部队红四团于1935年5月27日拂晓从安顺场出发,沿西岸全速向泸定桥奔去。他们边走边打,忍受着疲劳和饥饿,与敌人赛跑,与时间赛跑。28日凌晨5时左右,林彪接到中革军委命令,令其红四团务必于29日拂晓前赶到泸定。只有24小时的时间,240余里的路程,难度之大可想而知。但军令如山,团长黄开湘和政委杨成武再次向全团下达轻装、长途奔袭的命令。他们不顾一切地向泸定飞奔,在猛虎岗攻下敌两个连防守的关口,终于在29日晨到达了距泸定城10里的上田坝。红军接近泸定桥后兵分两路,一路爬上泸定桥西头的海子山,控制制高点;一路直扑西桥头。但就在他们到达之前的几个小时,敌川军第24师第4旅的两个营,已到达泸定城,完成了扼守东桥头的部署,并拆除了铁索桥西大半段的桥板,以致靠近东桥头的桥板还未来得及拆除。敌军做梦也没有想到,红军会这样快从天而降。

由13根铁索组成泸定桥,人行桥上左右摇晃,起伏不定;俯视桥下白浪滔滔,令人头晕目眩、胆战心惊,真是"大渡桥横铁索寒"。一个"寒"字,把飞夺泸定桥的惊险融入了红军指战员的血液中,凸显了红军飞夺泸定桥的英雄气概。

5月29日下午4时,经缜密、充分准备,红四团向泸定桥东桥头发起攻击,22名突击队员手持冲锋枪或短枪,背挂马刀,腰缠手榴弹,冒着敌人的枪林弹雨,在震撼山谷的军号声中、枪炮声中,冒着枪林弹雨爬在光溜溜、摇摆不定的铁索链上,向东桥头匍匐前进。随后有紧跟的连队在铁索上铺木板。当突击队员们快到桥头时,敌人居然纵火烧桥头。火焰冲天,勇士们奋不顾身冲进火海,后续部队勇猛跟进,冲进了泸定城。22名突击队员以3人牺牲的极小代价,赢得了飞夺泸定桥的伟大胜利。又经过两个小时的巷战,全歼守敌。6月2日,红军左路纵队全部从泸定桥上渡过了大渡河,创造了人类战争史上的奇迹。

夺桥纪念碑:为了纪念红军飞夺泸定桥的惊天动地壮举,1986年于泸桥镇大渡河西岸沙坝上,建了一座红军飞夺泸定桥纪念碑。纪念碑由主体碑、底座铜像、碑基平台及地下展室组成。主体碑采用铁链变形几何体造型,远望像一支凌空发射的手枪,体现了飞夺泸定桥的特色,同时也象征革命武装斗争。碑体为整块钢筋混凝土,表面呈淡青色效果,高30.25米,内部以传统宝塔形,把铜像底座和主体碑安置为8层。建筑内有大型壁画9幅,磨漆画2幅。

纪念碑门厅左侧为泸定桥桥史图,右侧为红军飞夺泸定桥图。

主体碑底楼有磨漆画2幅,二楼绘花石包的传说,三楼绘藏族风情,四楼绘战恶龙,五楼绘彝族风情,六楼绘二郎山传说,七楼绘汉族风情,八楼绘大雪山。登顶可眺望大渡河风光、铁索桥风采和泸定城万重山风貌。

纪念碑底座全部用汉白玉和红色花岗岩贴面。底座门厅上部白色大理石上镌刻邓小平题写的"红军强渡大渡河纪念碑"碑名。底座门厅上部平台上耸立着两尊重达4吨、高4米的红军战士铜像。前面的红军战士在挥臂投掷手榴弹,大半部身体跃出底座外;后面的红军战士为射击姿态。铜像采用特殊成型新工艺,用470块铜片处理而成。底座两侧白色大理石上镌刻聂荣臻元帅撰写的《红军飞夺泸定桥》碑文,南侧为藏文楷体,北侧为汉文楷体。碑基面积为720平方米。地下展厅位于碑基平台内部,呈四面回廊形式,中心部四面均为玻璃反光墙面,四壁为展墙,灯光照明,鼓风机通风,现陈列有海螺沟风景照片和贡嘎山油画。

除这里的红军飞夺泸定桥纪念碑之外,在泸定县城西南的红军飞夺泸定桥纪念碑公园内,还建有红军飞夺泸定桥纪念馆;在泸定县姜村堡子朱德住过的李志勋书房,还建立了红军长征革命文物纪念馆;其他还有泸定桥革命文物陈列馆、红军楼和红军亭。

红军飞夺泸定桥纪念碑和所有这一切,把"大渡桥横铁索寒"这一史诗般的历史事件的光辉彰显得淋漓尽致,使这里成了一处综合性的、光芒四射的红色博物馆。

卓天贡嘎山

贡嘎山地处泸定城西南、大渡河西部,是横断山脉的最高峰,也是世界著名15高峰之一。主峰海拔7556米,东至大渡河谷直线距离不到30公里,相对高度竟达6500米。主峰周围有海拔6000米以上的高峰45座,经年白雪皑皑,晴天万道金光闪闪,阴天雾海茫茫,神秘莫测,可谓自然界一大奇观。

贡嘎山综述:贡嘎山在藏语里是"至高无上,洁白无瑕的山"之意,东临大渡河,西有雅砻江,面积约298平方公里,山体南北长约60公里,东西宽约30公里,是横断山脉大雪山的中段。

贡嘎山因地势高低悬殊,自下而上处于亚热带、暖温带、寒温带、亚寒带、寒带、寒冷带、冰雪带七个气候区。总体上属亚热带高原气候,但变化比较大,在一定区域范围内甚至有"一天有四季,一地有四季"的特征。特定的地理环境和特殊的气候条件,形成了多层次的主题植物带和特有的自然景观带。海拔5000米以上的山峰,终年积雪;低海拔并无人烟的坡麓地带,生态环境原始,森林受人类活动影响小,植被完整,几乎拥有从亚热带到高山寒带能生存的所有植物物种,珍稀植物繁多,拥有植物4880余种,属国家保护的物种有400余种,东部河谷地区还遗留了不少被称为"活化石"的古老植物。栖息在这里的野生动物达400余种,珍稀保护动物有28种。

现代冰川在这里具有特殊性,面积达290平方公里,约有45条,而且有地球上同纬度海拔最低的海螺沟冰川。与冰川有关的还有冰山湖泊。这种湖泊星罗棋布,有的在冰川脚下,有的森林环抱,水色清澈透明,保持着原始、秀丽的自然风貌。著名的有木格措、五须海、人中海、巴旺海等。温泉与冰川相处是这里的又一特色。贡嘎山区居民多为藏族同胞,山村多为藏寨,也有汉、彝村寨。著名人文古迹有藏传佛教贡嘎寺等。这里的冰川区并非人迹罕至之地,不仅可以游览,而且有村寨、寺庙。

险峻、卓天的贡嘎山,雪线以上特别是峰顶的雪域,很早以前就是探险者向往的天堂。1878年奥地利人劳策最先进入山区考察,20世纪30年代初瑞士人洛克·海姆也曾进行考察,1932年美国登山队登顶成功,1957年6月13日原中国登山队史占春等6人登上了主峰。1980年确定,贡嘎山对外开放,建立营地接待国内外登山队。雪线以下,包括海螺沟冰川森林公园,现已成为旅游爱好者到川西猎奇览胜的首选之地。

圣地贡嘎寺:藏传佛教贡嘎寺,应该说是川西乃至四川境内海拔最高的古寺。贡嘎寺分为老贡嘎寺和新贡嘎寺,我们这里介绍的是新贡嘎寺。这座寺院建在海拔4000多米的半山腰,远远望去在庞大的山体中显得微小,但它与大山和谐一体,精妙自然,实属圣地,谁也无法忽视它的存在。

新贡嘎寺始建于公元14世纪的明代,由第二世贡嘎活佛玛舍登巴所倡建,是川西、川北地区重要的寺院之一。后来,经过历代贡嘎活佛扩建,寺庙占地面积增至2600多平方米,其建筑完全是藏传佛教的传统风格。第二世以后的贡嘎活佛大多驻锡在贡嘎寺。

作为藏传佛教白教三大圣地之一的贡嘎寺,在历史上有着重要地位。第九世贡嘎活佛噶玛协珠·却杰生根,对藏传佛教在汉地传播有重要贡献。据说,国民党高级军政要员李宗仁、陈立夫、刘湘、潘文华等,都曾皈依他的门下。这位贡嘎活佛于1957年农历十二月在新贡嘎寺坐化,圆寂后的肉身法体至今完好无损,成为真身舍利、镇寺之宝,受到了络绎不绝的朝圣者的顶礼膜拜。

原始燕子沟:这是贡嘎山还未开发但很精彩的游览区。这条燕子沟周围有15座海拔6000米以上的高峰,从海拔2100米逐次向上延伸至贡嘎山主峰,面积近200平方公里,是以低海拔现代冰川为主的旅游观赏地。区域内分布着满目的原始森林、珍稀动植物、草原、高山湖泊和奇峰异石,还有冷泉和温泉,登顶贡嘎山的国际登山线路就从燕子沟东坡经过,景观资源十分丰富。特有的红石(一种藻类植物依附于岩石表面而显红色)沟和奇沟内的石头千姿百态,大面积的彩叶林带秋季到来时如春天的花海。中国十大名泉之一的贡嘎山神泉也在燕子沟。据有关专业人士认知,该神泉富含46种矿物质,对人体多种不适有疗效,饮用时口感似啤酒,所以被誉为"啤酒泉"。目前,燕子沟已被列为贡嘎山重点开发的旅游计划范围。

海螺沟冰川:这里是观赏贡嘎山群峰最理想的场所,也是贡嘎山东坡众多冰川中最精彩的一条。海螺沟冰川尾端深入原始森林区达6公里,海拔只有2850米,是地球上同纬度的冰川中海拔最低的,有"绿海冰川"之称,现已被开发为"海螺沟冰川森林公园"。

公园入口处是泸定县磨西镇,当年红军长征从这里经过,镇上有毛泽东夜宿旧址,还有教堂和一棵7人才能合抱的古树"香杉王"。

原始森林分布在大冰川之下的区域,森林中植物种类繁多,几乎包括了贡嘎山植物种类的全部。其中珍稀树种有红豆杉、康定木兰、江波树、白栎树等。红豆杉结犹如红宝石一般的果实;康定木兰一棵树上能开出红、紫、粉红、白色四种花朵,据说世界上只有海螺沟才有;江波树浑身是宝，而白桦树则被称为"活化石"。海螺沟原始森林里，大叶杜鹃和小叶杜鹃各放异彩，数量大，品种多，花期长，万紫千红，光彩夺目。原始森林里，在光秃秃的岩石群地带，还有"一石千树""一门四姓""一家四兄""树石相依""虎爪独立"等异景，总称为"树石奇观"。

原始森林当然也是动物的乐园。在这里小松鼠见惯不怪，岩羊在山岩冰川间奔跑也是常见，藏在森林深处的则有小熊猫、羚羊、野驴、猕猴、金豹、猞猁、林麝、藏雪鸡等国家保护动物。

笔架山、泼墨山都是海螺沟的奇峰。笔架山是"V"字形山峰，形似笔架，而且有生动的传说；泼墨山杉林苍翠，云缠雾绕，顶峰白雪常年不化，美如一幅动人的水墨画。这两座山峰与背后的"日照金山"奇景相辉映，十分艳丽。而最能体现海螺沟特色的还是这里的低冰川和水温很高的温暖瀑布。在海螺沟泼墨山2940米处，设有为攀登贡嘎山的登山队服务的三号营地。在营地左侧山梁下就是海螺沟冰川的冰舌。晶莹剔透的冰舌，长约6公里，宽0.4~0.7公里，最厚的地方100~130米，是我国冰川中唯一能够接近观赏的现代冰川。这条冰川形成于1600年之前，在不断运动中形成了晶莹如水晶般的冰川弧拱、卷曲、单斜、内斜等构成的冰川层纹单条裂缝。断裂带长100多米，深5~10米，宽0.5~2米。冰舌的最低点仅海拔2850米。冰川体内消融的涓涓细流，经过挤、冲、碰、撞之后，千回百转，以10.4立方米/秒的流量涌出，再与沿途的溪流汇合，形成一条冰川河，浩浩荡荡出沟，与磨西河汇流后奔向大渡河。

冰川河河口处形成的冰弧拱叫"城门洞"，洞内冰景奇美。这里有冰川消融过程中形成的冰面湖、冰桌、冰洞、冰桥、冰面河等，冰融盛景应有尽有。而在冰川舌根处，却有着另一番精彩。

冰舌上部是横向的海螺沟冰川带，高约千米，宽近千米，面积比贵州黄果树瀑布要大15倍，所以被称为"大冰瀑布"，又美其名"银屏玉帘"。

大冰瀑布是由多级冰坡组成的巨大冰川陡坡,冰川在这里处于一种超级伸张状态,经常会发生冰崩。冰崩发生时,白光夹着各种色彩闪烁,冰雪飞舞,轰隆之声惊天动地,其磅礴之势无法用"飞流直下三千尺,疑是银河落九天"这样的诗句来描述。

温泉和温暖瀑布与冰川的冰冷形成了鲜明的对比,是海螺沟常年热气腾腾的一面。从沟口磨西镇向海螺沟内走去,沿途有汉村彝寨,竹篱茅舍,烟云缥缈在碧峰之间,景色十分迷人。一路上到处飞瀑溪流,还有甘甜爽口的地下泉水。令人惊奇的是,在这种冰川之地,竟然有众多温泉。其中有一"沸泉"水温高达90℃,泉水顺崖而下居然形成了一道宽8米、高10余米的"温泉瀑布"。目前,泉旁建有温泉浴室,游人在这里可一边沐浴,一边观赏热气腾腾的瀑布,无疑别有风趣。李白在《蜀道难》中写下的"飞湍瀑流争喧豗,砯崖转石万壑雷",借来描述海螺沟的温暖瀑布倒也恰如其分。

贡嘎山,高卓天,白云冠顶插云寒;海螺沟,奇景连,冰川壮观天下鲜。如果这也称得上是一副对联的话,那么横批则应该是:誉满神州。

长征路上景观揽胜

川西北旅游王国

昔日红军足迹踏遍的地域，今日秀甲天下的旅游王国。这就是以下要记述的川西北。

红一方面军飞夺泸定桥之后，中共中央政治局在泸定城附近召开了史称"泸定会议"的常委会议，研究确定了渡过大渡河之后的行动路线。之后翻越二郎山南段，经荥经、天全到达宝兴大硗碛，从这里艰难地翻过白雪皑皑的夹金山，实现了与红四方面军的会师。会师后两军热烈庆祝，1935年6月21日在懋功（今小金县）天主堂召开了两个方面军干部同乐会。

红四方面军是于1935年3月28日，从川东北启程西征，渡过嘉陵江、大战剑门关，而后经北川河谷，到川西北建立新根据地的。红二、红六军团1936年7月初，齐集甘孜也实现了与红四方面军的会师。

红军长征的足迹几乎踏遍了川西北的山山水水，是毛泽东《七律·长征》诗中"更喜岷山千里雪，三军过后尽开颜"的一个红色革命圣地。

川西北现为阿坝藏族羌族自治州，地处青藏高原南缘，是四川第二藏族区、我国羌族主要聚居地,在古代藏、羌、鲜卑、吐蕃、汉、回等民族共同开发了这里。这里是横断山脉北端与高山峡谷的结合部,地貌以高原和高山峡谷为主,东南部为高山峡谷区、中部为山原区、西北部为高原区,岷江及其主要支流大渡河纵贯全境,黄河流经这里的西北高原区。这里现有五块自然保护区,其中卧龙、黄龙、九寨沟三处已被列为《世界自然遗产名录》,另两处自然保护区是四姑娘山、诺尔盖湿地,而且这里是长征路上单元范围内红色纪念性旧址和纪念性建筑最多的地区,所以被四川省旅游界誉为"秀甲天下"的"旅游王国"。

熊猫保护区

卧龙自然保护区是国宝大熊猫的乐园,位于四姑娘山东南,理县境内南部,2006年作为大熊猫栖息地的核心,被联合国教科文组织列为《世界自然遗产名录》。

保护区综述:卧龙大熊猫自然保护区地理环境特殊,海拔最高6250米,最低1150米,东西52公里,南北62公里。地势起伏错落,森林郁郁葱葱,常年只有春、秋、冬三季而无酷暑,年平均气温12.5℃。温暖湿润的气候,为种类繁多的植物生长、动物栖息提供了优越的环境条件。保护区内有大熊猫赖以生存食用的竹类8种,还有万亩极具观赏价值的孑遗乔木珙桐林,这在国内实属罕见;药用植物约有870种,占四川省总数的25%;卧龙斑叶兰、卧龙玉凤兰是保护区内特有的两种兰科植物;巴朗杜鹃、卧龙杜鹃、疏花长鳞杜鹃也是保护区特有的植物品种。在保护区的植物中,被列为国家保护的珍稀濒危植物有24种,除珙桐之外,还有水青、连香、红豆杉等。这里的野生动物除大熊猫外,还有猕猴、云豹、水鹿、灵猫、果子狸、红腹锦鸡等喜温的南方动物;也有分布在亚高山针叶林及森林线以上的古北界动物种类,如白唇鹿、岩羊、马麝、兔猁、雪豹等。在这些动物中被列为国家保护的多达 56 种。保护区内集山、水、林、洞、险、峻、奇、秀于一体,吸引着国内外众多游客、学者前来游览和探访。

熊猫大观园:中华大熊猫苑地处核桃坪,这里是大熊猫的最佳栖息地和生产地,一期工程圈养范围为 3 平方公里,共建有 7 个放养场,已成为世界上最大的熊猫饲养种群,堪称熊猫大观园。这里树木茂盛,小桥流水,箭竹摇曳,共有别墅群落十余座,没有铁笼栏杆,取而代之的是透明的玻璃。这里是卧龙自然保护区对外开放的重点景区,在这里,憨态可掬的大熊猫,灵性十足的熊猫幼崽,或攀树,或戏耍,或捧箭竹就餐,自由自在,是个天然的、纯粹的大熊猫动物园。保护区内 100 多只大熊猫,多数都栖息在这里。

熊猫博物馆:这是我国首家介绍单一物种的专题性博物馆,占地 2700 多平方米,收藏有世界上最多、最完整关于大熊猫的资料。从博物馆陈列的资料中,可以了解到中外科学家为保护拯救大熊猫所做出的努力,以及大熊猫作为"和平使者"带着中国人民的友谊远涉重洋,深受各国人民欢迎的情况。

在博物馆参观,可以知道大熊猫的发现是偶然的,被大家认知也经历了一个过程。1869 年,法国生物学家戴维到四川雅安考察,在山沟里的一个山民家里,偶然发现一张非常奇特的兽皮,引起了他的浓厚兴趣,主人告诉他这是"黑白熊"。戴维断定这是熊的一个新物种,后来他捕捉到了一只,但在运回法国途中这只"黑白熊"得病而亡。这就是大熊猫的偶然发现,而后经过国内外科学界研究,才认知这是我国独有的珍稀国宝。

从博物馆可知,目前野生大熊猫共有 1500 多只,分布在四川、陕西、甘肃三省的岷山、邛崃山、大相岭、小相岭、小凉山和秦岭六大山系。作为

"和平使者"，在国外的分布是，赠送美国 11 只、日本 8 只、墨西哥 5 只、奥地利 2 只、泰国 2 只、德国 1 只，2007 年为庆祝香港回归十周年卧龙自然保护区特将一对大熊猫赠给香港政府。

生物标本馆：这是 1982 年建立的我国自然保护区内最大的一座动植物标本展览馆。在展览馆内陈列的本地植物标本 2170 个、鸟类标本 225 个、兽类标本 56 个、昆虫标本 700 个、鱼类标本 6 个、两栖类爬行类标本 17 个，并配以大量文字、图片，向人们展示了卧龙自然保护区的生态环境和丰富的生物资源。走进标本馆，几乎等于看到了卧龙自然保护区的全貌。

山水姊妹沟：卧龙自然保护区内的自然美景，首屈一指的是英雄沟、银厂沟。这两条沟隔河相望，被称为"姊妹沟"，集山、水、绿、幽、秀于一体，是卧龙自然保护区的主要风景区。走进英雄沟，入口处险峰峭立，迷雾漫山，一条银链般的瀑布从万仞悬崖飞泻而下，直扑谷底，山谷迷雾间似有千军万马在呐喊，在奔腾。穿过峡谷中神奇的仙峰、幽穴、听泉、水帘四个小隧道，眼前豁然开朗，漫山遍野的箭竹郁郁葱葱，绿浪起伏，似波澜壮阔的海洋，蔚为壮观。绿林丛中便是"中华大熊猫苑"。与英雄沟隔河相望的银厂沟，奇峰叠峙，云蒸霞蔚，峡谷低处古木参天，湍急的河流在密林山崖中忽隐忽现，显现处如银龙献美，隐蔽时似在偷偷欢歌，为峡谷增添了莫名的神秘与肃然。

松潘黄龙沟

松潘黄龙沟地处县城东北部涪江源头，南起望乡台，北至涪江河谷，全长 3.5 公里，海拔在 3145~3575 米之间，是一条在雪峰和森林掩映下以众多钙化彩池和钙化滩流为主要特色的多彩景观。这条钙化物质堆积体蜿蜒长度达 3.6 公里,最窄处 30 米,最宽处 170 多米。1992 年这条以钙化为特质的景观与九寨沟风景区一起,被联合国教科文组织列入了《世界自然遗产名录》。

黄龙沟景观的形成,与沟顶端分水岭处流出的一股泉水有直接关系。泉水富含碳酸钙类物质,顺沟坡漫流而下,又没有固定的河床,在漫流过程中受地形凹凸影响,碳酸钙物质天长日久沉淀,形成了以乳白色或淡黄色为基调的钙化体。如今的钙化体上分布着大小 3400 多个钙化池和长约 2.5 公里的钙化滩流,以及众多的钙化瀑布、钙化溶洞。形状奇特的钙化池,如梯田、如鱼鳞,池水澄清,水色因池底沉淀物和树木、山色千变万化,而呈黄、绿、浅蓝、蔚蓝等颜色,所以又有"彩池"之称。

梯级迎宾池:进入黄龙沟首先走过的是"涪源桥",即涪江源头上的一座桥。过桥后看到的是一组迎接你的色彩艳丽的水池,这就是"迎宾池"。它由 100 多个蓝色基调的彩池组成,大小不一,形态各异,池水清澈,湛蓝如玉,堤埂像是玉石玛瑙一般玲珑剔透。四周群山环抱,林木葱葱,山花烂漫,阳光透过树隙照在湖面上,变幻着黄、绿、蓝色调,微风拂过时,池中泛起彩色涟漪,更加清丽动人。

飞瀑流辉崖:沿着用木头搭成的人行栈道蜿蜒而上,可看到左前方千层碧水冲破密林从崖壁飞泻而下。岩崖高约 10 米,宽约 60 米,碧水飞泻而下形成数十个梯阶瀑布,如一道道珠帘高挂,银光闪烁。水帘后的崖壁呈马肺状或片状,在阳光下使瀑水变幻着不同的颜色,像笼罩着一道道彩霞,所以这里的崖壁飞瀑有一个蕴含着诗情画意的名字叫"飞瀑流辉"。

仙人洗身洞:过五颜六色的彩池群,就是黄龙沟的第二阶。乳黄色的崖壁,厚厚的钙化层,像是十分壮观的悬瀑。崖壁上溪水漫漫,像一层轻纱铺展,又跌落在金黄色的池盆里。一堵高约 40 米的崖壁下有一溶洞,洞高1米，宽1.5米，通过洞前帘瀑可隐约看到洞内的景物：钟乳石悬顶，石笋坐底，或乳白，或浅黄，密密麻麻，但谁也不知道这个溶洞有多深。据地质专家考证，此洞是古代冰川的一个出水口。而藏族同胞却说它是古代仙人们净身的地方，所以取名为"净身洞"，说是凡人要想修行得道，必须先赤身裸体到洞内净身，用洞顶流淌下来的泉水洗涤身子，获得圣洁的身躯和心灵。据说，该洞顶部的泉水，洗身可以去疾治病，所以洞内虽潮湿阴冷，以身相试的还是大有人在。

金沙钙化流：在洗身洞与菠萝彩池之间（这里的菠萝即杜鹃），有一道长约1500米、宽70~120米的坡状钙化流，因呈乳黄色人称"金沙铺地"。这段流水状的钙化岩溶层，由于地势坡度关系和钙化物质黄金般的色彩，看上去给人一种波浪翻滚似流水直泻而下的感觉，在阳光下浮光耀金，灿然夺目，仿佛一片金色的沙滩，故又名"沙滩"。有关专家说，这是目前世界上同类形态自然景观中面积最大、色彩最丰富的一处。这里的岩溶层凸凹不平，金黄色中又有乳白色、灰色、暗绿色镶嵌其中，波面上荡漾着清流，因其受到鱼鳞状钙化层影响，便形成了变化莫测的银色涟漪。从"金色铺地"顶部看整个钙化坡面，两侧低，中间一溜脊梁，且表面呈鳞状，就像一条黄龙伏卧在这里。怪不得这里有黄龙助大禹治水的神话传说，并在附近的彩池边建有黄龙寺。

迷人彩池群：在金沙铺地的两侧和前面，分布着一组组的彩池，是黄龙沟最为精彩的景区。

左侧的一组彩池名"盆景池"，是由大小100多个彩池组成的彩池部落。这里池池相连，池池相套，池池同源，池堤随树根与地势而变，堤岸相接，顺势层叠。池中灌木杂陈，花草伴生，像一个个水中盆景。

金沙铺地上半段左侧的一组彩池叫"明镜倒映池"，池水清澈无尘，宛若明镜。这一组池群紧靠林区，池水如镜，堤上及池中翠柏盘根，池内池外绿叶婆娑,山花含笑。远山近树,蓝天白云,都清晰地倒映池中。

明镜倒映池前面的一组彩池,掩映在一片茂密的菠萝树丛中,名"菠萝映彩池"。彩池边的菠萝(杜鹃)有20多个品种,花期不同,花型花色各异,春夏时节池边杜鹃花绵延不绝,姹紫嫣红,妖柔艳美,全部映在池水中。

彩池群中最精彩的彩池群名为"争艳池",又名"转花漱玉池群",还有一个响亮的名字"石塔镇海"。这是黄龙沟彩池群中规模最大的一组,也是钙化池景观中最有特色、色彩最丰富的一组。这一组彩池达400多个,从大小看,有的大至数亩,有的小如盆碟;从形态看,有的状如荷花形,有的状若柳叶形,有的状若弯月形,有的状若双扇形,无一雷同;从色彩看,有的淡绿,有的乳白,还有孔雀绿、翡翠绿、鹅黄、淡金等斑斓色彩,是名副其实的争奇斗艳。池水中矗立着被钙化物包裹的枯枝,细的似石花,粗的如玉笋。彩池群旁是黄龙后寺和龙王庙,池中有明代所建的石塔和石屋,现水中的部分已被钙化,与彩池中似玉的石花、石笋等钙化物相映生辉。

岩溶黄龙洞:黄龙后寺左侧有一片杜鹃花丛,花丛中有一椭圆形地下溶洞,沿独木桥进洞,下行10余米别有洞天。传说这里曾是黄龙真人修炼之地,故名"黄龙洞",又因洞中有三尊明代雕塑的坐佛像,又称"佛爷洞"。此洞深百余米,宽50余米,高20余米,洞中套洞,清流潺潺。洞内右侧有一洞可拾级而上,高1.2米盘腿而坐的三尊佛像就在这里。这几尊佛像因日久天长,已被洞顶的碳酸钙滴水浸淋而蒙上了一层黄色的钙化晶体,熠熠生辉,似用玉石雕刻的一般,成了天人合作的艺术珍品。整个大洞内,钟乳石、石幔、石瀑布、石吊灯等密集,个个鬼斧神工,令人惊叹。冬季洞内会结冰,冰笋、冰林、冰幔、冰瀑等奇观,就成了黄龙洞的冬季绝景。黄龙洞深处的洞底向下倾斜,壁上有洞,深远莫测,至今无人探洞成功,留下了更多的神秘。

黄龙古寺庙:黄龙沟的上端原有寺庙三处,即前、中、后三座寺庙。前寺现仅存遗址,中寺共有五殿,现只有中间的观音殿及殿内的十座罗汉像了。后寺位于黄龙沟尽头,建筑保存完好,因传说是黄龙真人修行成仙的地方,所以是一座道观庙宇。此寺庙为明代驻松潘兵马使所建。寺庙随山就势,宏伟壮观,飞檐斗拱,雕梁画栋,独具风格。庙门绘有彩色巨龙,楣上有块古匾,正面看是"黄龙古寺"四个大字,从左面看却变幻成了"飞阁流舟",从右面看又变幻成了"山空水碧",书法雄浑俊美,书者别出心裁,堪称黄龙古寺庙一绝。

寺庙古色古香,香火兴旺,平日香客络绎不绝。每年农历六月十五日黄龙寺庙会,附近的藏、羌、回、汉等各族群众便来此赶会转山。人们在这里祈祷吉祥和丰收,青年男女会在寺前的草坪上载歌载舞,相互倾诉着爱慕之情。

岷山九寨沟

九寨沟位于阿坝州东北部现九寨县境内。其西北部的巴西、包座等地是当年红军长征走过的地区,南部松潘县境内有与之均为世界自然遗产的黄龙沟。

九寨沟因沟内分布着彭布寨、盘亚寨、故洼寨、兴盘寨、荷叶寨、树正寨、黑角寨、则查洼寨、纳得寨等九个藏族村寨而得名。这里是青藏高原边缘岷山山脉的深切割高山峡谷区,属朵尔纳山峰北麓的高山深谷地貌。这条大沟是嘉陵江上游一条主要支流白水河源头处的一条支沟,长约50公里,南高北低,沟口海拔1996米,沟尾朵尔纳峰海拔4764米,南北相对高差2768米,沟内分布着众多飞泉流瀑和大小不一的湖泊(当地称海子)。

九寨沟美得令人难以置信,因此有"童话世界"之誉。这里景色风光被专家们归纳为"五绝",即翠海、叠瀑、彩林、雪峰、藏情。而最能彰显这里景观特色的则是形似"丫"字的三条沟,即左支查洼沟,右支日则沟,下支树正沟。长约14公里的树正沟是九寨沟的主沟,日则沟长约9公里,查洼沟长约17公里,这三条沟与扎如沟构成的风景线,集山水景观大全,五彩斑斓,几乎囊括了九寨沟"五绝"的全部。

九寨沟彩林:九寨沟由于是白水河源头的一条大沟,从上到下飞泉流瀑、湖泊溪流遍布,水环境极佳,所以植物生长茂盛。在自下而上的植被垂直带谱内,不仅植物种类繁多,而且形成了独特的五彩斑斓风采。下部有风景独美的彩林和芦苇环抱成景的"芦苇海",中上部则有箭竹林和动植物资源十分丰富的原始森林。

彩林是九寨沟"五绝"之一。从九寨沟寨门进沟,不远处的公路旁有茂盛的植物群落,各种各样的树木中有油松、云杉等常绿乔木,有红叶树种,也有黄叶树种。这三种色调正是色彩学上的三原色,色彩斑斓,疑似幻境仙林,这在其他地区的植物群落中是少见的。秋季到来时,植物的颜色更是千变万化,倒映湖水中,更有说不尽的光彩。

日则沟尽头的原始森林,是九寨沟面积广大的原始森林的一部分,森林中不仅古木参天,而且林间有海绵般柔软的苔藓植物,空气芳菲,潮润清新。到这里观林海,听阵阵松涛和啁啾鸟语;置身林间,山风拂面,树影入帘,恍惚中不知身在何处。

九寨沟群湖:这里的湖泊多得出奇,共有108个,其中最小的面积不到半亩,最长的长海蜿蜒近8公里,所以这里是群湖竞彩的典型地区,以"翠海"之名列为九寨沟"五绝"之一。其中最著名、最具特色的有树正群海、犀牛海、五花海、镜海和五彩池。

树正海有大小20多个，呈梯田状连绵数里，上下高差近百米，湖泊周围松、柏、杉等翠绿树木居多，湖水层层翻堤而下，在树丛中穿流，跌落形成叠瀑。青翠的树木，碧蓝的湖水以及白色的水花，构成了一幅色彩艳丽、层次分明的画卷。

犀牛海从面积来说是树正第一、九寨沟第二，长2公里，水深18米，海拔2400米。但从湖周围的景色和湖中的倒影来说，犀牛海在108个湖泊中则位居冠军。湖南端有一座栈桥通往对岸，北岸有一片芦苇丛，其后是色嫫女神山，南岸有一片森林和瀑布。这些景色倒映在透明的湖水中，衬着水中的湛蓝色，倒影之美胜于实景，给人如幻如梦的感觉。特别是清晨有雾时，倒影在水中荡漾，伴随着云雾倒影，更是亦幻亦真，让人难分哪里是天，哪里是海，为这里平添了几分神秘。

五花海位于日则沟孔雀河发源处，有"九寨沟一绝"和"九寨沟精华"之誉。湖泊四周山坡上色彩相当丰富，花草树木如锦似绣。特别是集中在出口处一带的彩叶，如火焰流金，而这一带湖中的水生植物，由于是生长在富含碳酸钙的水中，又因品种有异所含叶绿素不同，在阳光下则幻化出缤纷的色彩。再有湖周围的绚丽景色倒映水中，两者相互点染，相辅相成，五彩斑斓。而且在不同的湖面区域色彩也有变，颜色会从黄变成绿，不知不觉地又过渡到蓝，而在某个地方又出现一抹嫣红，五颜六色，美妙绝伦。

镜海位于诺日朗上行2公里日则沟一侧，长925米，最宽处262米，深24.3米，呈狭长形，四周林木苍翠，有一面山壁像一座巨大的屏风。镜海有三绝：晴日无风时，水面平静如镜，周围景物毫不失真地被复制到水中，纤毫悉见；夏日清风细雨时，湖面微绉水波，顺湖而上，可见一条若有若无、犹如细绢般轻柔的白色水带，其上不见雨点，平滑光亮，带外则波光粼粼，姿色互异中让人恍惚迷离；镜海中有不少风倒大树，在水中半浮半沉,其中有两棵梢头半露,其上竟然生出了灌木苔藓,如盆景般于湖水里飘摇,成了镜海特有的奇观。

五彩池是则查洼沟上部的一个湖泊,也是九寨沟高处最小的一个,与同在一处的长海相比简直就是小巫见大巫。然而,就是在这一泓池水中,却会同时呈现出多种颜色,让人为之惊艳。仔细观察就会发现,左边为天蓝色,右边为橄榄绿色,中间则是几种颜色混合而成的色泽。池水不仅色彩丰富,而且纯净透明,水底的植物依稀可见,就连池底岩石上的纹络也都一览无余,因此很多人都不相信五彩池水深达6.6米。

其他熊猫海、箭竹海、火花海等,也都异常精彩。

九寨沟瀑布:九寨沟以绿色为主调的色彩和以石灰岩地层、碳酸钙物质形成的喀斯特地貌,使这里的泉水溪流水质清澈,不仅许多湖泊透明度极高,而且形成的众多瀑布也特别壮观美丽。九寨沟瀑布被称为"绿色瀑布",极为精彩的瀑布群就有17个,其中尤为著名的有树正瀑布、诺日朗瀑布、珍珠滩瀑布和熊猫瀑布。

树正瀑布位于树正群海上部,既是瀑布又是树正海的水源。瀑布高15米,宽62米,论大小是九寨沟四大瀑布中最小的一个,但水量不小,与树正群海形成的数公里叠瀑连为一体则显得十分壮观,与背后的树正寨及寨前的一座金黄色佛塔一起入画,那种浪漫色彩,那种如诗一般的韵味,却都是十分罕见的。

诺日朗瀑布位于犀牛海上部,宽270余米,高24.5米,是九寨瀑布中最宽阔的一道,据说也是全国最宽的。"诺日朗"在藏语中意指男身,即高大伟岸的意思。故而"诺日朗"瀑布就是雄伟壮观的瀑布。站在瀑布对面的观景台上观望,瀑布如一面宽大的银帘,又如数条银河飞泻,声震山谷。南端浩大水势寒气逼人,腾起的水雾在阳光下幻化出横挂山谷的迷人彩虹。这里是1986年版电视连续剧《西游记》的外景拍摄地之一,每一集的片尾唐僧师徒四人走过的瀑布,就是夕阳下的诺日朗瀑布。

珍珠滩瀑布在树正寨与五花海之间,是九寨沟所有激流中水色最美,水势最猛,水声最大的瀑流。瀑布形如新月,宽162米,高21米,落差最大处达40米。瀑布在山石表面起伏跳跃着溅起水花,在阳光照耀下犹如千万颗珍珠闪闪发亮,与其上部的五花海组景,五花海的秀美,珍珠滩瀑布的壮美,天衣合缝,十分迷人。瀑布左侧有栈道,是观赏此景的最佳位置。

熊猫瀑布地处五花海与熊猫海之间,在五花海的南部,是九寨沟落差最大的瀑布,高达80米。之所以称为熊猫瀑布,是因为与熊猫海相连。此瀑布因为落差大,所以给人以"飞流直下三千尺"之感。瀑布从天际云端带着极大的冲击力跌落深谷,沿着河道滚滚奔流,如万马奔腾般狂啸而去。瀑布壮美,河流狂野,令人惊讶叫绝,叹为观止。

九寨沟人文:九寨沟因有九个藏寨而得名,但这里与整个阿坝州地区一样,也散居有羌族民众,所以九寨沟的人文景观、民族风俗,自然也就以藏羌文化为底蕴。走进九寨沟,质朴的藏族木石楼,形态独特的羌族碉楼,散布在青山碧水之间,已成了九寨沟风景的主要组成部分。

九寨沟的藏寨,对外开放的有树正寨、荷花寨和则查洼寨。寨内的藏楼是一种古朴的木结构楼房,二至三层不等,立圆木为柱,四周砌石墙,墙上搭木再铺土夯实,阳光晒不透,冰雪冻不透。各家的房屋坐向不一,房前屋后及寨前均立经幡。树正寨是藏寨的典型,木石楼、木板房杂陈,错落有致,寨前还建有一座佛塔。村寨中藏式木石楼,外形美观,内外雕镂精美,墙上、壁板上用五色颜料绘有各种花卉、鸟兽图案,门上贴着狮、虎等动物图画,色彩鲜艳,花纹吉祥。

在九寨沟的人文景观中,扎如寺集中反映了藏族的宗教文化和民族风情。这座寺庙坐落在寨门口宝镜下,面向扎如沟,故名扎如寺。这座寺院具有浓郁的藏族寺庙建筑风格,是九寨沟附近一带最大的藏传佛教寺庙。扎如寺始建于明朝末年,分大殿、藏经楼、乐台、茶房、迎宾楼等六个部分。寺前挂着五色经幡,随风飘动,别具藏族风情。寺院经常会举行一些隆重的佛事活动,并且每年都举办一次大规模的庙会。附近的扎依扎嘎山是藏族同胞心目中的神山,被称为"万山之祖"。每年农历正月十五庙会期间,九寨沟各寨的男女老少藏族同胞都会穿上盛装,步行或骑马围绕着扎依扎嘎山逆时针方向转圈,边转边念经,还有的三步叩一次长头,延续着西藏高原上藏族同胞的传统宗教风俗。

在九寨沟的胜景中,还有羌寨、雪峰、九寨生灵等,组合起来是一幅点染着人文景观的、完美的山水画卷,仅以一支笔在素纸上书写是很难详尽记述的。

州境红漫天

川西北阿坝州境内,红色纪念性旧址、红色纪念性建筑遍布,从翻越夹金山、会师、召开政治局会议、过草地,到出川的巴西,几乎是无处不有,其数目之多不亚于红军长征启程地赣南东,也不亚于黔北遵义和赤水河两岸,称得上是长征光芒"红漫天"。现只能记述其中的部分。

雪山纪念碑:红军长征翻越的夹金山是一座雪山,所以把在这里建立的"红军长征翻越夹金山纪念碑"简化为"雪山纪念碑"来记述。夹金山主峰海拔4930多米,红军通过的垭口海拔4114米,隘口险道全程60公里,红军经过时积雪很深,有不少指战员被埋葬在了雪山里。为了纪念在翻越雪山过程中牺牲的先烈和红军战胜雪山的英雄壮举,1988年在山南麓宝兴县硗碛镇的山坡上修建了一座纪念碑。碑后以皑皑雪山的主峰为背景,天气晴朗时山峰顶端金光闪闪。碑底基座正面横刻着"红军烈士永垂不朽"八个大字。碑文记述了红一方面军翻越夹金山和红四方面军南下两次过夹金山的情况。纪念碑碑体高大，又是建在山上，从硗碛镇仰望，十分雄伟壮观，给人以直刺苍天、与主峰一样齐天的感觉。

会师纪念碑：红一方面军与红四方面军会师纪念碑有两座，一座建在达维镇东侧陡峭的山崖上，一座建在小金（原懋功）县城会师旧址（教堂）东侧。达维纪念碑底座用赭红色花岗石建成，碑体为白色大理石，呈四方形，正面竖刻着"达维会师纪念碑"七个大字。底座上有两军会师浮雕。

小金会师纪念碑和会师广场建于20世纪末，纪念碑矗立于广场中央。主碑碑体由两部分组成，一部分是两面高高的偏形方体碑，全用红色花岗岩贴面，碑顶是斜面，顶端相向，如两面相向的红旗。近顶端用枝条环拥红五星花环，将两面碑体紧紧相连，象征两个方面军在党的领导下，紧密团结和胜利会师。主碑体的另一部分是青铜铸造的、紧握双手的两个红军战士。左边的红军战士上身穿羊皮背心，代表红四方面军；右边的红军战士上衣穿整齐军装，背着斗笠，代表长途跋涉的红一方面军。整个会师广场周围没有更高的建筑，纪念碑显得高阔雄伟，主题鲜明突出，在蓝天白云下光芒四射。在离广场不远处的城中山台上，还建有一座红军烈士陵园。

政治局会址：红一方面军与红四方面军会师后，中共中央政治局为确定会师后的战略方针，以及解决在重大问题上与张国焘的分歧，在两河口、芦花村（今芦花镇）、沙窝等地，召开了多次会议。现保护较好的是两河口会议旧址和芦花会议旧址。

两河口会议讨论通过了《关于一、四方面军会合后战略方针的决定》，明确了北进"首先取得甘肃南部，以创造川陕甘苏区根据地"的战略目标。会址所在地两河口位于小金县城北70多公里处，因两条小河在这里交汇而得名,现今为乡政府所在地。会址是村后山坡上的关帝庙,现今仍保护完好。在会址附近,有一尊高大的毛泽东雕像,是当地群众自发地将"文革"期间保留下来的这尊伟人像,从他处迁移过来的。这是川北高原唯一的毛泽东高大塑像。

芦花会议是针对张国焘不积极落实两河口会议的决定而召开的政治局扩大会议。会议充分肯定了红四方面军的工作,实事求是地指出了领导工作中的某些错误,红一、红四方面军领导人坦诚地交换了看法,增进了相互了解。会议在现今黑水县城附近的泽盖乡芦花村(原属松潘县)召开,会址为木石结构三层楼房。小楼是硬山式屋顶,抬梁架,横梁置于边墙,面宽近15米,通高9米,进深13米。红军领导人住在这里时,底层设有电台。二楼有一间约40平方米的大屋,就是会场。中央领导人在这里住了10余天,毛泽东住在三楼。当年房主的后人在这间房子里陈列着一些党史书籍和图片,游人参观时就亲自介绍有关芦花会议的情况。

卓克基官寨:这是一座典型的嘉绒藏族建筑,始建于1718年,全称为"卓克基土司官寨",被誉为"东方建筑史上的明珠"。

卓克基土司官寨,位于马尔康县城东7公里处的卓克基乡西索村,地处梭磨河畔东南之山脊处,与这一带鳞次栉比的其他藏族民居遥相呼应,浑然一体。这座土司官寨的始祖是元至元二十三年(1286年)到此任职的斯达崩,他是梭磨土司曰迦查完的儿子。自斯达崩执政至1955年马尔康全境解放,卓克基土司世袭传承了十八代,延续时间长达669年。这座官寨总建筑面积5400平方米,坐东北向西南,布局为仿汉式四合院结构。正屋为假六层,东厢房为五层,中为天井。整体为五重檐石木结构,由下厅、左右厢房及门厅组成,其悬山式屋顶有小青瓦,墙体以天然石块、片石砌成,缝隙间以稀泥、糯米粥填充,内用木板和柱头间隔成楼房。正屋楼房每层的正厅和厢房间有走廊相通,走廊边设汉式栏杆及雕花格窗,将藏、汉风格融合为一体,造型美观,风格独特,建筑艺术精湛。院落内中央是方形大天井,天井周围为宽敞回廊。四合院的院墙厚1米以上,北侧建有一座高大的石碉楼。官寨与碉楼有暗道相通,连为一体。

1935年7月,红军经此地时,部队在卓克基休整一周时间,毛泽东、朱德、周恩来等领导人就借住在官寨内。如今,当年中央领导人拴过战马的几棵白杨树已长成参天大树,并被命名为"红军树",与卓克基土司官寨一起形成川西北的一处红色景观。

巴西班佑寺:芦花会议后,1935年8月4日至6日政治局又在毛儿盖十八寨之一的沙窝召开扩大会议,做出决定红一、红四方面军混编,分为左、右两路北上。左路军由朱德、张国焘、刘伯承率领,右路军由中共中央、前敌总指挥部率领。右路军离开毛尔盖,北上行军40公里进入草地,于8月27日到达了草地尽头的班佑地区。而这时左路军到达阿坝后,却出现了张国焘公然分裂红军、拒绝北上的严峻形势。面对这种情况,右路军在展开包座战役的同时,中共中央在班佑一带连续召开了政治局会议,在不得已的情况下,于9月9日深夜召开常委紧急会议,毅然决定右路军的红一方面军部队迅速北上甘南,连夜行动。这几次会议统称"巴西会议"。1976年毛泽东逝世前,他长征时的警卫员陈昌奉到实地现场指认,巴西会议的主要会址是班佑寺院。1978年,当时四川革命委员会将班佑寺作为巴西会议会址予以公布,并列为省级文物保护单位。

班佑寺距巴西3公里,而巴西现为区政府所在地,隶属若尔盖县(1956年前属松潘县),在县城以东32公里处。寺院坐北向南,紧临巴西河,四周群山环抱,森林茂盛,始建于清康熙十八年(1679年),原貌为四合院布局。山门为重檐歇山式顶结构,寺内主体建筑正殿(大雄宝殿)为藏式平顶建筑,木质梁柱,夯土墙。会址现存大雄宝殿墙垣。大殿面阔27.7米,进深33.7米;后殿面阔14.5米,进深6.22米。整个平面呈"凸"

字形,殿墙用黄土板筑夯成,底宽上窄,墙基厚 1.4 米,残高 8.92 米,由残存墙垣可见当年大雄宝殿之雄伟壮观。现在,原寺旁修建了新的班佑寺,气势规模比照原寺院,同样雄伟壮观。

长征纪念碑:据不完全统计,长征路上胜景带内,建有大大小小纪念碑、纪念塔、纪念亭、纪念馆、烈士陵园等纪念性建筑 1300 余处,而其中的红军长征纪念总碑则在阿坝州。总碑之所以建在四川,又建在川西北,主要是因为红军三大主力长征在四川停留时间最长、经过地域最广阔、遇到的环境最艰险、付出的牺牲最大等。

这座雄伟的纪念性建筑,称"红军长征纪念碑碑园",坐落在雪山与草地之间的松潘县川主寺镇境内,由中共中央、中央军委决定修建,1988 年 6 月 12 日奠基,1990 年 8 月落成。碑园由主碑、大型花岗石群雕、陈列室三大部分组成。

主碑由碑身和红军战士像构成,通高 41.3 米,耸立于元宝山的顶部。碑身高 26.5 米,三角立柱体,亚金铜贴面,象征红军三大主力紧密团结;碑身之上是一尊站立着的红军战士铜像,高 14.8 米,右手持步枪,左手执花束,双手高举成"V"字形,象征欢呼长征胜利。主碑背后为白雪皑皑的夹金山,面向茫茫草地,十分雄伟壮观,在阳光照耀下光芒四射。

大型花岗岩群雕为九组人物群像,以红色花岗岩雕刻而成,分别为开路先锋、勇往直前、团结北上、山间小憩、草地情深、征途葬礼、前仆后继、回顾思考、英灵会聚,生动细腻地再现了红军长征的战斗历程,是我国规模空前的现代艺术群雕。

陈列室别具风格,门厅两边悬挂着十多块中央领导人和红军老前辈们题词的楠木匾额,室内展品则反映了红一、红二、红四方面军和红二十五军的征战历程及各地修建的长征纪念建筑的照片。

"红军长征纪念碑碑园"的名称是邓小平同志题写的,修建碑园时的中央领导人江泽民、李鹏和参加过长征的部分老前辈杨尚昆、聂荣臻、徐向前、李先念、邓颖超、王震、萧克、刘华清等,均为这座红军长征总纪念碑题词,表达了他们对长征的深情纪念。

蜀道天险剑门关

剑门山、蜀道、剑门关,这是川东北一组最为壮丽、最为精彩的自然景观和人文景观,也是红四方面军西征(长征)川西北接应党中央和红一方面军流血战斗过的地域。这里山川纵横,嘉陵江纵贯南北,两岸山峦耸峙,江面宽阔坦荡,江水奔腾湍急,素有天堑之称;这里剑门山七十二峰绵延东西,峰峰似剑,只有一条蜀道穿过剑门山关隘连通陕、甘,自古有天险之称;这里的剑门山关口建有三国关楼,气势雄伟,处蜀道中枢,扼蜀道南北,历史上是兵家必争之地。站在剑门关就如同是踩在了一部历史巨著上,自然景观壮丽,三国文化氛围浓郁,是蜀道和剑门关的显著特征。

高峻剑门山

由砾岩山峰组成的剑门山山体,七十二峰座座如剑,其中梁山寺峰最高,海拔 1200 米。

剑门山是龙门山脉的一部分，东西走向，北高南低，七十二峰犹如七十二头雄狮面北而卧，北面峭壁似刀削斧砍，山峰上部砾岩裸露，"剑门无寸土"指的就是那寸草不生的特大砾岩，以及风化形成的剑峰。从正面看，此山如铜墙铁壁的城郭，把秦岭而来的群山拦截在此；从北面看，则像一群骏马在沙场上驰骋奔腾；总体看就犹如一面巨大屏障横在川东北，一面是辽阔的红色盆地，一面是与陕、甘交界的北川河谷及嘉陵江上游地区，南北之间似乎无路可通。

剑门山地处四川盆地边缘，形成于中生代白垩纪地壳运动时期，山体属海底沉积岩隆起。山体东端接近秦岭山脉的南北向峡谷，是地壳运动中的一条断裂带。由于这个断裂，后来才有了剑门之说，也才有了剑门山这个大名，以及古代发生在这里的一桩桩、一件件精彩的历史故事。

逶迤蜀道难

由于诗仙李白"危乎高哉！蜀道之难难于上青天"诗句的描述，蜀道难在国人中留传至今。但难在哪里，蜀道的真面目到底如何？目击后会有明确答案。

古代人们把翻越秦岭过巴山、连通西安与成都的古道称为"蜀道"，是我国第二大交通运输线，仅次于京杭大运河，主要包括七条古道，即陈仓道、褒斜道、傥骆道、子午道、金牛道、洋巴道和米仓道，其中洋巴道、陈仓道、金牛道久负盛名。洋巴道又称"荔枝道"，因当年杨贵妃要吃荔枝，唐玄宗命人从涪陵快马加鞭运送荔枝，走的古道就是洋巴道，故而驰名；陈仓道则是因为楚汉之争时的"明修栈道，暗度陈仓"的典故而闻名；但尤其著名的还是古蜀道的主干线金牛道，这才是名副其实的蜀道。

金牛道自今陕西勉县西南行，越七盘岭入四川境，经朝天驿趋剑门关,是古代联系汉中和巴蜀的交通要道,其名称源于一个历史故事"石头粪金"。相传,秦惠王一心想得到富庶的蜀地,但却没有大道可供大队人马进入,于是他便心生一计,做了五头石牛放在路边,在石牛后面放上金豆子,并派人告知蜀王,说秦王要送给他五头能屙黄金的石牛。蜀王贪财,就开凿了通往蜀地的栈道,并派出五位大力士以搬运五头"金牛"入蜀。随后,秦兵沿栈道进入蜀地,于是就有了"蜀道通而蜀国灭"的说法。故事虽荒诞无稽,但金牛道的名称却来源于它。三国时期在这条古道上建了剑门楼,故而金牛道就有了"剑阁道""剑门蜀道"之称。

剑门蜀道南起梓潼石牛铺,北至广元七盘关,贯穿现德阳、绵阳、广元三市,沿途峰高谷深,崖陡路险,是"蜀道难 难于上青天"的真实写照。这条剑门蜀道与剑门关连通,所以三国时期刘备得蜀的大多数战役都发生在这条古道。现今这里还有大量的三国遗迹,如三国古战场、富乐山、昭化古城、阆中张飞庙、南充万卷楼等,特别是还有剑门关、翠云廊。有人说"踏遍剑门蜀道,胜读半部三国",事实也的确如此,在这里不仅能领略神奇雄秀的山川美景,还能跟随三国英雄们的足迹感受灿烂的三国文化。翠云廊景观是著名的三国古迹剑门关景观的延伸,自剑门关南下,有200公里的绿色通廊,驿道旁种植着8000多棵古柏,层层翠翠,郁郁葱葱,逶迤于山岭峡谷之间。据说,这是张飞任巴西(今阆中市)太守时所植,可见古柏之苍劲,景色之幽美。

雄伟剑门关

剑门山最壮丽、最精彩的部分是自然景观与人文景观浑然一体的剑门关,它是蜀国通往中原的咽喉,以其山雄、关险、峰翠、谷幽而著称于世。有人曾把四川的风光归纳为"四个天下",那就是"峨眉天下秀,青城天下幽,九寨天下奇,剑门天下险",可见古剑门在人们心目中有何等位置。

剑门山七十二峰东西横亘,齿仞参差,倚天如剑,"黄鹤之飞尚不得过,猿猱欲度愁攀援",唯大、小剑山对峙,中间为南北断裂峡谷。这条可通的峡谷,长约600米,进口处宽约20米,状如一道门,故称剑门。走进剑门,峡壁绝崖,一线悬天,"山从人面起,云傍马头生",乃述其凶险,然绝非言过其实。三国时期,诸葛孔明北伐中原经过此地时,见地势险要,易守难攻,便在此建关楼锁口,剑门关一名由此而来。

三国时孔明在这里所建的关楼和飞梁阁道,是剑门关古建筑的主要部分。其中剑门关楼原为三层箭楼,全部由木材建成,飞檐翘角,精巧壮丽,上悬金铃、银铛,风吹声响,昼夜不息,可惜后来毁于兵火。现在的关楼是1992年比照原楼重建的,也是三层,总高19.34米。第一层石头砌筑,与高阔的关门洞连为一体;二层至楼顶用水泥立柱,但由于楼顶盖着传统青瓦,因此显得古朴典雅,与周围地势险峻的环境浑然一体,看不出一点新建的痕迹。飞梁阁道为供应军需物资的专用栈道。

如今从正面前往关楼,首先看到的是关门前所立着的石碑,碑面上刻有"剑门关"三个大字,行书有草意之势,是历史学家郭沫若的手书。关门上方高悬一块匾额,上书"天下雄关"四个大字,笔力苍劲,颇富古韵。关楼宽敞,内有大鼓一面,且在檐下挂着一块精铁,保留着当年战鼓咚咚的助阵气氛。关楼四周有走廊相通,楼上有多面仿三国时期的彩旗,有的上写"姜"字,有的上写"蜀"字,迎风招展,更增添了关楼的三国文化氛围。北面关楼石墙上有一副对联:"风月无边,北望秦川八百里;江山如画,万古天府第一关。"显然,这副对联是现代人对剑门关的雄、险、壮、美的描述,而李白"剑阁峥嵘而崔嵬,一夫当关,万夫莫开"的佳句,说的却是古三国时期的剑门关。

剑门关地势险要，地理位置重要，前人有"打下剑门关，犹如得四川"之说。这里从孔明建关设尉起，在冷兵器时代发生的大小战役不下百次。据统计，平均每20年就有一次，但却没有任何兵家能从北面攻下剑门关。蜀汉炎兴元年（263年），魏将钟会伐蜀，蜀大将姜维退守剑阁，以剑门关为要塞，3万人马拒前来攻关的邓艾10万人马于关外。这个战争故事流传千古，且由于《三国演义》不仅在国内深入人心，而且在日本、东南亚流传甚广，所以剑门关就成了国内外众多游人不惜千里迢迢前来缅怀历史，为三国文化寻根，为李白的名诗寻源的胜地。

热血谱新篇

在历史上的冷兵器时代，剑门关"一夫当关，万夫莫开"，从未有过被攻克的战例，然而红四方面军在走上长征路时却打破了这一千古神话，谱写下了红色的壮丽一篇。

红四方面军西征始于川东北嘉陵江东岸的川陕根据地。他们开展的第一战役就是强渡嘉陵江、大战剑门关。战役从1935年3月28日开始，经过24天的多场战斗，攻克了阆中、剑阁、南部、昭化、梓潼、青川、平武、彰明、北川等9座县城，共歼敌12个团1万余人，粉碎了邓锡侯部和田颂尧部在嘉陵江西岸的严密布防，打通了经北川河谷西进的道路。其中的大战剑门关一战，创造了历史奇迹，写下了长征史上光辉灿烂的篇章。

3月28日，红四方面军总指挥徐向前下达渡江命令，当日晚9时许，渡江先锋突击队的3个营分乘70多条木船，在夜幕下从苍溪南塔子山附近隐蔽渡江，快到对岸时才被敌人发现，但不待他们火力展开，就抢渡成功，歼灭了守敌，控制了西岸，占领了登陆场。29日拂晓，后续部队迅速渡江投入战斗，击溃敌人反扑，并巩固发展了已取得的胜利。同日，其他部队分别在苍溪县城上游的鸳溪口、下游的涧溪口及其他多处渡口大举强渡。渡江后红30军88师、31军93师和91师一部迅速北上,于4月2日对剑门关守敌形成了东、西、南三面包围之势。上午11时许发起向关门两侧山头的攻击,敌人依托坚固工事,轻重火力汇成枪林弹雨,不停地向下倾泻。红军一次一次地攻上去,又一次一次地被压下来,几经拉锯,战至黄昏才攻占了关门两边的制高点。

剑门关是邓锡侯和田颂尧两个军53个团江防部署的支撑点,地堡成群,堑壕密布。此时邓锡侯部宪兵司令刁文俊率3个团防守在这里,他口出狂言:"就算他红军能渡过嘉陵江天险,也插翅难飞过我的剑门关。"经恶战拿下制高点后,红四方面军的旗帜插在了大剑山上,敌军余者皆向关槽龟集。这时红军20多骑骑兵如下山猛虎,从五里坡直插关口,一路上炮声、枪声、马嘶声及红军的迫降声交相浑织,响彻峡谷,声震山川。另有一支挑选出来的七勇士,绕道迂回诸王山梯子岩至金牛峡,消灭守敌,缴获一面川军旗帜和一挺机枪,他们遂换上川军服装,赚开北关门,消灭了关楼敌人,占领了关楼。此时,烟灯坡的守敌也被从李家嘴围攻来的红军驱赶到关槽里,一时间关口至姜公祠这段长仅500米、宽不足100米的沟槽里,人烟滚滚,乱作一团,状如沸粥。红军迅速在高坡上架起机枪,枪林弹雨向关槽里倾泻,形成了关门打狗之势。直至此时,敌营长廖玉章才急忙抬出银圆箱子,发给每个战士三块,以作为拼死奖。但为时晚矣,未发几人,廖即中弹毙命。团长杨倬荣躲在姜公祠里,指挥部队顽抗,连声喊"后退者毙",这反而使川军更加混乱。红军逐步把敌人逼退到姜公祠后的山坡上,刺刀上枪,大刀出鞘,战斗转向肉搏,异常激烈,血流成溪。

战斗接近尾声时,杨倬荣一行退出姜公祠,一边策马逃命,一边向路上大把大把地抛银圆,他们以为红军会像他们一样见钱眼开。红军不顾一切地紧追不舍,他们好不容易逃到关门前,可这时雄关已易主,不得已便折身逃往营盘嘴。而营盘嘴乃当年姜维屯兵之要地,西为关口悬崖峭壁数十丈,北为后关口绝壁倚天而立,逃到这里杨倬荣一行已无退路。后面追兵刀光凛凛,前面绝壁深不见底,绝望之下邓锡侯嫡系"精英"、自命不凡的杨倬荣与其六个"兄弟"跳崖身亡,由红四方面军副总指挥王树声指挥的这场血与火的剑门关大战宣告胜利结束。至此,敌军沿嘉陵江防线全部被摧毁,红四方面控制了北起广元、南至南部400余里嘉陵江防线,遗憾的是,狡猾的刁文俊见大势不好时已从关口逃之夭夭。

剑门关大战红军击溃川军两个团,全歼杨倬荣团,毙敌700余人,其中军官110多人,包括杨倬荣和两个营长。红军损失也很严重,担任主攻任务的274团2营5连,牺牲50多人,仅30余人生还。为纪念红四方面军渡江战役和大战剑门关的胜利,中华人民共和国成立后嘉陵江西岸建有不少纪念性建筑物。其中,1980年、1987年分别在剑门关、苍溪县塔子山各建了一座纪念碑。矗立在雄关前的纪念碑上刻有"红军攻克剑门关纪念碑"十个大字,为徐向前元帅题写。1987年"八一"建军节前夕在塔子山落成的"红军强渡嘉陵江纪念碑",高9米,长13.1米,是一组由紫铜板制成的红军渡塑像。这组塑像均为半身像,三名红军战士,两名赤卫队员,构成的造型如脱弦之箭,似凌空飞鹰,形象生动地再现了红军渡江的情景。底座为黑色大理石砌成,刻有徐向前元帅题写的"红军渡"三个烫金大字。在距纪念碑不远的塔子山山腰还建有一座苍溪红军渡纪念馆。

红四方面军强渡嘉陵江战役战绩辉煌,大战剑门关打破了延续1700余年的"一夫当关,万夫莫开"的神话,创造了红军长征史上一大奇迹,书写了红军作战史上的光辉篇章。

甘南境藏族净土

甘南地域是由川入甘、陕的门户。这里所指的甘南是自然区划的地域，包括现甘南藏族自治州以及现陇南市的武都区、宕昌县、岷县等。1935年8月底红一方面军由川入甘南,党中央在迭部县东南俄界(今高吉村)召开政治局扩大会议(俄界会议)后即攻占腊子口,进入了甘南地域,并于9月22日在宕昌县哈达铺召开中央领导会议。时隔将近一年,1936年7月底8月初,红二、红四方面军也进入甘南,"岷洮西战役"后,在临潭县城由朱德、张国焘主持曾召开"洮洲会议"。现今,腊子口有"腊子口战役纪念碑",俄界、哈达铺、临潭县新城北街的当年会议会址也都保存完好,被分别列入了国家、省、州重点文物保护单位。

甘南地域的甘南藏族自治州,西南大半部与川西北阿坝藏族羌族自治州毗邻,辖有合作、迭部、临潭、碌曲、玛曲、夏河、卓尼、舟曲等一市七县。甘南州和陇南市连成一片,面积广阔,岷山是境内的主要山脉,主要河流有流经西南部的黄河形成"黄河第一弯",注入黄河的洮河、大夏河等,注入长江最大支流嘉陵江的白龙江、白水江等。由于地理位置和环境的特殊，使这一地域很早就形成了少数民族的聚居区。早期吐蕃、羌、蒙等诸多部落曾跃马扬鞭、纵横驰骋在这里的广袤土地上，留下了众多的古城、村堡、驿站、关塞和烽火台，形成了一整套古代集行政、军事、邮驿为一体的防务设施体系。初建于西汉年间的白石县旧址——八角城遗址，是历史上中央集权与吐谷浑、吐蕃、西夏、角斯啰王朝争夺的古战场；峰迭古城则是南北朝时期的宕昌国都城，扼甘松古道之咽喉，是历史上兵家必争之地。后来甘南境内逐渐形成了藏族同胞聚居区。自公元7世纪藏传佛教传入青藏高原后，这里的山山水水间便出现了一座座富丽堂皇、雄伟壮观的寺院，时至今日现甘南藏族自治州仍有百余座规模不等、特色各异的寺院，构成了甘南州最为耀眼的人文风景线。

红色旧址纪实

自1935年8月底红一方面军红一军团到达俄界，接着党中央率红三军团和军委纵队也进驻俄界，并在这里召开了政治局扩大会议。从此开始，直至1936年7月底，红二、红四方面军先后进入甘南，使甘南这片土地如同川西北阿坝州一样成了红色的沃土。在这里党中央领导中国工农红军谱写了长征从胜利走向胜利的光辉篇章。

俄界会议会址：俄界位于迭部县东南68公里的达拉乡高吉村。这里紧靠川、甘边界，四周崇山密林，峰黛溪清，小桥弯弯，木屋重重，景色幽雅。1935年9月12日党中央在这里召开了政治局扩大会议，毛泽东在会上做了《关于与四方面军领导者的争议及今后战略方针》的报告，决定并成立了由毛泽东、周恩来等组成的五人团。确立了红军的最高领导核心。会议还做了《关于张国焘同志的错误的决定》，发出了《为执行北上抗日告同志书》，决定并建立了中国工农红军陕甘支队，成立了编制委员会。党中央在俄界会议上做出的一系列决定,鼓舞了红军将士的斗志,在长征史上写下了光辉的一页。俄界会议后,红军抢夺腊子口,尔后沿达拉沟、白龙江,通过艰险的栈道继续北上。俄界会议旧址、麻牙乡毛泽东住过的地方,完整地保存下来,分别被列入省、州级重点文物保护单位。

红色战场遗址:位于迭部县东北部的腊子口,是一个长30米、宽仅8米的隘口,四周崇山峻岭,西边悬崖峭壁,中间腊子河水流湍急,隘口河面上仅有一座3米多长的独木桥,且山路如羊肠,泥泞难攀,有"人过腊子口像过老虎口"之说。俄界会议后,红一方面军北上到达"天险"腊子口时,敌人早已部署了3个团的兵力,重兵把守在天险要道,设置了两道防线,一道在隘口桥头和两侧山腰,另一道设在朱立沟口,都修筑有碉堡。当时红军左侧有卓尼杨土司的骑兵,右侧有胡宗南主力攻击,如不快速突破腊子口,就会陷入被三面合围的险境。1935年9月14日,毛泽东向红一方面军二师四团团长黄开湘和政委杨成武,面授了三天之内夺取腊子口的命令。9月15日,红军司令部决定,由杨成武指挥一个连,从正面进攻夺取木桥;由黄开湘率领两个连,沿左岸迂回到敌人后侧袭击守敌。担任正面攻击的连队,在连长率领下先后发起五次冲击,因为未得到左侧两个连的及时配合,都没有成功。情况危急,16日担任正面攻击的连队由15人组成敢死队,经过一天一夜激战,摧毁了敌人在腊子口的主要火力点,全军发起总攻,敌军全线溃败,沿朱立沟逃往岷县。至9月17日凌晨,红军全部占领腊子口,使国民党企图阻挡红军北上抗日的阴谋破产。从此,天险腊子口便成为中国革命史上举世闻名的革命圣地,名扬海内外。为了永久纪念红军长征途中的这一伟大胜利,在腊子口峡谷口建立了一座高大的"腊子口战役纪念碑"。

哈达铺红军街:腊子口战役后,红一方面军进驻陇南宕昌县西北部的哈达铺休整。敌鲁大昌部在逃跑时丢下了充足的大米、白面和食盐,红军一日三荤,体力迅速恢复,精神大振。9月20日下午,毛泽东、周恩来等中央领导到达哈达铺。从当地邮政代办所国民党报纸上获得陕北有红军和根据地的消息,做出了把红军长征的落脚点放在陕北的重大决策。9月27日,中央率陕甘支队离开哈达铺北上。从此,哈达铺作为中国革命史上的一个转折点,成了长征路上的一处著名旧址。这里的旧址是一条长1200多米的街道,由382家店铺组成。街上有毛泽东、张闻天住过的"义和昌"药铺,红一方面军司令部和周恩来住过的小院"同善社",红一方面军团以上干部会议会址"关帝庙"等共7处,总占地面积约4800多平方米,建筑面积1700多平方米,后被称为"中国工农红军长征第一街"。在国务院公布全国重点文物保护单位时,称"哈达铺是决定中国工农红军长征命运的重要决策地"。

洮州会议会址:临潭县城北街城隍庙是当年的洮州会议会址,也是临潭县苏维埃政府旧址。这里原为北宋时期吐蕃首领"鬼章王"的官邸,元代为元世祖忽必烈南下攻取云南大理途经此地时的住所,明代时建为城隍庙。庙宇占地1000平方米,山门立于高4米用红砂岩叠垒的台基上,重檐歇山顶,檐角翘起,斗拱重叠,花坛精致。山门连接戏台,结构繁杂。正中大殿亦为重檐歇山顶,花窗隔扇门,整体造型典雅庄重。大殿两侧及背后有廊房、后宫等附属建筑物,布局严谨合理。整座城隍庙雄伟壮观,金碧辉煌,是甘南藏传佛教寺院林立氛围中,极少有的道教庙宇建筑。

1936年8月14日,红四方面军在朱德、徐向前等率领下进驻临潭县,19日在城隍庙成立临潭县苏维埃政府,之后由朱德、张国焘主持召开"洮州会议"。这次会议的背景是,红二、红四方面军进入甘南后,在岷山县一带打了月余的"岷洮西战役",占领了甘南大片地区。红二方面军在贺龙、任弼时、萧克、关向应率领下坚决执行党中央北上的战略方针,而张国焘却又拒绝执行中央提出的北上方针，坚持红四方面军西渡黄河。针对红四方面军领导人中出现的这种情况，洮州会议讨论了"中央关于命令四方面军停止西渡"的指示，会议决定放弃西渡，继续北上。9月29日朱德在城隍庙戏台作了整军报告，下达了北进的命令。9月30日，朱德、刘伯承、徐向前等率领红四方面军撤离临潭北上。自此，临潭县城隍庙苏维埃政府遗址便成了工农革命政权的象征，现已被列为省级文物保护单位。

佛教寺塔风貌

甘南藏族自治州素有"小西藏"之称。这里是西部藏族同胞聚居区与东部内地汉民族聚居区的分界处，藏族文化遍地生辉，于是藏传佛寺遍布就成了甘南人文景观最为光彩的特色。这里分布着寺院百余座，其中最著名的有拉卜楞寺、贡唐宝塔、禅定寺和郎木寺等。

拉卜楞寺：这座庞大宏伟的寺院位于夏河县城西北，背依凤山，面对龙山，由第一世嘉木样阿旺宋哲大师创建于康熙四十八年（1709年），建筑面积40余万平方米，是藏传佛教格鲁派六大宗主寺院之一。拉卜楞寺本名"噶丹夏珠卜达吉益苏奇贝琅"，简称"扎西奇寺"，一般称"拉卜楞寺"。拉卜楞是藏语"拉章"的变音，意为僧人的宫殿。

拉卜楞寺经先后兴建，有经堂6座，大小佛殿84座，还有印经院、讲经坛、嘉木样别墅、经轮房、普通僧舍、各种佛塔及山门等。就其建筑形式而言，有藏式建筑，有藏汉合璧式建筑，飞檐丽阁，雕梁画栋，金碧辉煌，庄严雄伟。所有经堂和佛殿的内外墙壁，均有佛教内容的壁画，并有制作精美的柱套和绣像。

拉卜楞寺不仅是宗教信仰的一大中心，而且也是一所庞大的艺术博物院。寺内有众多佛像，高者达 10 余米，矮者仅寸许，寿安寺、寿禧寺的佛像在 12 米左右。据统计，1.7 米以上的佛像有 262 尊，1.7 米以下的多达 2900 余尊。这些佛像工艺精湛，形象生动。除佛像之外，还有壁画、卷轴画、堆绣、刺绣等许多以佛教内容为主的藏传佛教艺术精品。寺内还珍存着大量历史文物和古籍，其中包括历代寺主嘉木样穿戴过的袈裟、坎肩和用过的法器等。寺内现存文物中奇珍异宝有金器、玉器、珊瑚树及孔雀翎帐篷等。

贡唐宝塔：由拉卜楞寺著名学者三世贡唐仓·贡曲丹贝仲美大师初建于清嘉庆十年（1805 年）的贡唐宝塔，坐落在拉卜楞寺西南角，"佛光普照"匾额为嘉庆皇帝御赐。之后，经四世、五世贡唐仓耗巨资修建，在建筑艺术与宗教意义上都达到了完美而又神圣的境界。宝塔历经百年沧桑之后被破坏，六世贡唐仓·丹贝旺旭在国家和海外华侨、信教群众的资助下，于 1991 年动工重建，1993 年 7 月竣工开光。重建的贡唐宝塔原址原样，规模款式完全保留了原来的面貌。宝塔高 5 层，由塔刹、塔瓶、塔座三大部分组成。塔刹是光彩夺目的日、月、星辰；塔瓶为精铜浮雕鎏金八大菩萨；塔座为琉璃瓦装饰的三层四角建筑，底层四周装有铜制经轮。

宝塔不仅外表宏伟壮观，气势非凡，而且内部构思精巧。塔内正中是两层相互贯通的 4 座佛殿。正中佛殿是华贵的塔中之塔——三世贡唐仓灵塔和一、二、四、五世贡唐仓镀金像，左右两侧是度母和普明佛殿，背面是收藏有两万余卷的藏经殿。四座佛殿顶上是 300 多尊佛像环抱的第二世嘉木样塑像。宝塔第三层是千佛殿，收藏有 1032 尊铜佛。第四层宝瓶内，供奉的是近两米高的阿弥陀佛。塔座和宝瓶内壁还绘有生动细腻的百余幅壁画。

贡唐宝塔与大夏河水、云杉禅林相映，与拉卜楞寺大经堂、大金瓦寺遥相呼应，充分彰显着甘南藏传佛教文化的内涵和外延。

禅定寺：这是一座在甘南仅次于拉卜楞寺的著名寺院，位于卓尼县城西北半公里的高台上，四周群山、洮河环流，占地近百亩。该寺始建于元朝元贞元年（1295年），至今已有700余年历史，比拉卜楞寺早建近400年。禅定寺原名"卓尼大寺"，为宁玛派寺院。明朝天顺年间（1457~1464年）改宗弘传格鲁派教义，将寺名改为"兜率论修寺"。清康熙四十九年（1710年），康熙皇帝敕赐"禅定寺"巨匾，高悬于正殿门头，遂将该寺改名为"禅定寺"。寺院内有四大经堂及密宗院、辩经院、僧舍等建筑。正中佛殿，佛顶有四座小塔，塔外涂金，光芒四射。禅定寺院藏传佛教僧人常在300人左右，1981年重修重建后，焕然一新，辉煌异常。

郎木寺镇：这是一个因郎木寺而得名的乡镇，位于碌曲县西南部西倾山脉郭尔莽梁北麓，为一峡谷盆地。这里是甘、川两省交界处，有发源于其西部约10公里的白龙江穿流而过，四面山峰峻峭，山坡上苍松翠柏，一片片草滩与白色石灰岩和紫红砂岩相映，山光水色秀美异常。郎木寺在这样秀丽的峡谷盆地里依山而建，掩映在苍松翠柏之中，是当地藏族同胞心目中的圣地，于是寺名与镇名双关，寺名也就成了这里的镇名。

郎木寺始建于清代，是用木材和石块建造的藏传佛教格鲁派寺院。寺内正堂为主体建筑，此外还有藏医学院、经堂、佛邸、分寺院等数十座，以及僧舍数百座。寺院的这些建筑连片地散落在青翠的山谷中，前有一山形似僧帽，寺东红色砂岩石壁高峙，寺西石峰高峻挺拔，嶙峋嵯峨。郎木寺名字中的"郎木"，藏语为仙女之意，因寺后山洞中有一石形似亭亭玉女，民间传说为天上仙女所化，取其吉祥美好之意，就有了"郎木寺"这一美名。

郎木寺所在地不仅自然景观优美，而且人文环境极具藏族风情。峡谷盆地的青山绿水间，以牧业为生的藏族同胞居住的是塌板房。这种木制板房，木墙、木房顶、木板地，古朴典雅，风采别致，用现代语言来说是纯绿色。这里的山因水而清秀,水因山而富灵性,山光水色融为一体,飞瀑奇峰秀丽异常。因此,郎木寺镇这方净土有东方"小瑞士"和香巴拉"小江南"之美誉。走进掩映在山水间的村里,到处可见穿着绛红色长袍的藏传佛教僧人,有老有小,似乎是"全男皆僧"。郎木寺佛光普照,村村婉约安宁,郎木寺镇以其厚重的藏传佛教文化、优美和谐的自然景观、独特的民风民俗魅力,于2005年中央电视台推出的最具人气和影响力的"中国魅力名镇"评选中脱颖而出,走进了全国前20名。

山水天然美景

甘南是长江水系与黄河水系分界的地方,嘉陵江上游支流的白龙江流经这里,黄河支流洮河及黄河第一弯在这里。这里的山地喀斯特地貌发育良好,湖光山色秀丽,并且有风光旖旎的草原牧场,是甘肃省自然景观最精彩的地区之一。

黄河第一弯:这里是甘、青、川三省交界处,地处甘南西南部的玛曲县境内。"玛曲"藏语意为黄河,玛曲县是全国唯一以中华民族母亲河——黄河名称命名的县。这是一个以藏族同胞为主体的纯牧业县,东与本州碌曲县、川西北若尔盖县接壤,南与川西北阿坝县相邻,西与青海省久治县、甘德县、玛沁县相连,北与青海省黄南藏族自治州河南蒙古族自治县相接,面积10190平方公里,草地面积占总面积的89.4%。

黄河从巴颜喀拉发源,一路浩浩荡荡东下,在青藏高原东部边缘受到西倾山脉阻挡,突然转弯,形成了一个长达443公里的九曲黄河第一弯,玛曲县就在这一弯的环抱中。黄河从青海久治县门堂乡流入玛曲县,自西向东,又回转向西,绕五个180°大弯,复入青海,形成黄河的第一弯曲,称之为"黄河首曲"。这第一弯并非直线环绕,而是有许多曲折蜿蜒,有的河段弯少,有的河段本身又是九曲回肠。

黄河在玛曲县境内由于地势平坦而流速缓慢,流至阿万仓乡境内的贡赛喀木道、俄后滩等地时,因河水宣泄不畅形成了很多汊河和沼泽。当河水流经齐哈玛乡和采日玛乡境内时,再次出现众多汊河,因而形成了参科滩、文保滩、马延滩、扎西滩等大面积沼泽区。因河汊形成的这些"沙洲小岛",杂灌丛生,多种飞禽栖息岛上,成了黄河第一弯的观鸟佳境。

玛曲是一块流光溢彩的草原,也是块百水争流、千溪汇聚的宝地。这里是高原大陆性高寒湿润区气候,雨量充沛,地表水十分丰富,草原性植被良好,既是草原湿地,又是多彩的天然大花园。草原上的花儿多数是那么细碎秀气,要么一根根独立显露风姿,要么一簇簇集体绽放,还有那些海母、海星似的花伏在地上。草原上的花儿颜色是那么多彩——碎花多数清淡,体硕的就浓烈些:粉蓝青紫、鹅黄淡绿,高高低低,稠稠疏疏,色色相映,芳菲四溢。黄河第一弯的野花开得风姿绰约,烂漫壮美,是甘南草原独特的风景线。

在黄河流经玛曲这块万余平方公里的绿色土地时,周围有多条支流从崇山峻岭流来,平均补充水量占黄河流出玛曲境水量的45%,故而玛曲是中华母亲河的第一"天然蓄水池"。

峡谷与冶海:冶木河峡谷与冶海组景,是甘南仅次于"黄河首曲"的山水奇观。冶木河峡谷位于临潭县东北部冶力关境内,全长50多公里;沿峡谷而上,尽头就是甘南著名的山间湖泊冶海。

冶木河峡谷口处有八郎寺,从这里进谷沿河而上,一路林木森森,奇峰孤耸,云缠雾绕,石壁泻珠,溪流清宛。但愈往深处走,峡谷愈窄,景愈奇,水愈秀。穿过牙岔坎时,悬崖压顶,峭壁上有一瀑布凌空飞出,直逼谷底,壮举异常。过了此地再往前行,便是幽深的峡谷小道,看到的是接连不断、神态各异的奇峰怪石。走到峡谷尽头后,豁然开朗,出现在面前的便是高峡出平湖——冶海。

冶海又名"常爷池",相传这是因为明代开国大将军常遇春率兵西征时在此饮过马,故得此名。池畔有常爷庙。此湖位于临潭、康乐两县接合部,镶嵌在莲花山与庙花山之间的峡谷中,海拔2700米,面积6.2平方公里,水深平均11米,湖面呈柳叶状,九曲十八湾,湾湾有美景。夏秋湖水碧绿,波光粼粼,四周群峰叠翠,倒映湖中,山水云浑然一体,湖光山色蔚为靓丽。隆冬,群峰银装素裹,湖面镜光锃亮,白绫帷幔,冰层呈现出万千图案,形象神奇,令人惊叹叫绝,故冠以"冶海冰图"美名,为古洮州八景之一,享誉陇西。当地藏、汉、土家族视冶海为神池,每年冬至有观冰图预测来年农牧业丰歉的习俗。冬至这一天一大早,人们便来到湖畔老爷庙焚香叩头,而后到湖面上观冰图,若发现麦穗状图案多,就预示着来年小麦、青稞、大麦丰收;若是珍珠及花形图案多,则预兆着来年豆类作物丰收。牧民们则是观看牛羊马匹哪类图案多,哪类图案多就征兆哪种牲畜成活率高,经济效益好。回去时他们都打些冰娃娃、金钱、元宝形状的冰块。大的状如冰娃娃的置于粪堆上,祈求风调雨顺,人寿年丰;小的金钱状、元宝状的置于门头,祈求招财进宝,万事如意。

喀斯特溶洞:甘南地带的西北部和东南部喀斯特地貌区,分别有白石崖溶洞和万象洞,前者属溶洞群,后者洞内奇景万象,有"华夏第一洞"和"神奇地下宫殿"盛誉。

白石崖溶洞是因白石崖而得名。一组溶洞,有的开朗,有的幽深,有的曲折,有的神奇,精彩纷呈。这些溶洞位于夏河县甘加乡,白石崖不是一处悬崖,而是一座突兀峥嵘形如伏兽的岗峦,属轻度变质的二叠纪石灰岩喀斯特岩溶地貌,岩层内可以说是"处处有洞,洞洞奇丽"。这里自然景观奇特,奇丽溶洞众多,深受当地人尊重,于是便在岗峦上依山就势建有白崖寺和藏经白塔。白石崖溶洞、白崖寺、白塔与其东北部银装素裹的达里加山、近处清流如带的江浪沟相映,构成了一幅多彩的山水景观与人文景观相得益彰的画卷。

万象洞位于陇南市武都区杨庞村,是典型的喀斯特地貌溶洞,距今已有2.5亿年以上的历史,是我国北方暖温带规模最大、景致最佳的特大型溶洞。该溶洞到底有多长,至今还未探明。因洞内钟乳石类物体形状千姿百态,山水人物惟妙惟肖、包罗万象,古人云"气象万千"或"万象奇观",因而得名"万象洞"。洞内现已开发的地段4.5公里,约36万平方米。根据洞内景观特点,分为月宫、龙宫、天宫三大洞天、九个景区。洞内景观高低错落,洞底宽窄不一。宽敞处如大厅,可容千军万马,最窄处仅容一人爬行。洞内有600多处笔题石刻。万象洞有一种特殊现象,即洞内不仅没有任何昆虫、飞禽,甚至连洞口也没有杂草或苔藓类植物生长,也就是说没有任何生物。万象洞内空气流畅,洞口宏敞,按常理一般都有蝙蝠、蜥蜴、蚂蚁等栖息,但至今没有任何人发现洞内有这种生命现象,这是为什么,还是一个待解之谜。

桑科大草原:这是甘南藏族自治州内最为典型、面积最大的藏族同胞牧场,位于夏河县境内,距县城13公里,总面积70平方公里,平均海拔3000米以上。

桑科草原缓慢起伏,似丘陵而又并非丘陵,属草甸类型的广阔草原。草滩上水草丰美,牛羊肥壮,是甘南藏区主要牧业基地之一。草原每到夏秋两季,绿草如茵,鲜花盛开,帐篷点点,牛羊遍野。大夏河如哈达,缠绕着鲜花盛开的草原,与蓝天白云相映,组成了一幅完美的草原风景画,诗情蕴涵在画意里,把桑科大草原的壮美凸显得淋漓尽致。

每年的7至9月，为让中外游客能尽情观赏桑科大草原的风光，国旅夏河支社都要在这里搭起帐篷，备好新鲜奶茶、三炮台、藏包子、手抓羊肉、糌粑及藏族服装、骏马和这里特有的牦牛等，让远来的游客在这里品尝藏族风味，穿着藏族服装，骑上骏马或牦牛，漫游草原，尽情领略藏族牧民同胞的民俗风情。

甘南地域，曾是红军长征从胜利走向胜利的征途，如今的藏族自治州因旅游资源十分丰富，自然景观有全国独一无二的九曲黄河第一弯，人文景观藏传佛教寺院星罗棋布，藏族风情浓郁，已被甘肃省开发为特色鲜明的旅游胜地。

天水境石窟佛龛

甘肃省天水市区，红军长征时并未攻占，但其西北部甘谷、武山两县和东南面的麦积山，却都留下了长征指战员的足迹，列入长征路上胜景带理所当然。1935年9月23日，红一方面军经武山县前往通渭县；1936年10月9日、10日，红二方面军两个纵队，分别经甘谷、武山前往通渭县。麦积山则是红二十五军1935年7月16日从长安沣裕口启程西征，27日到达留坝县江口镇，转而向西从双石铺（今凤县县城）进入甘肃境内，攻打现陇南市两当县之后，翻越麦积山，直逼天水。

天水之名始于汉武帝时期，意为天河注水之地。西汉元鼎三年（前114年）的一天，在现今天水市南面，突然雷电交加，大地连续震动，地面裂开一道大缝，天河之水注入其间，遂成一湖。由于水质纯净，甘甜醇厚，有湖水与天河相通之说。汉武帝在湖旁建城池，取名"天水"。现今天水已无湖，但自然景观优美，历史文化遗存丰富，却是事实。伏羲庙、三国遗址祁山堡、麦积山石窟、甘谷大佛等，都是天水历史文化厚重的见证。一位历史学家曾说：要看一千年的历史文化就在北京；要看三千年的历史文化就去西安；要看五千年的历史文化就要去天水。被称为"人类的人文始祖"的伏羲,传说出生在甘肃,天水西关建有气势恢宏的伏羲庙；天水是玄奘法师西域取经离开长安后的第一站,又是丝绸之路东段的"石窟走廊"。但因红军长征时是绕过市区北进的,所以记述长征路上胜景带,只是选择了红军曾经过往的甘谷县、武山县和麦积山。而且主要是记述这两县一山与佛教相关的石窟、佛寺和佛像等人文景观。

甘谷县大佛像

甘谷县位于天水市区西北,境内最著名的自然景观在大象山,最著名的人文景观是大象山山崖上的释迦牟尼大佛像。

甘谷县城外原有渭水流经,并在西门外 1 公里处有东西来往的牛皮筏渡口,后因河水改道而河谷干涸,便称为"甘谷",县名则由此而来。

大象山坐落在县城北 2.5 公里处,原名"文旗山",后称"大像山"。称文旗山是因为此山从正面看去像一面大旗；称大像山是因为后来在山崖上有了一尊大佛像,文旗山便改名为"大像山"。将大像山改为现在的"大象山"是原佛教协会会长赵朴初先生的建议,他根据释迦牟尼"乘象入胎"的传说,认为称"大象山"更为确切。

大象山并不高大雄伟,而状若一面大旗的山崖却威风八面,所以古人就借势在崖壁上凿窟塑佛,大象山就因山崖上的大佛像而出了名。据考证,山崖上的大圆拱龛始凿于北魏,一直到盛唐才规模完备,并完成了石胎泥塑释迦牟尼佛像的塑造。这尊大佛及佛龛呈半圆形,佛像作善跏趺坐于束腰须弥座上,高 23.3 米,肩宽 9.5 米,面相慈祥,两眼平视,两耳下垂,上唇有蝌蚪短须,手施普济众生印。大佛像唇上留有短须,整体形象为汉人,但又有明显的胡人特征。佛像在风格上吸收了部分古印度犍陀罗和笈多式佛像的雕塑艺术,但以我国民族雕刻艺术特色为主。大佛像两侧还有十多个窟龛。山坡自下而上建有十多处殿宇和二十多个石窟,从宏观上看大佛像居中,是一处完整的以石窟为主体的佛境。布局巧妙,建造艺术堪称高水平。

大圆拱龛和禅窟并存是全国佛洞之特例。大象山的大佛是古代全国五大佛像之一。大象山上多苍松古柏,还有一片香气袭人的紫丁香。大佛端坐在古松古柏和紫丁香簇拥着的佛龛内,完全称得上是佛意浓郁。

武山一洞两寺

武山县位于天水市西北部,东南与甘谷县相接,境内青山绿水间有石洞、有石窟、有古寺、有大佛。其中特别精彩的景观有钟楼山的水帘洞、拉梢寺的大佛像和柱洞山的木梯寺。这三处景观均为山水自然景观与人文景观浑然一体的典型。

钟楼山水帘洞:钟楼山在县境东北部,距县城约25公里,山间鲁班谷有一洞名"水帘洞"。山洞所在处峰峦叠翠,山花烂漫,烟云缭绕,东与显圣池接壤,西与千佛洞为邻,北与拉梢寺相对,给人以人间仙境的感觉。有对联赞之:

世外桃源,天雨妙华称福地;
人间仙境,地灵山静即洞天。

水帘洞最早是一处高30多米,宽50多米,深30多米的自然岩洞。洞中有泉,水流潺潺,清澈甘甜。此洞并非一孤洞,所在峡谷的山崖上还有一些较小的溶洞。这个最大的岩洞后经凿雕开发,兴土木,建庙宇,崖头上便泉水涌流如柱,恰似珠帘掩门,故称"水帘洞"。神话传说,该洞最先被猴王孙悟空发现,在此营造了宫殿,乔迁典礼时,各路神仙都来庆贺,其中龙王送来了用雾沙包裹的水晶宫帘,悬挂在了洞楣之上。孙悟空保唐僧西去取经离开水帘洞不久,莲花山上麻线姑娘又在洞内修道。但据《武山县志》记载:水帘洞石窟开创于公元400年前后(十六国之后秦),后经北魏、北周、隋、唐、五代整修,有"七寺五台"之称,规模宏大,庙宇雄伟。显然,县志的记载包括了鲁班谷内的石窟寺庙建筑。

水帘洞一带,所建殿、台、亭、楼依自然岩洞,有开有合,工艺精湛,错落有致,采用了悬塑、浮雕与壁画相结合的工艺手法,把佛像和佛教故事绘制在洞壁、崖头和峡谷两侧的峭壁上,使得以水帘洞为主的石窟群,构成了一幅丰盈清秀、文化氛围浓郁的画面。诗人李升桂写诗赞颂水帘洞:

    花果水帘洞,景秀退迩闻。

    千年绝艺精,神工镶凌空。

    云飞一线天,雨润莲花峰。

    麻姑今犹在,惊喜舞彩虹。

拉梢寺浮雕佛:拉梢寺与水帘洞同山不同谷,创建于北周明帝文毓武成元年(559年),又名"大佛堂"。这里陡峭的崖壁上有浮雕佛三尊,中间的大佛高40余米,两旁手持莲花躬身肃立的胁侍菩萨高16米,并且有摩崖题记。大佛像由尉迟迥敬造,为释迦牟尼像,就其高度而言为世界浮雕之最。佛像占整个崖面的三分之二左右,坐于莲台上,莲瓣间层刻有狮、鹿、象,或站或卧,排列对称,雕琢古朴,形象生动。浮雕像周围诸多佛龛有宋代雕刻的小佛像,与浮雕大佛相辉映。崖面上部向前突出,又加筑风檐以遮蔽风雨。檐端雕刻飞禽走兽,悬挂铜铃,微风过处,叮当作响。大佛像造型有小乘佛的痕迹，在我国石刻艺术中实属罕见。

拉梢寺气势非凡，古朴壮观，因有我国和亚洲最高大的释迦牟尼佛浮雕像而闻名于世。此佛像为摩崖高处的浮雕，据说建造时崖脚积木至巅，工毕逐步拆木而下，故名"拉梢寺"。拉梢寺与水帘洞石窟均为国家重点文物保护单位，前些年国家拨款进行了全面整修，架设了悬崖栈道，加固了河堤护坡，修建了跨谷拱桥，成立了管理机构，现已成为人们游览观光的胜地。

柱洞山木梯寺： 这座以木梯命名的古寺，位于县城西约35公里的马力乡杨家坪村境内，背靠柱洞山，濒临榜沙河，山耸水环，沟深崖陡。该寺为石窟寺，开凿在半山腰上，距地面200余米，南北横跨九梁十沟，长约500米。寺院周围山势陡峻，绝壁深谷犹如刀削，只有北面一铁门可出入，若寺门关闭，再无路径可进。传说，山门外绝壁处，曾安置一数丈长木梯，供人们从崖下攀入寺院，故而古称"木梯寺"。木梯早无踪影，现在登山入寺是通过在绝壁上开凿的一条曲径小道。

木梯寺石窟开凿于汉，盛行于唐，重建于明。石窟内的殿、楼、阁、亭，多是利用山势建于窟门或岩壑之间，高低错落，主从有别，自成格局，掩映于松涛绿林之中，佛像大都为石胎泥塑，其中保存最好的有5号和7号洞窟。5号洞窟内主佛为燃灯佛，袒胸赤足，面貌丰润，衣纹颜色保存较好，线条简朴。旁边的供养人，双手捧钵，面带温情，躬身肃立，造型极为生动。陪殿中的如来佛、文殊菩萨、普贤菩萨各具特色，有明显的明代艺术风格。

7号石窟内有塑像八尊，主佛为释迦牟尼，石胎泥塑，金身彩绘，上着通身袈裟，下穿长裤短裙，躯体宏伟淳朴，线条柔和丰满，比例匀称适度，面貌慈祥。其他七尊佛像则各具特色，可谓多姿多彩。石窟内壁画多为佛教题材，绘有天女、西方极乐世界等。画面着色瑰丽，鲜艳夺目，明代风格和唐代遗风明显，艺术价值极高。

武山氡气温泉：这是武山县景观中，除一洞两寺外，十分值得记述的旅游区，因为在温泉水质中像武山温泉这样富有放射性氡气的极少。温泉位于县城南15公里处，四周山势多姿，植被重叠，鸟鸣禽歌，生态环境优越。绿色拥抱着的温泉，水温保持在39℃~42℃之间。泉水清澈，水中富含放射性氡气，是国内外珍贵稀有的治疗性温泉。经医疗鉴定和治疗实践证明，在此沐浴可治疗银屑(牛皮癣)等10多种皮肤病，还能治疗早期高血压、神经系统疾病、慢性气管炎等。武山温泉在甘肃省很有名，已被开辟为疗养区和温泉森林公园，在这里既可沐浴疗养，又可在森林公园里漫步闲游。

麦积千龛万佛

"麦积山烟雨笼万佛"，这是旅游教育出版社出版的《趣闻甘肃》一书中，对麦积山景观特色的概括。精美绝伦的麦积山，地处秦岭山脉西端，是秦岭北支小龙山前山区的孤峰，其西北距天水市区约30公里。

麦积山海拔1742米，相对高度142米，总面积215平方公里，山体呈圆锥形，顶尖低小，中间略显粗大，形状像农家麦垛，所以取名"麦积山"。这里是典型的丹霞地貌，山体西南面为悬崖峭壁，著名的麦积山石窟群就开凿在峭壁上。这里暖温带气候特征明显，四季分明，雨量充沛，地气潮湿，空气湿润，春夏秋三季雾起群岗，整个空间都充满了乳白的烟云，或细柔缭绕，或细雨丝丝，似乎伸手可及。烟云缥缈的山峦上生长着华山松、白皮松、雪松、紫柏、长杉等常青乔木，即便是在冬天银白世界里，麦积山也还是以绿为底蕴。至于春天，这里在烟雨中不仅各种植物生机勃勃，则更是花鸟的天堂。

特殊的地理环境，天造地设的麦积丹霞山峭壁和生态美，是这里形成石窟佛境的主要原因。麦积山石窟创建于十六国后秦(384—417年)

时期,大兴于北魏明元帝与太武帝时期,孝文帝太和元年(477年)后又有发展。北周武帝保定、天和年间(561—572年),秦州大都督李充信为亡父营造七佛阁,此为我国典型的汉式崖阁建筑。隋文帝杨坚时在七佛阁下泥塑摩崖大佛三尊,为麦积山最大塑像。唐代佛教在我国发展进入一个高潮期,麦积山石窟佛龛开发也增多。但在唐开元二十二年(734年)天水一带发生大地震,麦积山石窟崖面从中部塌毁,被分为东崖和西崖两个部分,即五代时所说的"东阁"和"西阁"。之后,经宋、元、明不断开凿修建,形成了我国四大石窟之一,与名扬海内外的敦煌莫高窟、大同云冈石窟、洛阳龙门石窟齐名天下。

麦积山的石质皆为紫褐色水成岩,因较为疏松,不宜精雕细刻,所以古人多以泥塑和壁画艺术形式展示佛教内容。泥塑有高浮塑、圆塑、粘贴塑、壁塑四种,这里的佛像以圆塑居多,数以千计与真人大小相仿的圆塑佛像,艺术形象极富生活情趣,故而麦积山石窟享有"东方雕塑艺术馆"美誉。这些塑像多为泥制,但却坚如岩石,裸露在潮湿的山林中,历经千年沧桑却未破裂。现今仍留存有窟龛194个,其中东崖54个,西崖140个;共有塑像7800身,壁画共有1300平方米。以壁画来说,仅占原有壁画的3/10。石窟内还有少量石刻像和像碑,与大量泥塑共同反映着历代雕塑艺术的风格和特点。

麦积山三大佛:走进山门,在古瑞应寺门楼的匾额上有"麦积山石窟"五个大字,这是郭沫若先生的手书,遒劲雄浑。在这里仰望麦积山,但见崖面从高20米至80米间,石窟遍布,层层叠叠,如蜂窝般高低错落。石窟间有栈道天梯相连。走进山门后,迎面高出山麓约60米有一组造像,这便是隋文帝时泥塑的三座大佛。中间坐佛高15.7米,体态庄严,面孔慈祥,左右两尊高10余米的菩萨侍立,喜笑颜开,千余年来在这里迎来送往。进山门后,迎着大佛前行,便进入了一个佛国世界。

东崖石窟精华：沿栈道而行，越来越高，愈觉险峻。在东崖石窟中，最精彩的是涅槃窟、千佛廊（洞）、七佛阁（散花楼）和牛儿堂。

涅槃窟是北魏晚期的建筑，窟前有四根粗短的石柱，柱头饰以莲瓣浮雕，柱头不用斗拱，代之以"火焰宝珠"的浮雕，构思精巧，是我国石窟建筑的珍品，在他处少见。

从涅槃窟沿栈道上行就是千佛廊。在32米长的廊内，岩壁分上下两层，整齐地排列着258尊魏代石胎泥塑佛。这些佛像或喜或怒，或智或憨，秉性不同，以形传神，形神兼备，反映的内容富有平民百姓的浓厚生活气息。

出廊再向上走，就是七佛阁。七佛阁又名"散花楼"，这是麦积山石窟中最大的一个，高15米，宽31米，深13米。石窟开凿在高出麓下50米处，窟内两大柱之间凿有七龛，龛内或一佛八菩萨，或一佛二弟子六菩萨。佛像雕塑精致，每尊形态各异，但均体态丰腴，面容平静安详，衣着华美不俗。抬头仰望，每龛上壁壁画精美异常，每幅壁画上都有四身飞天，她们或相对奏乐，或散花进香，神态潇洒，衣带飘摇，满壁风动。佛阁天花板上，即七龛之外的上方，有一幅车马人行图，造型奇特，站在不同的角度看，有移步换景之妙。站在走廊上随手向崖下抛撒些五色花瓣，只见这些花瓣纷纷扬扬飘向谷底，忽而却又向上乱飞，竟无一瓣落地。

七佛阁下有牛儿堂，三窟相连，龛内塑像线条流畅，工艺之精，造型之美，绝不亚于七佛阁的佛像。三窟走廊前有一位威猛的天王，脚下踩着一头"金角银蹄"的牛犊，艺术形象十分生动。牛犊虽被踩在脚下，但仍神气十足，跃跃欲搏，活灵活现，栩栩如生。

西崖北魏石窟：从东崖到西崖，飞桥栈道凌空。西崖石窟众多，而且多数是我国早期的艺术风格，其中北魏时期凿修的万佛堂和天堂洞，最具代表性，最为壮观，内容也最丰富多彩。

万佛堂开凿于北魏晚期，经五代、宋、元重修，形成了麦积山石窟造像最多、最丰富的一个石窟。从东崖经凌空飞桥栈道前行,惊险地走过飞桥即到万佛堂。跨进门,迎面站立着一尊身高3.5米的接引佛,双目微合,面容和善,双手作缓缓接引之势,引导真心向佛者进入万佛堂。窟内现存泥塑30余件,前壁左侧留有影塑千佛千身。泥塑中无论是沙弥、弥勒,还是供养人,制作都十分精巧,以形传神,形神兼备,达到极致。窟内有18块造像碑,刻有各种佛、飞天、弟子,每块碑上都布满贤劫千佛。第10号碑上刻有佛传故事,以释迦牟尼在忉利发愿为中心,描绘了燃灯受戒等佛经故事,是石雕连环画中的精品。

出万佛堂走到栈道顶点,就是东、西崖的最高石窟天堂洞。石窟高出山麓70多米,窟内全是大型魏代石刻造像,正壁上平列三个浅龛,左右壁各开一龛,所有造像均神采奕奕,气韵生动,是麦积山石窟中稀有的石雕造像,是我国早期的石雕佛像代表作,历史文物价值和艺术价值极高。古代因这里险峻难攀,沿栈道到此者甚少,故而保存完好。

麦积山石窟与泥塑、石雕佛像千姿百态;麦积山石窟浮雕及壁画丰富多彩;崖面众多石窟形制完全是按照我国民族建筑形式开凿,为方形、平顶、前壁开门、两侧开龛的崖洞式房屋建筑。麦积山石窟融民族文化、佛教文化于一体,自古就备受国人尊崇。五代《玉堂闲话》记载:"其青云之半,峭壁之间,镌石成佛,万龛千窟,虽自人力,疑是神工。"后来则有诗人形容这里:

十年梦系此番来,不见仙人空见崖。
山笼寒烟凝碧树,雨分薄雾润苍苔。

麦积山雄伟壮观,石窟精彩,风景秀丽,一面天然形成的丹霞悬崖峭壁上,开凿的大小石窟成景,任岁月流逝依然佛意浓浓、光彩照人。

六盘山红旗漫卷

六盘山古称陇山,耸峙在宁夏回族自治区南部,跨甘肃、宁夏、陕西三省,南北绵延240公里,山势自南而北倾斜,在固原、隆德县境内,为陕北和陇中的高原界、渭河与泾河的分水岭,主峰海拔2942米。《山海经》称其南段为"泾谷之山",北段为"刚山之尾"。《汉书·地理志》又把南段叫"洛畔道",即现在人们所称的六盘山。由于主峰巍峨险峻,古时上山只能沿羊肠小道,俗称"洛盘道"或"鹿道",据说还要沿山势折曲六重才能登临绝顶,六盘山一名也因此而得。

六盘山是红军长征走向陕北的最后一座大山脉。1935年8月17日,红二十五在徐海东、吴焕先的率领下攻占隆德县城,并于当日连夜翻越六盘山……于9月16日到达陕北延川县永坪镇,实现了与陕北红军的会师(吴焕先政委在翻越六盘山时的王母宫塬战斗中牺牲)。1935年10月7日下午,毛泽东等中共中央领导人,从固原县张易堡驻地出发,随红一方面军登上六盘山,打开了通往陕北革命根据地的通道,从这里走向吴起镇(今吴旗镇),于10月19日实现了与陕北红军的会师。一代伟人毛泽东在登上六盘山时,面对红旗招展的雄伟山峰激动万分,即兴写下了自由体的《长征谣》一诗,抒发了革命自豪感和对中国革命胜利的自信。1961年把自由体几经修改为规整的清平乐词牌,即著名的《清平乐·六盘山》:

天高云淡,
望断南飞雁。
不到长城非好汉,
屈指行程二万。

六盘山上高峰,
红旗漫卷西风。
今日长缨在手,
何时缚住苍龙。

六盘峰谷绿水

六盘山风光旖旎,久负盛名。山体虽算不上高大,却也高峻雄壮,既具有南方山体的清秀,也具有北方山体粗犷雄浑的特征和淳朴明丽的个性。所以,毛泽东以"天高云淡,望断南飞雁"的佳句来描述它的北国风光。

主峰米岗山:六盘山主峰原名"米缸山",又名"美高山"。称米缸山是因为半山腰上巨石前有一块形似缸又漏米的石头。传说这块缸状石头有一小孔,行人走过时就从小孔里漏一些米,把小孔凿大了,米缸也就不漏米了,但石缸至今还立在那块巨石前。称美高山是因为它在波澜壮阔的云海中时隐时现,可谓"处处真成银色海,青青独露几峰高"。六盘山因其主峰高,古代便以"高山"之名和雄伟挺拔的身姿、翠绿的披装,载入了《山海经》。

泾源老龙潭：六盘山的南段是宁夏回族自治区的泾源县,老龙潭位于县城西南20公里处。这里是横贯陕、甘、宁三省区的泾河发源地,地势险要,有四个大小不一、形状不同的石潭。四个石潭呈"之"字形排列,即头潭、二潭、三潭、四潭,总称"老龙潭"。潭区山高峡深,集险、深、奇于一体,如今还保持着原始风貌。高大挺拔的松柏、花木俏立在岩石峭壁上,山雀鸣啼于万紫千红中,峡谷逶迤于峻岭之间,潭水清澈似一面宝镜瑰丽迷人。尤其是在阳光投射在幽深平静的水面上时,薄薄的雾气在潭面上飘逸,更加美丽动人。清乾隆五十五年(1790年),乾隆帝为弄清泾渭清浊的情况,派遣水利学士兼中卫县令胡纪谟前往探明。胡县令勘察后写成《泾水真源记》呈皇帝御阅,才使"泾清渭浊"昭然于世,这就是成语"泾渭分明"的来历。胡县令在这篇游记中的一首诗,描述了老龙潭的形胜：

无数泉飞大小珠,老龙潭底储冰壶。

汪洋千里无尘滓,不到高陵不受污。

老龙潭的得名,与《西游记》中的梦斩泾河龙君有关。梦斩泾河老龙说的是,玉皇大帝因泾河老龙布雨擅自变更了时辰和雨量,下旨唐朝宰相魏征在第二天午时将其斩首。老龙托梦唐太宗救他一命。第二天太宗把魏征召进宫下棋,以便拖过午时使他不能斩杀龙君。到中午时刻,魏征打瞌睡,脸上大汗淋漓,唐太宗还用扇子给他扇凉,可魏征丞相却在梦中把老龙王斩杀在了三潭,出大汗时是在与龙王搏斗,于是这里的四个石潭就有了"老龙潭"之名。现在如果从山崖上向对面看,岩壁上有一个土红色的洞,洞里还渗出一丝红水,传说那就是泾河龙王的血,此洞被称为"伏龙洞"。

绿谷凉天峡:这是六盘山一条植被覆盖率几乎达到100%的峡谷,位于泾源县城西南20公里处,距老龙潭10公里,长达20余公里,与二龙河、老龙潭呈"丫"字形。峡谷内凉爽宜人。因峡谷内有成吉思汗避暑遗址又称"凉殿峡"。谷岸奇峰怪石百态,谷内林荫浓郁,泾河水穿峡而出,峡谷区东侧有一块约2000平方米的平台,被称为"点将台",传说成吉思汗屯兵在凉天峡时兵马集合就在这里。峡谷内其他景观还有小南川、黑水坪、一线天、成吉思汗避暑遗址等。

峡谷内最令人震撼的是生态环境极佳。这里山清水秀,气候宜人,森林茂密,植被完好,常有野生动物出没,灵性十足,野趣横生。植物中有杨、桦、椴、辽东栎、青榨槭等多个品种和探春、珍珠梅、暴马丁香、百合、芍药、箭竹等花卉观赏植物;野生动物有金钱豹、狍子、林麝、野猪、蒙古兔、红腹锦鸡等。在这里还有山梨、蕨菜、"五朗头"、蘑菇、松子、草莓等多种可食用的野果、野菜。

六盘山高峻雄浑,山体清秀,无山不绿,无水不清,清凉宜人,绝佳生态环境,在黄土高原地带绝无仅有。

腹地二龙河:位于六盘山腹地、泾源县城南30公里处,与凉天峡一衣带水,相距10公里,为南北长5公里的峡谷,是泾河的又一发源地。这里谷长只有凉天峡的1/4,但生态环境堪与凉天峡试比高低。

峡谷内以大南川(今二龙河水系)、凉天峡两条河流为界,有森林面积20余万亩,是六盘山自然保护区森林与野生动物资源最丰富的重点保护区域,被称为六盘山的"天然生态植物园"和"天然动物园",动植物种类胜过凉天峡。走进二龙河峡谷,展现在面前的是,茂林茫茫,碧波涟涟,奇峰连绵,流泉飞瀑,山碧水清,鸟语花香,给人以人间仙境、飘然脱俗的感受。特别是这里有 10 余万亩人工针叶林，以及 1965 年试验成功的次生林改造林带中挺拔的白桦、落叶松，能让人尽情地体验北国风光的雄浑。这些树木是近四代六盘山林业工人，一棵棵精心栽培成长起来的。他们这种绿化祖国山川的奉献精神，是红军长征精神的继承和发扬，令人敬佩。他们保护优化了二龙河峡谷的生态环境，走进其中，"蝉噪林欲静，鸟鸣山更幽"。森林、流水、百鸟所奏的"森林大合唱"，给人的是返璞归真、回归自然的乐趣。

险峻鬼门关：这是二龙河峡谷的延伸段，长约 8 公里，因峰险谷深，地势错综复杂，就有了"鬼门关"的恶名。其实，这里与二龙河峡谷一样，森林茂密，山环水绕，精彩纷呈。在这里从谷口进去，沿溪流和丛林上行，有"菊花涧""小鬼把门""镇鬼塔""跌水潭""九阶水""蘑菇石"等原始状态的自然景观。谷内时常是云雾缭绕，山风习习，令人毛骨悚然；不时从林中跳出的林麝、野兔和飞出的山鸡，却又让人感到这里充满了活力，令人感叹自然界生命力的强大。"鬼门关"进去容易出去难，但其雄奇、险峻和秀美兼备，却让人流连忘返。鬼门关的奇，在于它的"山重水复疑无路"，林海森森与云雾缥缈；鬼门关的秀，在于它清澈激流与众多的瀑布流泉……到了鬼门关，才会真正领略到六盘山的"雄、奇、险、峻、秀"，才会真正体验到泾河源头这块"人间净土"的灵美与壮观。

六盘须弥石窟

须弥山是六盘山余脉，位于西北端的西吉县境内，与扫竹岭、石城都属黄土高原上的独具特色的丹霞地貌。这里的岩层是中生代白垩纪六盘山内陆盆地沉积的红色碎屑岩，之后经过造山运动与六盘山一起抬升隆起而成山。须弥山是我国迄今发现的海拔最高的丹霞地貌，也是我国北方发育最为典型的丹霞地貌群。

须弥山峰峦叠嶂，岩石嶙峋，"色渥如丹，灿若明霞"。夏秋之际苍松挺拔，桃李郁然，是我国西北高原少有的风景秀丽区。在这里自北魏就开凿佛窟，至隋唐达到高潮，先后开凿的大小石窟有162座。这些石窟呈扇形分布在有鸿沟相隔的八座山峰东南面，自南而北长约2000米，宽约1000米。其中保存有各朝代造像雕刻品、彩绘、壁画、石刻题记的有70余座，22座现仍保存完好。在保存下来的350余躯造像中，尤以北周和隋唐开凿的大型佛窟造像最为精美。保存完好的石窟，现被划分为八个区，即大佛楼区、子孙宫区、圆光寺区、相国寺区、桃花洞区、松树洼区、三个窟区、黑石沟区。区与区、沟与沟之间曲径通幽，有梯桥连通。为了保护好这一方具有历史文化价值的古迹，1982年须弥山石窟被国务院公布为国家重点保护单位，2008年6月被世界历史遗迹保护基金会公布为"全球百大濒危文明遗址"。

丹霞佛缘：须弥山原先叫"逢义山"，直到开凿出百余座佛窟，须弥山才成为佛教称谓和这里的石窟代名词。"须弥"是佛教专用语，本是梵文译音，又称"须米楼""苏弥楼""须弥楼"，音译是"妙高""妙光""善积"，在佛经中也称"曼陀罗"。在佛教传说中，须弥山原本是印度的一座佛教名山，是诸山之王、世界中心，为众佛聚居之地，有日月环绕之说。许多佛教故事和绘画都以传说中的须弥山为题材，用来表示天上的景观和佛境，自然也增加了须弥山的神秘色彩和浓郁的佛教氛围。

佛教崇尚传说中古印度的须弥山，而自东汉佛教传入我国后，到南北朝时期举国上下从皇帝到百姓皆笃信佛教。于是为了表现教众对佛教、对须弥的无限虔诚，便在全国择地大兴开凿佛教石窟。在甘肃、宁夏一带，有两处皆与丹霞地貌有关，一是地处从长安到西域丝绸之路南道的天水麦积山，石窟开凿于十六国后秦时期，大兴于北魏明元帝时期；另一处就是位于丝绸之路东段北道的逢义山,即后来所称的须弥山。

丹霞地貌须弥山的石窟开凿于北魏孝文帝太和年间（477~499年）,至唐代时期山里已建有颇具规模的佛寺,人称"景云寺"。景云寺的名称一直沿用到明初。明正统年间,高僧绰吉汪速又在山上建有一座新寺,并上书皇帝请求赐名,于是明英宗即赐名"圆光寺",这时须弥山石窟就名为"圆光寺石窟"。皇帝赐名,使这里丹霞石窟的声望一时间超过了洛阳的龙门石窟、大同的云冈石窟,于是就有了龙门石窟的大佛爷、云冈石窟的三佛爷,到须弥山与二佛爷试比高低的传说故事,须弥山从此也就成了这里的石窟代名词。

早期石窟：北魏北周时开凿的石窟是须弥山早期的佛窟,集中在现今的子孙宫区,共有33座,其中北魏时期的11座,西魏时期的12座,以第14、24、32、33窟为代表,多是3~4.5米见方的中心塔柱式石窟。塔柱四面分层开龛造像,尤以第32窟塔柱的层数最多,共有7层。第24窟上层雕刻的是佛教故事。北周石窟开凿工程向北发展,集中于圆光寺、相国寺两个区,规模庞大,造像精美,以第45、46、51、67窟为代表,都是平面方形的中心塔柱式石窟。

子孙宫区的名称与这一区域内的石窟开凿在早期无关,而是因为在明清时期道教在这里开凿、改造了5个道观,其中之一名叫子孙宫,另外4个分别是玉皇殿、三清殿、灵官洞。子孙宫是平面方形石窟,宽5.5米,进深5.1米,高2.7米,平顶,北面墙壁中部开凿有一个长方形的顶龛,供奉着送子娘娘。窟室和石龛的墙壁上彩绘有山峦、送子娘娘图和百子图。石窟的顶部用赭色绘成了方格,中心是道教的八卦图案,周围绘有云、龙、花卉等图案,是一个典型道教娘娘庙,所以取名"子孙宫"。宫内供奉的送子娘娘不同于民间娘娘庙里的王母娘娘、天妃娘娘(妈祖)、九天玄女娘娘等,而是各有神话传说故事的三位娘娘,即云霄、琼霄和碧霄,统称"三霄娘娘"。三霄的前身是紫姑神,在神话小说《封神演义》中,姜子牙奉元始天尊封神时,三霄娘娘被封为感应随世仙姑。

须弥山早期开凿的石窟,由于明清时期道教的介入,使这里形成了佛教、道教并存的石窟区,两种历史文化各放异彩,别有一番风韵。

隋唐石窟:这是须弥山佛教石窟的重要组成部分,主要分布在相国寺以北,以唐代石窟数量最多,一般4~5米见方,正壁和左右壁多设有马蹄形的佛坛。第105窟被称为桃花洞,是一座大型石窟,主要有近6米高的中心柱,柱四面和壁面开大龛,表现出磅礴的气势。第5窟就是著名的大佛楼,是一座巨大的摩崖造像龛。

这座巨大的佛龛、高大的佛像,之所以被称为"大佛楼",是因为石窟、佛龛、大佛凿雕而成后,曾经在这里修建过三重楼阁,雄伟壮观,于是就以大佛楼的名称代替了石窟佛龛名。石窟、佛龛、大佛开凿于唐代大中三年(849年),石窟实际上就是一座马蹄形的大佛龛,高21.5米,宽15.5米,进深16.6米。端坐在佛龛内的弥勒佛高20.6米,安详慈善,神情端庄。就其高而言,比云冈石窟中的坐佛和龙门石窟的奉先寺卢舍那佛都要高,是全国最大的佛像之一。走近仰视这尊大佛,只见其两耳下垂有2米高,两个眼窝直径达1米宽,这尊弥勒大佛神采奕奕,雕刻技艺精湛细腻,具有典型的唐代艺术风格。

须弥山石窟,自开凿至今已有1500余年,历经千百年的沧桑,虽然许多精美雕像已面目皆非,但保存下来的这一部分,在全国石窟造像中仍然占有独特的历史地位,具有珍贵的历史文物价值和精美的艺术价值。

六盘古往今来

险阻秦关百二重,天骄驻跸隘雄关。六盘山的地理位置和险峻,决定了它历史地位的重要,历来是兵家屯兵的军事重地。而如今却由于它的险峻灵秀,以及生态系统在黄土高原地带独树一帜,又是红军长征路上走向胜利的一座丰碑,已成为山水游、生态游和红色长征文化游的胜地。

昔日六盘山曾立有牌坊,上书"陇干锁匙"。它南控关陇,北扼灵武,西通河湟,东走庆(庆阳)环(环城),是古代交通的咽喉要地,其西、其北在秦代就筑有长城。清代有人在此题联:"峰高太华三千丈,险阻秦关百二重。"

历史上六盘山是中原文化、草原游牧文化与西域文化的交汇处,发生在西夏(今宁夏银川)地区的不少历史事件和文化现象都与六盘山有关,特别是秦汉时期和蒙元时期。

秦汉时期: 秦代,六盘山北段固原州(今固原市)是秦国在西部的边城之一,秦始皇修筑的长城也就经过这里,并从这里沿六盘山西部的葫芦河东岸,经西吉、静宁向甘肃通渭、陇西、渭源、临洮延伸。这时期,秦始皇曾在六盘山建行宫并祭拜山岳。西汉时期汉武帝曾六临六盘山,在此观览和眺望过茫茫固原山河。数千年来,六盘山目睹了西北历史的进程,见证了中原与边地民族的迁徙与融合。

宋元时期: 六盘山在这个历史时期,与一代天骄成吉思汗家族结下了不解之缘,具体地点就是凉殿峡谷。元代六盘山的政治格局是由成吉思汗奠定的,他不仅避暑六盘山,而且带有明显的军事目的,从此也就奠定了六盘山在蒙元统一过程中的重要地位。此后,宪宗蒙哥、世祖忽必烈均驻跸六盘山,特别是忽必烈时期,六盘山已成为当时的政治、军事中枢之一,在客观上已体现其相当显赫的"行宫"地位。关于这段历史,《元史》中的记载是:1227年元太祖成吉思汗攻打西夏时曾于此屯兵、避暑和讨论灭夏方略。同年闰五月,一代天骄陨落在茫茫林海之中。1253年,元世祖忽必烈追先祖英灵,三次出征云南时也多次来这里休养生息。

一代天骄成吉思汗在凉天峡谷建行宫避暑、屯兵征战西夏,并在此病逝。其死后密不发丧,是一个精彩的历史事件。1227年,他不顾年老体弱,一方面留足兵力继续攻打西夏都城兴庆府(今银川),一方面亲自率军渡过黄河南下攻击南宋边城。6月初率军来到六盘山的凉天峡谷安营扎寨、屯兵避暑、治疗伤痛、商谈战事。8月成吉思汗已知伤痛无法医好,便将三个儿子窝阔台、察合台和托雷召到身边,语重心长地讲了一个多头蛇寒冬要进洞防寒,每一个头都想进去,结果哪个头也未进得去,这条多头蛇活活被冻死的生动故事。他以此故事告诫三个儿子,不要都想当可汗。儿子们听后齐刷刷跪倒在地,表示听从老父安排,于是成吉思汗就立窝阔台为可汗,同时向儿子们交代:金、宋不要同时用兵,要先后各个击破,并嘱咐三个儿子,在他死后要密不发丧,等待西夏投降。窝阔台听从其父遗命,西夏投降后将西夏国主及军队全部斩杀,从此西夏作为中国历史上的一个国家也就灭亡了。

太宗窝阔台即位灭夏,将六盘山看得至为关键。1236年冬,皇子阔端已进入四川成都,这样一来由北方"和林"往南方"成都"一线,六盘山地处中枢,其军事地理位置得以显现。但六盘山在蒙元时期历史地位的奠定,是在元世祖忽必烈时期。忽必烈与阿里不哥争夺汗位,从军事上讲始于六盘山,也结束于六盘山,双方均以六盘山为争夺目标。忽必烈的对手失败了,使忽必烈的统治地位得以确立。宪宗三年(1253年)七月,忽必烈"受京兆封地",预示着六盘山地区的大规模开发,就连迎请藏传佛教高僧一呈也是在六盘山进行,之后被尊为国师的藏传佛教又一位高僧八思巴与忽必烈第一次相见也是在六盘山。

从成吉思汗到宪宗蒙哥、世祖忽必烈,他们的军事行动或征战,或北归,都是以六盘山为驻跸之地。六盘山地区不仅是当时金人控制西蜀和陇南的要地,而且是蒙元军队南下用兵的天然屏障。

从自然景观来说,六盘山是西北黄土高原上一颗明珠;从历史上来说,六盘山既是军事要地,又是中原文化、草原农牧文化、西域文化,甚至包括宗教文化的交汇处。

六盘红色光芒

红军三大主力和红二十五军的长征,最后的冲杀都在六盘山及其周边,那真如毛泽东描述的"六盘山上高峰,红旗漫卷西风"。1935年8月~10月上旬,红二十五、红一方面军先后经六盘山与陕北红军在永坪镇、吴起镇会师;1936年10月9日和10月22日,红四方面军、红二方面军先后在六盘山下的会宁、将台堡与红一方面军会师。而今在六盘山上,会宁、将台堡以及六盘山周边其他红军战斗或进驻过的地方,都有红色纪念性建筑或红色旧址。

六盘山纪念馆:1935年10月5日至7日,党中央领导人和红一方面军翻越六盘山,走上了前往陕北与陕北红军胜利会师之路。1986年为纪念红军长征胜利50周年,在当年红军走过的山顶修建了"六盘山红军长征纪念亭",由胡耀邦为纪念亭题名。2005年在纪念红军长征胜利70周年之际,在原纪念亭基础上进行扩建,落成了六盘山红军长征纪念馆。当年11月,纪念馆被中宣部列为全国第三批爱国主义教育示范基地。

纪念馆占地5万余平方米,建筑面积2万平方米,地处隆德县城城东六盘山国家级自然保护区,四周自然景色优美。主体由纪念馆、纪念碑、红旗造型的影壁和青铜雕塑等部分组成。纪念馆共有4个展厅,展示了红二十五军、红一方面军、红二方面军先后经过六盘山留下的上百件珍贵遗物、文物、图片。江泽民同志题写有"长征精神永放光芒"八个大字。

六盘山下和尚铺村竖有毛泽东手书《清平乐·六盘山》全词石碑。

会宁一楼一塔：红四方面军与红一方面军于1936年10月9日在甘肃会宁城会师。这一天上午，朱德、张国焘、徐向前、陈昌浩等率领红军总部和红四方面军直属队从南门进入会宁城。城门楼前扎有彩门，红旗招展，锣鼓喧天，欢迎的人群有部队、有群众，气氛非常热烈。前来迎接的是红一方面军专门留在这里的一军团一师师长陈赓等。10月10日，两军在会宁文庙前的广场上举行了庆祝会师大会。

会宁城是一座小山城，位于六盘山南段西部，城有四门，东为"东胜门"，西为"西津门"，南为"通宁门"，北为"安静门"。城郭形如凤凰展翅，故有"凤城"之称，并且是兵家必争之地。西门城楼为当年中央领导人开会的旧址，1958年将西津门改建成了"会师楼"。1986年经中宣部批准又建造了一座会师塔，塔楼相映，构成了会宁城光彩夺目的红色人文景观。

红军会师纪念塔高28.78米，共11层，正面雕刻着邓小平同志题写的"中国工农红军第一、二、四方面军会师纪念塔"18个大字。塔内悬挂着一幅特长的纪念红军长征的对联，为前甘肃省楹联学会会长安维翰撰写。

上联：会一二四方面红军，忆井岗举旗，遵义筹策，大渡桥横，金沙水拍，过草地，爬雪山，除腐恶，斩荆棘，长征途中三军明良遇，将相和，肝胆相照，风云际会；

下联：宁千万亿倒悬黔首，顾祖厉激浪，香林放彩，关川穗硕，青江风徐，去郭城，穿韩砭，越沟岔，翻坡寨，枝杨镇上全民箪壶迎，袍泽与，诗文传捷，酒肴犒师。

红四方面军是从通渭前来会宁的，而通渭县也是红一方面军一年前的途经之地。1935年9月27日，中共中央政治局常委在通渭榜罗镇召开会议，正式确定把红军长征的落脚点放在陕北，以陕北作为领导中国革命的大本营。"榜罗镇会议"是长征史上的又一次重要会议，会址被列入了省级文物保护单位和爱国主义教育基地，并在此建了一座"榜罗镇红军长征纪念馆"。

将台堡纪念碑：古代军事要冲将台堡，位于六盘山麓西吉县城南30公里的葫芦河东岸。据新编《西吉县志》记载：此城筑于秦襄王时期，是战争的产物，由于作为军事形胜之地，历代都有修建。现在残存的土堡东西长70米，南北宽68米，堡墙高10米。堡门建在正南面，上面镶嵌薄一波题写的"将台堡"三个大字。

1936年10月21日，红二方面军到达今西吉县平峰乡，贺龙、任弼时、关向应和随从红二方面军行动的红军总参谋长刘伯承与红一方面军一军团代理军团长左权、政委聂荣臻、政治部副主任邓小平亲切会面。22日红二方面军总指挥部及二军团到达将台，与红一方面军一军团及二师(师长杨得志、政委肖华)在将台堡胜利会师。两军领导人和会师官兵万余人在将台堡东侧广场，举行了盛大的会师联欢会。23日红二方面军六军团(军团长陈伯钧、政委王震)到达将台堡以南15公里的兴隆镇，与红一方面军一军团一师(师长陈赓、政委杨勇)胜利会师，完成了红一、二、四方面军三大主力军的胜利会师，标志着红军长征的胜利结束。后经中共中央审议，将1936年10月22日定为"红一、二、四方面军胜利会师之日"。

1996年10月，为缅怀革命先烈，纪念红军长征胜利60周年，经报请中宣部批准，宁夏回族自治区党委修建了由江泽民题写的"中国工农红军长征将台堡会师纪念碑"。纪念碑坐落在将台堡内东侧，由碑座、碑身、碑顶三部分组成。碑高22.8米，碑顶雕塑有三尊红军头像，象征着红军三大主力胜利会师。碑的基座上有 8 幅浮雕，再现了红军自江西瑞金出发到达陕北的壮观画面。

六盘山是西北黄土高原上的一座雄伟壮观的名山，是红军长征走向陕北越过的最后一座险峻秀丽的大山，是见证红军三大主力胜利会师并与红二十五军、二十六军、二十七军共同巩固发展陕北"大本营"的一座峻岭崇山。红星闪闪照亮了六盘山，"红旗漫卷西风"红军从这里走向了广阔的胜利前程。从武夷山西麓的瑞金到六盘山东部的陕北延安，红军历经千难万险，创造了史无前例的伟大奇迹，长征路上的万水千山，如同武夷山、六盘山一样见证了中国工农红军在中国共产党的领导下创造奇迹的历程，红军长征也为这条万水千山构成的胜景带增添了无限的夺目光彩。

参考文献

1. 龚自德、任昭坤著.重走红军长征路.成都:四川人民出版社,2006.
2. 武奕、方慧敏.川陕苏区巴山行.成都:四川人民出版社,2006.
3. 赵丽绢.赤水河畔.北京:中国电力出版社,2007.
4. 姜廷玉主编.多视角下的长征.北京:国防大学出版社,2006.
5. 麻根生.多彩云南·云南导游词精典.广州:广东旅游出版社,2008.
6. 周红兵.赣南旅游.北京:亚太国际出版公司,1997.
7. 王建平,陶志红.广西之旅.广州:广东旅游出版社,2006.
8. 丁陈娟.广西经典导游词.北京:旅游教育出版社,2009.
9. 张中朝,黄良河.广东经典导游词.广州:广东旅游出版社,2013.
10. 《亲历者》编辑部.桂林深度游.北京:中国铁道出版社,2013.
11. 中国自助游编辑部.广东自助游.北京:化学工业出版社,2015.
12. 《经典中国》编辑部.贵州.北京:中国旅游出版社,2015.

13．中共中央党史研究室第一研究部编．红军长征史．北京：中国党史出版社，2006．

14．翟文明．话说中国山川．北京：联合出版公司，2012．

15．吴必虎，余清．红色旅游文化．北京：中国建筑工业出版社，2013．

16．王乾莉，王本银，赵湘军．湖南导游词．北京：中国旅游出版社，2006．

17．《经典中国》编辑部．湖南．北京：中国旅游出版社，2015．

18．李天白．江西山水志．南昌：江西人民出版社，2014．

19．本书编写组．昆明大理丽江香格里拉攻略．北京：中国旅游出版社，2008．

20．高亚芳、秦炳峰、杨阿莉．趣闻甘肃．北京：旅游教育出版社，2008．

21．吴邦才．世界遗产武夷山．福州：福建人民出版社，2001．

22．《走遍中国》编辑部．四川．北京：中国旅游出版社，2008．

23．张中朝．天府四川：四川导游词精典．广州：广东旅游出版社，2008．

24．许亦善．武夷山．北京：中国水利水电出版社，2006．

25．小今，丁丁，绿杯子．行走川西．北京：中国电力出版社，2007．

26．王晓峰．游遍江西之赣州卷——客家摇篮．南昌：江西人民出版社，2015．

27．张华编．走进西部·甘肃．兰州：甘肃教育出版社，2006．

28．杨延阳．中国名山纵横．北京：中国长安出版社，2006．

29．吴玉璋等．中国导游十万个为什么·云南．北京：中国旅游出版社，2007．

30．闻君,倪亮.中国地理1000问.北京:中国地图出版社、北京工业大学出版社2009.

31．中共张家界市委宣传部组织.张家界读本.长沙:湖南人民出版社,2009.

32．郭永龙.中国导游十万个为什么——宁夏.北京:中国旅游教育出版社,2013.

33．黄玉玲.中国地图(知识版).北京:中国地图出版社,2015.

34．李文明.黔东南.北京:中国旅游出版社,2015.

编后语

《长征路上景观揽胜》是以中共中央、中革军委和红一方面军(中央红军)的征程为主线编写的,但也兼顾了红二方面军、红四方面军、红二十五军长征途中的部分景观。按这个思路选材编写,留下的遗憾就是,距主线较远的一些胜景未能纳入,如红二十五军长征经过的河南伏牛山一川(五里川)两关(朱阳关、铁锁关)等。按本书的名称,这些精彩景观都应列入其内,未能纳入编者甚感遗憾。敬请读者见谅。

本书是以红军长征走过的路途为导向,以红军长征经过省区多方面的地理信息为主要参考资料编写的。现今,由于旅游业蓬勃发展,许多出版社出版了介绍各地旅游景点的书籍。编者在查阅众多出版社的有关书籍时,注意到了纵向对比和横向比对,当发现不一致或在哪一点上有欠缺时,哪怕是一个数据、一个地名,也要排查核实,力求使编入本书的内容不出或少出错误。尽管如此,由于红军长征走过的路,从东到西又从南到北,而且既有自然景观也有人文景观,包容量极大且极为丰富,限于编者知识领域和表述能力,要做到尽善尽美实为力不从心,所以错漏之处在所难免,切望读者谅解,并不吝赐教斧正。

编写本书是以众多文献资料为前提条件的,编者对这些书籍的编著者在此致以诚挚的敬意。

本书编写得到了张文江、宋联洪、周文轩等老同学的鼓励和支持,同时得到了老同事、好朋友们的鼎力帮助。王禄、贾金浦等不仅帮助审稿,而且还完成了全部文字录入,编者对此一并表示深情的感谢!

编 者

2016年9月20日